北京市规划办重点课题：《中小学生态文化的可持续发展教育案例研究》

课题编号：CJAA2020065

课题负责人：刘洁

生态文化课程的
建设 与 实施

刘洁　著

吉林文史出版社
JILINWENSHICHUBANSHE

图书在版编目（CIP）数据

生态文化课程的建设与实施 / 刘洁著.-- 长春：
吉林文史出版社，2024.8.—ISBN 978-7-5752-0532-0

I.G0

中国国家版本馆CIP数据核字第2024HG0527号

生态文化课程的建设与实施
SHENGTAI WENHUA KECHENG DE JIANSHE YU SHISHI

出 版 人 / 张　强

著　　者 / 刘　洁

特约编辑 / 魏善进

责任编辑 / 王明智

封面设计 / 文人雅士文化传媒

出版发行 / 吉林文史出版社

地　　址 / 长春市福祉大路出版集团A座　　邮　　编 / 130117

网　　址 / www.jlws.com.cn

电　　话 / 0431-81629375

印　　刷 / 廊坊市海涛印刷有限公司

开　　本 / 710mm×1000mm　　　　16开

字　　数 / 260千

印　　张 / 16.5

版次印次 / 2024年8月第1版　　2024年8月第1次印刷

书　　号 / ISBN 978-7-5752-0532-0

定　　价 / 85.00元

生态文明教育园地的亮丽奇葩

——祝贺刘洁新著《生态文化课程的建设与实施》出版

史根东

党的十八大将生态文明建设放在突出地位，融入经济建设、政治建设、文化建设、社会建设各方面和全过程，纳入中国特色社会主义事业总体布局，以努力建设美丽中国，实现中华民族永续发展。全国生态文明与可持续发展教育的新纪元正在开启。

在这样的宏阔背景下，刘洁新作《生态文化课程的建设与实施》正式出版，实在值得热烈祝贺。概括起来，该书在以下四个方面的创新特点值得加以关注：

第一，对生态文化概念做了明确的阐述。

刘洁认为，生态文化"是以生态价值观为指导的社会意识形态、人类精神和社会制度，是人类新的生存方式，即人与自然和谐发展的生存方式"。生态文化伴随着时代的发展要求而产生，是人类对自己行为结果进行反思的产物。生态文化倡导的价值观是人与人、人与自然以及人自身的和谐发展，因此，平等、尊重、自主、和谐共融是生态文化的核心价值取向。基于此，作者认为，"作为一种社会文化现象，生态文化具有广泛的适用空间，是一种世界性的文化。"

刘洁以其敏锐的理性思考，深悟人与文化和谐共生课程同可持续发展教育的承袭关系。她明确指出，人与文化和谐共生课程实质是可持续发展教育，其核心是教育学生形成尊重自然生态、尊重社会文化、尊重差异与多样性、尊重环境，尊重资源的可持续发展价值观。这是生态文化课程的重要育人目标。

第二，对生态文化课程的意义做了全面的论证。

刘洁认为，需要从四个角度理解生态文化课程设计的重要意义，包括学生成长的需要、社会进步的需要、学科发展的需要以及生态文明建设的需要。首先，学校课程的丰富性对于学生健康成长起着至关重要的作用。置身于家庭、学校、社区、国家等不断放大的社会生态圈中，学校生态文化课程恰恰是补充与完善学生同社会生态圈关系的崭新渠道。其次，生态文化课程是紧密联系学校与社会，反映社会进步的课程。生态文化课程的重要功能之一是培养学生的开创精神、创业精神与国际视野，并积极进行民族性与国际性统一、传承优秀文化与借鉴外域文化统一的教育。再次，生态文化课程是对学校学科课程的补充。将体现生态文明与可持续发展时代精神的社会科学、自然科学成果纳入其中，有利于帮助学习者为参与美丽中国与美丽世界建设做好知识准备、能力准备、价值观准备和创新实践准备。

作者指出，人类所经历的农业文明和工业文明，在一定程度上都是以牺牲自然环境为代价去换取经济和社会的发展。生态文化课程的开设，当中小学生循序渐进而系统完整具备参与社会、经济、环境与文化可持续发展进程需要的综合素养时，人与自然和谐共生的目标定当在不久的未来变成现实。可见，开设生态文化课程，完全契合生态文明建设进程的需要。

第三，对生态文化课程的设计原则做了清晰的说明。

在生态文化课程的设计原则方面，该书做了较为清晰的说明，体现出了鲜明的创新性与严谨性。比如在义务教育阶段，刘洁列述了五个设计原则。

系统性原则，即各学年段课程研发设置应自成体系，各学年段力求内容比例适当，要考虑学生年龄段，以适应学生身心发展。

开放性原则，即课程设计要有利于为学生提供自主创新发展的课内外延伸环境，确定各门课程课时的弹性比例，为学生提供创新发展的空间。

综合性原则，即重视国家课程中学科知识、社会生活和学生经验的合理整合，以利于形成促进学习者全面、健康与可持续成长的合力。

主体性原则，即必须把学生作为学习活动的真正主人，注重以学生成长为出发点和归宿而加以设计及实施。

实践性原则，即要让学生走出书本，在自然环境中亲历生态实践的体验。

而在学前教育阶段，作者主张遵循另外三个特色鲜明的设计原则。

游戏化原则，即坚持以游戏为基本活动，珍视幼儿活动的独特价值，尊重个体差异，保护幼儿的好奇心和学习兴趣。

生活化原则，即创设以生活场景为活动空间、以当下问题为学习情境、将生态文化课程有机渗透到幼儿的一日生活之中，以激发幼儿热爱自然、热爱生命的情感与初步社会责任感。

整合性原则，即全面安排课程内容，包括感受祖国文化的丰富与优秀，激发幼儿爱家乡、爱祖国的情感；以促进幼儿身心全面协调发展。

第四，对生态文化课程实践研究优秀案例做了精细的荐评。

在刘洁的这部著作中，对生态文化课程实践研究与案例做了荐评，尤显作者对实践研究的偏爱与深耕，愈多彰显其坚持多年理性思考、深度调查、躬身实践与勤于写作的敬业精神与专业功底。比如，作者在展示北京市朝阳区康泉幼儿园案例时，做出的点评是：结合幼儿园实际，因地制宜，开展自然生态教育课程，把幼儿园打造成一个优美的幼儿生态园，尤其注重利用环境育人，开展小范围的生态教育，培养幼儿爱护生态环境的意识，产生了从娃娃抓起培养良好的生态观念的育人成效。在评价北京市朝阳区白家庄小学案例时，作者重点指出：学校领导班子在以生态文化主题课程为重点的可持续发展教育方面进行了长达十九年的坚守与传承，以尊重教育为核心办学理念，在尊重环境、尊重规律、尊重文化、尊重人人四个领域深入推进，形成了比较完善的尊重课程体系，通过逐年积累，为建设美丽中国培育了一代又一代新生力量。在评价第二外国语学院附中案例时，作者点赞道：依托生态文化教育理念，学校逐步形成"多元参与、良性互动、和谐共生"的以生态文化教育为底蕴的管理文化，尤其关注多元主体参与的有效性、运行机制的科学性、人与组织发展的可持续性，使生态文化素养成为全校师生文化基因不可或缺的组成元素。

2018年，在中国可持续发展教育20周年庆祝大会上，刘洁被光荣评选为中国可持续发展教育领军人物。作为全国可持续发展教育研究的资深专家，刘洁获此殊荣乃是实至名归、当之无愧。

近20年来，刘洁一直负责朝阳区可持续发展教育指导、组织、协调与管理工作，成立了北京首个区级层面的"可持续发展教育研究分会"。是她，年年月月、寒来暑往，长年奔走于朝阳区近70所可持续发展教育实验学校中、听课、观摩学生活动、同校长教师对话、指导与协调研究进程、参与各种大小研讨会议，到处留下了她辛苦奔走的身影；是她，精神焕发、慷慨激昂，多次在中国可持续发展教育国家讲习班和北京可持续发展教育国际论坛上，为学校高调发声、激扬文字、深情演讲，或阐述理论认识，或发表优秀案例，以其热情高涨的研究激情和敬业精神，感动和激励了无数青年教育工作者；是她，兢兢业业、恪尽职守，在中国联合国教科文组织全国委员会可持续发展教育（ESD）项目咨询专家，北京可持续发展教育协会常务理事、朝阳区教育学会可持续发展教育研究会会长岗位上，一次次发表创意，一次次成功组织盛会，一批批培育优秀案例，一年年助力校长教师获得专业成长。正是由于刘洁的巨大付出和艰苦努力，她曾荣获中国可持续发展教育优秀人物、获得中国可持续发展教育开拓者奖等称号，以及国务院事务办公厅、住建部联合授予的全国垃圾分类"优秀志愿者"，中华人民共和国住房与建设部授予的全国垃圾分类"最佳讲师"北京市唯一一人，在生态文明教育上坚持与坚守20年不忘初心！

"数风流人物还看今朝。"

近20多年来，北京、上海、广东等十几个省市自治区一大批生态文明与可持续发展教育研究者和实践者，雄心勃勃、励精图治、夙夜兼程、抱团前行，高唱生态文明与可持续发展教育理论与实践创新的欢歌。刘洁就是这支先知先行者大军中一位光荣成员！借此庆祝该部新书出版的机会，谨向刘洁式一代青年专家的敏锐、执着、敬业与奉献之高尚品质和崇高精神，表达由衷的敬意！

【作者系联合国教科文组织（英文简称UNESCO）原中国可持续发展教育项目全国工作委员会执行主任，北京可持续发展教育协会原会长 北京教育科学研究院生态文明与可持续发展教育创新工作室主任，博士、研究员，国务院特殊津贴专家。】

生态文化为课程教学夯基蓄势

——祝贺刘洁老师《生态文化课程的构建与实施》出版

王巧玲

中国传统文化蕴含着丰富的生态智慧，其"天人合一"的生态自然观、"知足知止"的生态生产观、"众生平等"的生态伦理观、"道法自然"的生态实践观成为支撑"人与自然和谐共生"的中国式现代化建设的"精神家园"。

教育部新颁布的《义务教育课程方案和课程标准（2022年版）》中明确提出"热爱自然，保护环境，爱护动物，真爱生命，树立公共卫生与生态文明观念。关心时事，热爱和平，尊重和理解文化多样性，初步具有国际视野与人类命运共同体意识"的育人目标要求。《普通高中课程方案和语文等学科课程标准（2017版，2020修订）》中，也充实和强化了"生态文明与海洋权益"等内容，强调了"尊重自然，保护环境，生态文明意识"的培养目标。可见，中华传统生态文化以其独特的价值性思维、实践逻辑赋能高质量教育，理应成为基础教育课程教学变革的重要内容。

刘洁老师所著的《生态文化课程的构建与实施》一书呈现了中华优秀传统生态文化课程赋能课程教学变革的实践进路，其创新性与亮点在于：

第一，生态文化课程系统建构赋能高质量教育。本书厘清了生态文化课程的价值、定位与性质，激活生态文化的价值赋能；场域性的综合课程定位弥合了空间赋能；人与自然及人与文化的和谐共生，为课程教学进行内源性赋能。

第二，生态文化课程的一体化构建与实施。本书对生态文化课程的素养一体化、内容一体化及实施一体化进行了系统阐释，同时呈现了诸多一贯制学校的鲜活实践案例，为新时期更多一贯制学校的生态文明教育特色学校的建设提供了新的典范。

第三，生态纪念日主题课程的谱图构建与实施。本书以"生态纪念日"作为生态文化课程建构的独特入口，系统梳理了生态纪念日的主题、每个主题日的历届主题、课程教学中的关键问题等，构建了生态纪念日主题课程的图谱，并有针对性地提出了解决策略，对推动创新实践有着很强的指导性。

联合国教科文组织在2024年6月5日"世界环境日"到来之际推出"教育绿色化"工具，呼吁增强对年轻人的可持续发展教育，使他们能够更好地参与促进可持续发展目标实现进程。

刘洁老师应势撰写了《生态文化课程的构建与实施》一书，为面向我国"人与自然和谐共生"的中国现代化建设与美丽中国建设，把生态文化教育融入育人全过程提供了理论和典型案例，有利于强化绿色低碳创新人才的培养，且本书有超前的价值引领，期待更多学校可以学习借鉴！

【王巧玲：联合国教科文组织中国可持续发展教育项目组秘书长、北京教育科学研究院终身学习与可持续发展教育研究所副所长。】

目 录 CONTENTS ■■■	

第一章　　生态文化课程的基本理论

第一节　生态文化课程的价值

开展生态文化课程是落实教育部办公厅等四部门于2019年9月25日发布的《关于在中小学落实习近平生态文明思想、增强生态环境意识的通知》精神，落实教育部关于将绿色低碳融入国民教育各学段课程教材的要求：在学前教育阶段，通过绘本、动画等形式启蒙幼儿的生态保护意识和绿色低碳生活习惯；在基础教育阶段，在政治、生物、地理、物理、化学等学科课程教材教学中普及碳达峰、碳中和的基本理念和知识；在高等教育阶段，加强相关学科融合贯通，建立碳达峰、碳中和核心知识体系，加快编制跨领域综合性知识图谱，编写精品教材，形成优质资源库；在职业教育阶段，逐步设立碳排放统计核算、碳排放与碳汇计量监测等新兴专业或课程。

要求指出：创新绿色低碳教育形式，充分利用智慧教育平台开发优质教育资源、普及有关知识、开展线上活动；以"全国节能宣传周""全国城市节水宣传周""全国低碳日""世界环境日""世界地球日"等主题宣传节点为契机，组织多种形式的教育活动，持续开展相关生活实践活动，引导中小学生从小树立人与自然和谐共生的观念，自觉践行节约能源资源、保护生态环境各项要求；生态文化"是以生态价值观为指导的社会意识形态、人类精神和社会制度，是人类新的生存方式，即人与自然和谐发展的生存方式"。

生态文化课程是一种以生态知识、生态观念、生态价值和生态实践为主要内容的课程体系。旨在通过教育的方式，让学习者深入了解生态系统的构成、生态平衡的重要性、人与自然的关系以及可持续发展的理念等。

学校课程的丰富性对于学生的健康成长起着至关重要的作用。首先，置身于家庭、学校、社区、国家等不断放大的社会生态圈中，每个学生都要担任其特有的社会角色。学校生态文化课程恰恰是补充与完善学生与社会生态圈关系的崭新渠道，能够为学生身心健康地成长产生奠基作用。可见，开设生态文化课程，是完全契合学生在人与自然、人与多维社会关系和谐共生环境中可持续成长的需要。其次，生态文化课程是紧密联系学校与社会，反映社会进步的课程。当前国家发展的重要任务是建设生态文明社会并推进可持续发展进程，国际社会都在为实施《2030年可持续发展议程》而积极开展竞争、合作与交流。生态文化课程的重要功能是培养学生的开创精神、创业精神与国际视野，也是积极进行民族性与国际性统一、传承优秀文化与借鉴域外文化统一的教育。可见，开设生态文化课程，完全契合学生在结束学业后有准备地参与生态文明社会建设的需要，完全符合社会进步的要求。再次，生态文化课程是对学校学科课程的补充。当前学校课程改革与创新要求将体现生态文明与可持续发展时代精神的社会科学、自然科学成果纳入其中，以利于帮助学习者为参与美丽中国与美丽世界建设做好知识准备、能力准备、价值观准备及创新实践准备。可见，开设生态文化课程，完全契合新课改与学科发展的需要。

随着生态文化课程的开设，当中小学生系统完整地具备参与社会、经济、环境与文化可持续发展进程需要的综合素养时，人与自然和谐共生的目标定当在不久的未来变成现实。可见，开设生态文化课程，完全契合生态文明建设进程的需要。

一、中文语境中"文化"一词的溯源及文化生态学

"文化"一词，在中国古已有之。

"文"的本义指各色交错的纹理。《易·系辞下》载："物相杂，故曰文。"《礼记·乐记》称："五色成文而不乱。"《说文解字》称："文，错画也，象交叉"，均指此义。在此基础上，"文"又有若干引申义：其一，为包括语言文字在内的各种象征符号，进而具体化为文物典籍、礼乐制度。《尚书·序》所载伏羲画八卦、造书契，"由是文籍生焉"；《论语·子罕》载：孔子说"文王既没，文不在兹乎"，是其实例。其二，由伦理之说导出彩画、装饰、人为修养之义，与"质""实"对称，所以《尚书·舜典》疏曰："经纬天地曰文"；《论语·雍也》称"质胜文则野，文胜质则史，文质彬彬，然

后君子"。其三，在前两层意义之上，导出美、善、德行之义，这便是《礼记·乐记》所谓"礼减而进，以进为文"。

"化"，本义为改易、生成、造化，如《庄子·逍遥游》："北冥有鱼，其名为鲲，鲲之大，不知其几千里也。化而为鸟，其名为鹏，鹏之背，不知其几千里也。"《易·系辞下》："男女构精，万物化生。"《黄帝内经·素问》："化不可代，时不可违。"《礼记·中庸》："可以赞天地之化育"等。归纳以上诸说，"化"指事物形态或性质的改变，同时"化"又引申为改行迁善之义。

"文"与"化"并用，较早见之于战国末年儒生编辑的《周易》，其文曰："观乎天文，以察时变；观乎人文，以化成天下。"意思是通过观察天象，来了解时序的变化；通过观察人类社会的各种现象，用教育感化的手段来治理天下。这段话里的"文"，即从纹理之义演化而来。日月往来交错文饰于天，即"天文"，亦即天道、自然规律。同样，"人文"指人伦社会规律，即社会生活中人与人之间纵横交织的关系，如君臣、父子、夫妇、兄弟、朋友，构成的复杂网络，具有纹理表象。这段话是说，治国者须观察天文，以明了时序之变化，又须观察人文，使天下之人均能遵从文明礼仪，行为止其所当止。在这里，"人文"与"化成天下"紧密联系，"以文教化"的思想已十分明确。

西汉时，刘向将"文"与"化"二字联为一词，随着岁月更迭及人文地域的差异，"文化"一词逐渐成为一个内涵丰富、外延宽广的多维概念，成为众多学科探究、阐发、争鸣的对象。

长期以来，人们在使用"文化"这一概念时，其内涵、外延差异极大，到目前为止有关"文化"的定义有数百种之多，目前学术界公认的是被称为"人类学之父"的英国人类学家E.B.泰勒（2005）对文化所下的定义："文化乃是包括知识信仰、艺术、道德、法律、习俗以及作为一个社会成员的人所习得的其他一切能力和习惯的复杂整体。"纵观文化概念定义的多样性可见，不同学者对"文化"内涵的理解分为三个层次：

第一个层次是主张涵盖所有文化成果的大文化观，即文化包括物质文明与精神文明，换句话说，这是人类诞生以来所有努力的成果。

第二个层次主张文化是指人类精神文化方面的创造性成果，而不包括物质生产。我国学者认为：广义文化包括物质文化、制度文化、精神、心理等所有范围，狭义文化指精神文化的创造与成果。

第三个层次主张将文化理解为以文学、艺术、音乐、戏剧等为主的艺术文化。

因此，从其基本结构看，文化包括物质生产、文化制度、行为文化及精神心理文化。

不管"文化"有多少定义，但有一点还是很明确的，即文化的核心问题是人，有人才能创造文化。文化是人类智慧和创造力的体现。人创造了文化，也享受文化，同时也受约束于文化，最终又要不断地改造文化。我们都是文化的创造者，又是文化的享受者和改造者。人虽然要受文化的约束，但人在文化中永远是主动的。没有人的主动创造，文化便失去了光彩，失去了活力，甚至失去了生命。我们了解和研究文化，其实主要是观察和研究人的创造思想、创造行为、创造心理、创造手段及其最后的成果。

从中国传统文化对"文化"的解读与释义中，让我们明确的是：文化一定是有生命的，文化是动态的、发展的，存在于人类生活的始终。基于此，世界上不同的种族、不同的地域、不同的人文思想都会孕育出不同的文化，也就有了文化的多样性与多元性。每一种文化都是适应环境的体系，都是千百年来人类生活经验的结晶，都是具有历史和艺术价值的人类遗产，各民族的文化都有其独特价值，应该共生共存，并行发展。

在了解了"文化"的内涵及其走向后，我们来看与之联系最为紧密的"文化生态学"的观点。

二、国际视角下的文化生态学与生态文化学

最初，文化生态学是作为美国人类学的一个研究领域出现的，美国许多早期重要的人类学家都致力于研究北美的土著民族，他们通过认真思考文化与环境的联系，即所谓的文化区为文化生态学开辟了道路。1955年，美国文化人类学家J.H斯图尔德在他的《文化变迁论》一书中首次提出"文化生态学"的概念，倡导建立专门学科以探究具有地域性差异的特殊文化特征及文化模式的来源。此后"文化生态学"为越来越多的人类学家和生态学家所重视，逐渐形成一门新的学科，"文化生态学"认为人类是一定环境中生命网的一部分，与物种群的生存结构共同构成一个生物层的亚社会层。它通常被称

作群落，在这个生命网中引进文化的因素，在生物层上建立起一个文化层，两个层次之间交互作用、相互影响，彼此存在一种共生关系，这种共生关系不仅影响人类的生存和发展，而且也影响着文化的产生和形成，并发展为不同的文化类型和文化模式。文化生态学研究的主要内容包括对文化与环境交互关系的研究，对文化群落和环境的组成结构分布及发育变化的研究，其中心概念是"文化生态系统"，即在特定的文化地理环境内，一切交互作用的文化体及其环境所组成的功能整体。

在斯图尔德的观点中，文化生态主要是指人类的文化和行为与其所处的自然生态环境之间相互作用的关系。随着"文化生态学"研究的深入，文化生态的含义，除了指文化与自然环境的相互作用外，还包括文化发展的各种复杂变量间的关系，特别是科学技术、经济体制、社会组织及社会价值观对人的影响。根据我们对文化的理解和"文化生态学"中有关关联性结构性的机理，或可将"文化生态"称为一定时代各文化要素之间相互关联所呈现的形态，以及由此形成的一种具有特征性的文化结构，它在本质上规定并表征着人的生存方式及其相互关联。

基于对文化生态学的研究，我们不难看出其与生态文化之间有着千丝万缕的联系。美国生态学家克鲁齐就是在生态科学领域比较有代表性观点的科学家，他在20世纪50年代撰文道："生态科学每天都在证实着万物之间的相互依赖。"因此，生态是一个关系系统，其中的各种因素按照一定的方式构成有序的自组织系统，遵循某种规律相互作用、运动转化并协调发展。他指出：生态文化"是以生态价值观为指导的社会意识形态、人类精神和社会制度，是人类新的生存方式，即人与自然和谐发展的生存方式"。生态文化伴随着时代的发展要求而产生，是人类对自己行为结果进行反思的产物，是文化发展的新阶段。"生态文化"倡导的价值观是人与人、人与自然以及人自身的和谐发展。因此，平等、尊重、自主、和谐共融是生态文化的核心价值取向。作为一种社会文化现象，生态文化具有广泛的适用空间，是一种世界性或全人类性的文化。

由此可见，二者辩证关系的核心都指向生态，这个生态是更物质化的自然生态环境，与人类的生存与发展是息息相关的。世界各国学者在生态方面的关注也是有着一个较长时间的发展的，主要是20世纪人类生存的环境发生若干重大危机事件后，才使生态问题得到了重视。

三、生态危机引发的国际关注

本书重点是从20世纪人类因生存环境的改变而对我们的生存造成极大危害开始言说的。20世纪50至60年代是环境污染和生态破坏日益严重的年代，许多环境问题如酸雨、海洋污染等越来越呈现全球化、国际化的趋势。到60年代中后期，全球开始关注人口与生存环境的关系。

1972年，联合国人类环境会议在瑞典首都斯德哥尔摩召开，会议通过的《联合国人类环境会议宣言》在强调人是环境产物的同时，指出人也是环境的塑造者，人类在计划自己的行动方案时应当考虑对环境造成的影响，首次提出"合乎环境要求的发展""无破坏的发展""连续的和可持续的发展"等概念，将可持续发展提到世人面前。

同在1972年，由麦多斯（D.L.Meadows）等人撰著的罗马俱乐部报告《增长的极限》发表，该报告提出：若世界人口、工业化、污染、粮食生产、资源消耗保持过去增长水平不变，则100年内将达到地球的极限，因而必须实现零增长。这份报告引起很大的反响，揭开了当代环境可持续发展的序幕。"可持续发展"一词在国际文件中最早出现于1980年由国际自然保护同盟制定的《世界自然保护大纲》，其概念最初源于生态学，它原本指对资源的一种管理战略，其后被广泛应用于经济学和社会学范畴，并加入了新的内容，成为一个涉及经济、社会、文化、自然环境等学科的动态概念。

1987年，二十一国环境与发展问题专家组联合世界环境与发展委员会，向联合国提交了《我们共同的未来》报告，该报告明确提出了"可持续发展"的含义："可持续发展是这样一种发展，它既满足当代人的需要，又不对后代人满足其需求的能力构成危害。"这个含义获得了较多共识。

1992年，183个国家和地区的代表在巴西的里约热内卢聚会，其中有102个国家的元首或政府首脑出席，讨论并通过了《里约热内卢环境与发展宣言》《21世纪议程》《联合国气候变化框架公约》《生物多样性公约》《关于森林问题的原则声明》等一系列文件，否定了以GDP为主要目标，不顾环境后果的发展模式，各国相约会后分别制定本国的《21世纪议程》，可持续发展作为全球性发展战略，得到全世界的认可。

截至2024年，联合国环境大会共举办六届：第一届于2014年6月23日召开，讨论了关于2015年之后的环境保护和发展、非法野生动植物贸易、绿色经济融资等议题；第二届于2014年6月23日召开，主题为"可持续发展目标和2015年后发展议程，包括可持续消费和生产"；第三届于2021年2月22日至26日召开，主题为"加大力度保护自然，实现可持续发展"；第四届于2024年2月26日至3月1日召开，主题为"采取有效、包容和可持续的多边行动，应对气候变化、生物多样性丧失和污染问题，多边主义如何帮助解决气候变化、自然和生物多样性丧失以及污染和浪费这三重全球危机"；第五届于2021年2月23日召开，与会代表呼吁各国政府采纳专家建议，以防止全球失去更多野生动物、损失更多自然资源；第六届于2024年2月26日至3月1日召开，涵盖了解决"气候变化、自然环境和生物多样性丧失、污染和废物处理问题"这三种地球危机的多项内容。

从1972年开始，中国就参与环境问题的讨论，如参与了《我们共同的未来》的报告，并且在1992年做出了履行《21世纪议程》等文件的庄严承诺。1994年3月25日，《中国21世纪议程》经国务院第十六次常务会议审议通过，提出了中国可持续发展战略的背景和必要性，提出了中国可持续发展的战略目标、战略重点和重大行动，可持续发展的立法和实施；制定了促进可持续发展的经济政策，参与国际环境与发展领域合作的原则立场和主要行动领域，从社会、经济、资源与环境、生态方面发出中国声音。

四、基于生态文化的中国态度与主张

中国从国家政策层面第一次提出建设生态文化主题课程是在1978年。即党的十一届三中全会开始关注生态环境，并规划制定了《森林法》《草原法》《环境保护法》等法律。从1992年开始，我国的生态文化主题课程建设进入可持续发展阶段。从环境保护到可持续发展，党和国家对生态文化主题课程的认识和建设实践有了重要推进，强调"通过生态环境保护，遏制生态环境破坏，减轻自然灾害的危害；促进自然资源的合理、科学利用，实现自然生态系统良性循环；维护国家生态环境安全，确保国民经济和社会的可持续发展"。

自2005年8月15日，首次提出"绿水青山就是金山银山"理念。"两山"

理念为中国的生态文化主题课程建设拨开了迷雾、指明了方向。2007年党的十七大报告首次从国家层面提出建设生态文化主题课程，基本形成节约能源资源和保护生态环境的产业结构、增长方式及消费模式。因此，循环经济形成较大规模，可再生能源比重显著上升；主要污染物排放得到有效控制，生态环境质量明显改善；生态文化主题课程观念在全社会牢固树立。中国共产党第十八次全国代表大会将生态文化主题课程建设写入党章并作出阐述，使中国特色社会主义事业总体布局更加完善，使生态文化主题课程建设的战略地位更加明确，有利于全面推进中国特色社会主义事业。十三届全国人大一次会议第三次全体会议3月11日下午经投票表决通过了《中华人民共和国宪法修正案》，将"生态文化主题课程"写入宪法。

党的十八大以来，党中央高度重视社会主义生态文化主题课程建设，坚持绿色发展，把生态文化主题课程建设融入经济建设、政治建设、文化建设、社会建设各方面及全过程，加大生态环境保护力度，推动生态文化主题课程建设在重点突破中实现整体推进。

"走向生态文化主题课程新时代，建设美丽中国，是实现中华民族伟大复兴的中国梦的重要内容。""只有实行最严格的制度、最严密的法治，才能为生态文化主题课程建设提供可靠保障。"

无论是理论还是实践，生态文化主题课程思想无不体现着对国家、民族的历史责任感。生态文化主题课程建设是关系中华民族永续发展的根本大计，生态兴则文明兴，生态衰则文明衰，建设生态文化主题课程，关系人民福祉，关乎民族未来。

生态环境的变化直接影响文明的兴衰更替。曾经璀璨的古埃及、古巴比伦文明的衰落，都与生态环境恶化有关。我国古代一度辉煌的楼兰文明，已被埋藏在万顷流沙之下。可见，我们必须坚持节约资源和保护环境的基本国策，走生态优先、绿色发展新路，为中华民族永续发展留下生态根基。为此，我们应坚持生态环境发展以下观念。

"坚持人与自然和谐共生"的自然观。山峦层林尽染，平原蓝绿交融，城乡鸟语花香。这样的自然美景，既带给人们美的享受，也是人类走向未来的依托。在整个发展过程中，都必须坚持节约优先、保护优先、自然恢复为主的方针，像保护眼睛一样保护生态环境，像对待生命一样对待生态环境，让子孙后代既能享有丰富的物质财富，又能遥望星空、看见青山、闻到花香。绿水青山既是自然财富、生态财富，又是社会财富、经济财富。我们必须贯彻创新、协调、绿色、开放、共享的发展理念，加快形成节约资源和保护环境的空间格局、产业结构、生产方式、生活方式，给自然生态留下休养生息的时间和空间。

坚持"良好生态环境是最普惠的民生福祉"的民生观。环境就是民生，青山就是美丽，蓝天也是幸福。发展经济是为了民生，保护生态环境同样是为了民生。因此，我们必须坚持生态惠民、生态利民、生态为民，重点解决损害群众健康的突出环境问题，不断满足人民日益增长的优美生态环境需要。

坚持"山水林田湖草是生命共同体"的系统观。生态是统一的自然系统，是相互依存、紧密联系的有机链条。人的命脉在田，田的命脉在水，水的命脉在山，山的命脉在土，土的命脉在林和草，这个生命共同体是人类生存发展的物质基础。因此，我们必须统筹兼顾、整体施策、多措并举，全方位、全地域、全过程开展生态文化主题课程建设。

坚持"用最严格的制度、最严密的法治保护生态环境"的法治观。"小智治事，大智治制"。只有实行最严格的制度、最严密的法治，才能为生态文化主题课程建设提供可靠保障。因此，我们必须加快制度创新，强化制度执行，让制度成为刚性的约束和不可触碰的高压线，才能确保生态文化主题课程建设决策部署落地生根见效。

坚持"建设美丽中国全民行动"的共治观。生态文化主题课程建设与每个人息息相关，因而我们必须通过多种喜闻乐见的生态文化主题课程宣传教育活动，把公众的生态环境意识转化为保护生态环境的自觉行动，推动形成绿色发展和绿色生活方式，以汇聚起全社会共同建设美丽中国的强大合力。

坚持"共谋全球生态文化主题课程建设"的全球观。生态文化主题课程建设关乎人类未来，建设绿色家园是人类的共同梦想，保护生态环境、积极应对气候变化是世界各国共同的责任。因此，我们必须深度参与全球环境治理，推动国际社会高度重视应对气候变化，积极引导国际秩序变革方向，形成世界环境保护、应对气候变化和可持续发展的解决方案。

中华民族向来尊重自然、热爱自然，我国古代十分强调对自然的尊重，提出了许多关于人与自然和谐共生的朴素思想。比如，老子强调要遵循自然规律，提出"人法地，地法天，天法道，道法自然"的观点；孔子用"钓而不纲，弋不射宿"（只用钓竿钓鱼，但不用纲的方法网鱼；孔子只射飞鸟，但不射捕食归巢栖息的鸟。）之仁爱态度，表明了对自然的敬畏之心；《孟子》说"不违农时，谷不可胜食也；数罟不入洿池，鱼鳖不可胜食也（不要违背农时的规律，那么粮食就不会缺乏；不要用细密的渔网在池塘里捕捞小鱼，这样才会有更多的鱼；）斧斤以时入山林，材木不可胜用也"。《资治通鉴》说："取之有度，用之有节，则常足；取之无度，用之不节，则常不足。"《吕氏春秋》批判焚林而田、竭泽而渔的行为，认为这是短视之举，等等。正是在这些思想的影响下，我国古代很早就建立了保护自然的国家管理制度，形成了很多行之有效的做法，从而保证了中华文明的绵延不断、源远流长。这些农业文明下的生态思想，朴素又深刻，告诫人们要按自然规律活动，否则必伤自身。

人与自然和谐共生，也是马克思主义的一个重要观点。马克思指出："人是自然界的一部分""人靠自然界生活"，强调人类在同自然的互动中生产、生活、发展，不以伟大的自然规律为依据的人类计划只会带来灾难。针对美索不达米亚、希腊、小亚细亚等地毁坏森林的现象，恩格斯深刻指出："我们不要过分陶醉于我们人类对自然界的胜利。对于每一次这样的胜利，自然界都对我们进行报复。"这些思想深刻揭示了人与自然的辩证统一关系，人类善待自然就会获得自然的馈赠，反之就会受到自然的惩罚。

放眼世界，"生态兴则文明兴，生态衰则文明衰"的思想也得到了印证。农业文明时期，四大文明古国无不坐享优越的自然条件，但无度索取造成了土地的荒漠化，导致了古埃及、古巴比伦的衰落。

党的十八大以来，以习近平同志为核心的党中央把生态文化主题课程建设摆在全局工作的突出位置，作出一系列重大战略部署，把生态文化主题课程建设纳入"五位一体"总体布局，把坚持人与自然和谐共生纳入新时代坚持和发展中国特色社会主义的基本方略，把绿色发展纳入新的发展理念，把污染防治攻坚战纳入三大攻坚战，把美丽中国纳入建成社会主义现代化强国的战略目标，因而使全党全国推动生态文化主题课程建设的自觉性和主动性显著增强，这也标志着我国生态环境保护发生历史性、转折性、全局性变化。但我国的生态环境的保护任务依然艰巨，推进美丽中国建设还需要付出长期的艰苦努力。

2020年9月22日，中共中央总书记、国家主席习近平在第七十五届联合国大会一般性辩论上庄严宣布：中国将提高国家自主贡献力度，采取更加有力的政策和措施，二氧化碳排放力争于2030年前达到峰值，努力争取2060年前实现碳中和，该目标的提出，体现了中国的责任与担当及在生态文化主题课程上的力度。

党的二十大报告指出，中国式现代化是人与自然和谐共生的现代化。2022年11月，教育部为深入贯彻落实习近平总书记关于碳达峰、碳中和工作的重要讲话和指示批示精神，认真落实党中央、国务院决策部署，落实《中共中央国务院关于完整准确全面贯彻新发展理念做好碳达峰、碳中和工作的意见》和《国务院关于印发2030年前碳达峰行动方案的通知》要求，把绿色、低碳发展纳入国民教育体系，印发了《绿色低碳发展国民教育体系建设实施方案》。该方案明确指出：采取有针对性的举措，构建特色鲜明、上下衔接、内容丰富的绿色低碳发展国民教育体系，引导青少年牢固树立绿色低碳发展理念，为实现碳达峰、碳中和目标奠定了坚实的思想和行动基础。

目标一：到2025年，绿色低碳生活理念与绿色低碳发展规范在大中小学普及传播，绿色低碳理念进入大中小学教育体系；有关高校初步构建起碳达峰、碳中和相关学科专业体系，科技创新能力和创新人才培养水平明显提升。

目标二：到2030年，实现学生绿色低碳生活方式及行为习惯的系统养成与发展，形成较为完善的多层次绿色低碳理念育人体系并贯穿于青少年成长的全过程，形成一批具有国际影响力和权威性的碳达峰、碳中和一流学科专业和研究机构。

从中国政府对生态文化主题课程建设的高度重视，从教育部对学前到大学、职业教育的绿色低碳国民教育的要求，从中国古代思想体系的"天人合一"内涵可以看出开展生态文化主题课程的价值所在。

五、教育与生态文化的联系

从人类发现生态环境危及人类生活开始，便把目光投向了教育，美国哥伦比亚师范学院院长劳伦斯·克雷明（Lawrence Cremin）于1976年在《公共教育》一书中第一次提出"教育生态学"，阐述了教育应用生态学的原理，特别是生态系统、生态平衡、协同进化等原理与机制，研究各种教育现象及其成因，进而掌握教育发展的规律，揭示了教育发展的趋势和方向，教育生态化实质上就是把教育与教育生态环境融为一体，通过把教育与生态有机辩证地统一起来，最终促进教育与生态环境持续、健康及稳定发展。按照教育生态学的观点，学校文化也是一个生态系统，有其特定的群落和环境。根据教育生态学中持续性、协调性，生态系统的自我调节和生态平衡的基本理论，学校文化的建设应该保持学校文化系统的平衡。

在新的历史发展时期，生态文化思想需要人们思维方式及世界观、价值观的改进。生态文化对于学校和教育教学的意义在于，用生态学的思想观点和思维方式去重塑学校文化，重新认识和思考教育教学中的种种现象和问题，重新发现教育、教学规律，遵循教育教学的内在要求，让学校成为一个良性的生态系统，使学校这个系统中人的因素回归到他们应有的发展状态中去。

经对文化、文化生态、生态、生态文化的剖析，最后使生态文化指向教育。生态文化课程的价值就在于学校教育场创造生态文化氛围，用课程实施路径规范生态文化课程路径，因为课程在培育全人教育进程中需要有不同类别（或者叫作科目）有规范的教学进度或教学活动，有与课程目标对应的课程内容，有课程预期的学习结果及有课程评价。

第二节　生态文化课程的定位

课程是按照一定的社会需要，根据特定指向的文化和社会价值导向，为培养人所制定或生成的有目的、有目标、可实施的规划。生态文化课程有别于美国学者约翰.I.古德莱德（John I.Goodlad）认为的五种不同层次的课程形式：理想的课程（ideological curriculum），即一些研究机构、学术团体和课程专家提出的应该开设的课程；正式的课程（formal curriculum），即由教育行政部门规定的课程计划、课程标准和教材，也就是列入学校课程表中的课程；领悟的课程（perecived curriculum），即任课教师所领会的课程；运作的课程（operational curriculum），即在课堂实际实施的课程；经验的课程（experiential curriculum），即学生实际体验到的课程。而从生态文化主题课程与可持续发展教育专家视角为出发点来看，属于理想的课程，生态文化主题课程与国家课程道德与法治、历史、地理、生物、化学等学科密切度非常高的课程也属于正式的课程范畴，在课堂教学实施的过程中就属于一线教师领悟和运作的课程。

生态文化课程从内涵上可分为两个层面：一是人与自然生态的和谐；一是人与文化生态的和谐。

一、人与自然生态和谐共生的课程

人与自然的关系变化经历了三个历程：远古时代是依生文化，人与自然是整体性存在，人类依生于自然，是浑然一体的存在形式，单独的个人没有存在价值和意义；近现代是竞生文化，人与自然是竞生性存在，人类逐渐从混沌依生状态走向文明，希望不断摆脱血缘、地缘等一切依附关系，认为自己是自然的主宰，张扬个性，肯定自我，与自然是对立的关系；当代是共生文化，人与自然是共生性存在，马克思主义认为：人是一种关系性的存在。人与自然共生共存、共进共荣，人不能割裂、独自生存于这个世界，人类越来越深刻理解这一道理，随之，人对自然的敬畏思想逐渐清晰与明朗。

人与自然的和谐共生进入学校正规教育要从"可持续发展教育"说起。2005年3月1日，联合国在纽约总部正式启动了"联合国教育促进可持续发展十年计划（2005—2014年）"（The UN Decade of Education for Sustainable Development [2005—2014]）。该计划的目标与远景是：鼓励联合国成员国政府将可持续发展方面的内容融入各国教育政策中，促进人们在可持续发展与公正的社会环境中，所有方面的行为发生变化。

具体而言，该计划有五大目标：强调教育与学习在追求可持续发展过程中的核心作用；促进可持续发展教育受益者（stakeholders，指在可持续发展中的利益相关者）间的联系、沟通与交流；通过各种形式的学习与公众意识的提高，为实现可持续发展提供发展条件和机会；提高可持续发展教育中

"教"与"学"的质量；制定各级可持续发展教育战略，加强可持续发展教育的能力。

"若全球再不全力推行可持续发展，那么我们就会面临别无选择的境地。"联合国教科文组织总干事松浦晃一郎说："人类支持并推进可持续发展，意味着消除环境污染、允许自然资源再生和改善每个人的福利。"

可持续发展教育（Education for Sustainable Development）属于每一个人，它包括终身学习、正规教育与非正规教育，从早期教育到成人教育、职业教育、教师培训、高等教育等，都可以进行可持续发展教育。它要求重新定位课程、教学、考试等教育方式。

至此，生态环境教育从相对边缘停留在关注环境的活动走进各级各类教育领域，进入正规教育后，它的存在就要有教育的目标、教育的载体课程设置，有课堂教学实施、教育活动的组织，以及多元的评价跟进，这样才能形成一个教学环境的完整生态链。正规的学校教育对于人素质的培养是循序渐进的，没有人的素质的全面提升，没有国民的可持续发展意识的觉醒与提升，就不可能有可持续发展社会的形成。而人的素养问题从根本上来说还是教育问题，只有进行可持续发展教育，才能培养人的可持续发展的意识，技能价值观，行为方式与生活方式，才能促进人类社会的可持续发展。当人们意识到学校教育能够通过培养人的行为规范，而不是改变人的行为规范更能满足社会的需要时，学校里以保护环境、节约资源、节能减排、低碳生活等系列生态文化主题课程为核心的课程就逐渐被设置，回想这十多年的课程发展有一批课程都不能称其为完整规范的课程，只能称其为教育活动，多以德育主题教育活动串联起来，但是这些活动可以作为生态文化主题课程的雏形，为促使生态文化课程发展成为规范的课程打下良好基础。

现在提倡人与自然和谐共生，在某种意义上讲，是因为目前人与自然的和谐共生还远远没有达到应有的和谐状态，这就需要通过学校的正规教育使之规范化、科学化。

简而言之，人与自然和谐共生的课程就是培养具备生态文化主题课程素养的社会人的课程。

二、人与文化生态和谐共生的课程

人与文化生态和谐共生的课程，其实质是一种可持续发展教育，其核心是教育学生形成尊重自然生态与社会文化（环境）的思维习惯，尊重差异与多样性、尊重环境。

基于以上认知，可持续发展教育是服务于人一生的教育，包括正规教育与非正规教育，正式学习与非正式学习在内的终身教育或终身学习，是伴随人一生成长而不断进行的价值观教育。同时，可持续发展教育反映了对高质量教育的关注，强调给受教育者一个优质的教育机会或学习机会。

从可持续发展教育的分类来看，文化领域的可持续发展教育强调社会、经济与环境领域中的文化因素，强调文化在可持续发展中的重要作用。文化领域的可持续发展教育其主要目的是使人们承认并尊重文化的多样性，认识到社会、经济与环境这三个领域是通过文化相互联系起来的，理解文化对于人们的价值观念、个性和实践的重要作用，以及对于可持续发展的积极促进作用。

在全球经济一体化进程中，各种文化之间的交流与沟通越来越多，由此产生的文化方面的问题也越来越多，认识和处理不好这些文化问题，会对可持续发展产生不利影响。为此，可持续发展教育将多元文化教育作为重要内容，目的是增进受教育者对自己民族文化的认知与了解，并正确认识不同民族、社会群体间的文化差异、文化特征与文化演变历史，能客观评价自己民族的文化与其他民族的文化，提高促进国际文化交流的能力以及缓解和消除不同文化背景可能带来冲突的能力；使受教育者在了解各国文化的基础上学会接纳、珍惜和宽容，尊重不同的文化形态和风俗习惯，关心人类共同的话题，具有较高的国际意识和国际责任感；使受教育者树立正确的文化价值观，学会选择能够接受的文化观念、生活方式、信仰习惯，能够分析文化进步的因素及文化间的异同，能够区分事实和偏见，形成观察、分析、评价、对待自身文化及其他文化的科学方法，增进跨文化间的合作与联系。

生态文化课程的另一个层面就是在学校教育中建构一个文化的和谐生态，这一和谐生态的出发点基于对世界文化多样性的认同与理解，及对各民族文化差异性的尊重与传承，以及对中华优秀传统文化的继承与弘扬，由此

赋予受教育者形成更高的和谐生态的文化素养。

三、生态文化主题课程与可持续发展教育的关系

"生态文化主题课程"由德国费切尔教授在1978年最早提出，此后中国生态学专家叶谦吉教授对生态文化主题课程进行了正名并作了深层阐释："生态文化主题课程就是人类既获利于自然，又返利于自然，在改造自然的同时又保护自然，人与自然之间保持和谐统一、和谐共处的关系。"可见，生态文化主题课程重在改善人与自然的对立关系，使人与自然走向一种相应相合、和谐共生的状态。从本质而言，这种关系不仅包含了人与自然、人与人、人与社会的关系总和，还体现了深刻的生态伦理思想。有学者指出，生态文化主题课程是人类遵循人、自然、社会和谐发展的客观规律而取得的物质与精神成果的总和，是人与自然、人与人、人与社会和谐共生、良性循环、全面发展、持续繁荣为基本宗旨的文化伦理形态。

生态文化主题课程的建设是关系中华民族永续发展的根本大计，中华民族向来尊重自然、热爱自然，绵延5000多年的中华文明蕴育了深厚的生态文化，"生态兴则文明兴，生态衰则文明衰"。

从对生态文化主题课程与可持续发展教育关系的解读可以看出，两者融合共生，不可分割。也就是说，生态文化课程是培养既尊重环境与自然，又有能力促进文化变革与发展的复合型人才的课程。

第三节　生态文化课程的性质

现如今，无论是教育行政部门还是教育研究部门，或是学校领导及教师，乃至于社会、学生家长都深刻意识到开设这样一门课程势在必行。

2022年11月教育部下发的《绿色低碳发展国民教育体系建设实施方案》通知要求，生态文化课程是需要从学前到大学、职业教育都要开展的教育，要纳入国民教育体系。

该《方案》明确指出：要求把绿色低碳融入国民教育各学段课程和教

材。针对不同年龄段青少年的心理特点和接受能力，系统规划、科学设计教学内容，改进教育方式，鼓励开发地方和校本课程教材。在学前教育阶段：着重通过绘本、动画，启蒙幼儿的生态保护意识和绿色低碳生活习惯的养成。在基础教育阶段：在政治、生物、地理、物理、化学等学科教学中普及碳达峰及碳中和的基本理念和知识。

从落实《方案》要求的角度思考生态文化课程的生命力与时代使命性，生态文化课程承载的关于生态文化主题课程内容要有较高占比，第一是主题课程，以地方和校本课程为主体研发，以主题课程的样态呈现；第二是融合课程，以已有学科为载体，在道德与法治、生物、地理、物理、化学这些课程中挖掘并丰富；第三是联动课程，可以多学科形成联动，以一个学科为主导，在保留原来学科独立性的基础上，寻找两个或多个学科之间的共同点，使这些学科的教学顺序能够相互照应、相互联系、穿插进行，而第二、第三种课程样态可以以课堂教学为途径实施教育。

从以上实施途径来看，对于生态文化课程的性质，不能简单地用学科课程给予分类，它是更趋向于综合类、主题性、模块化的课程。

第四节　生态纪念日与生态文化主题课程

18世纪西方兴起的工业革命使地球环境污染发生了质的变化，在经济腾飞、物质生活不断丰富的同时，以煤炭、矿冶、化工等为基础的工业生产体系消耗了大量的自然资源，对生态系统造成了许多不可逆转的破坏。20世纪50年代至70年代，更是成了环境污染的大爆发时期，如日本的"水俣病事件"、伦敦的"烟雾事件"等。中国工业化时代发展初期，环境污染在局部城市出现，随着经济的快速发展，资源浪费和环境污染越来越严重，我国也面临着发展经济和保护环境的双重任务。

恩格斯曾说："我们不要过分陶醉于我们对自然界的胜利。对于每一次这样的胜利，自然界都报复了我们。每一次胜利，起初确实取得了我们预期的结果，但是往后和再往后却发生了完全不同的、出乎预料的影响，常常把最初的结果又消除了。"当人类逐渐从敬畏自然、依赖自然、保持人与自然和谐共存，演变为破坏自然、征服自然、以人类为中心时，人与自然之间的矛盾越发尖锐，人类也为此付出了沉重的代价。1972年发表的《增长的极限——罗马俱乐部关于人类困境的报告》明确提出人口、工业生产、粮食、不可再生资源、环境污染等"全球性问题"，为人类传统的发展模式敲响了警钟，也促使全球兴起环境保护的浪潮。1972年，联合国在瑞典首都斯德哥尔摩召开了人类环境会议，拉开了全球环境保护运动的序幕，被《纽约时报》称之为一场"思想的革命"。人类对人与自然和谐相处的美好向往、对健康生存环境的需要，以及保护生态的迫切心理，使得各种生态纪念日应运而生。

一、生态纪念日的设立时间及缘由

（一）生命健康纪念日

1.世界噪音日

噪音被称为"看不见的杀手"，当噪声对人及周围环境造成不良影响时，就形成了噪声污染。噪声污染是指人为造成的，干扰人们休息、学习和工作以及对所要听的声音产生干扰的声音。为了人们的健康，自2003年开始，每年的4月16日被正式确定为"世界噪音日"。

2.世界无烟日

1987年11月，世界卫生组织（WHO）在日本东京举行的"第六届吸烟与健康"国际会议上，建议把每年的4月7日定为"世界无烟日"，并从1988年开始执行。但从1989年开始，世界卫生组织将"世界无烟日"定为每年的5月31日，因为第二天是国际儿童节，希望下一代免受烟草危害。

3.国际禁毒日

1987年6月12日至26日，联合国在维也纳召开了麻醉品滥用和非法贩运问题部长级会议，有138个国家的3000多名代表参加。会议提出了"爱生命、不吸毒"的口号。26日会议结束时，议会代表一致同意将每年的6月26日定为"国际禁毒日"，全称是"禁止药物滥用和非法贩运国际日"，以引起世界各国对毒品问题的重视，同时号召全球人民共同来解决及宣传毒品问题。

（二）生态资源纪念日

1.世界湿地日

1971年2月2日，来自18个国家的代表在伊朗南部海滨小城拉姆萨尔签署了《关于特别是作为水禽栖息地的国际重要湿地公约》。为了纪念这一创举，并提高公众的湿地保护意识，1996年，《湿地公约》常务委员会第19次会议决定：从1997年起，将每年的2月2日定为"世界湿地日"。

2.世界水日

"世界水日"的宗旨是唤起公众的节水意识，加强水资源保护。为满足人们日常生活、商业和农业对水资源的需求，联合国长期以来致力于解决因水资源需求上升而引起的全球性水危机。1977年召开的"联合国水事会议"向全世界发出严重警告：水不久将成为一个深刻的社会危机，石油危机之后的下一个危机便是水。1993年1月18日，第47届联合国大会做出决议，确定每年的3月22日为"世界水日"。

3.国际森林日

第67届联合国大会于2012年12月21日通过决议，确定每年的3月21日为"国际森林日"，号召世界各国从2013年开始举办纪念活动，目的是要唤起世界各国更加重视保护和发展森林资源，推进全球性植树运动，积极维护生态安全，共同应对气候变化。

4.世界海洋日

1992年，在里约热内卢举行的地球问题首脑会议上，"世界海洋日"的概念被首次提出，旨在赞颂全世界共同拥有的海洋，强调海洋与我们个人之间的联系，提高人们对海洋在日常生活中重要性的认识，并了解有助于保护海洋的重要方式。第63届联合国大会于2008年12月5日通过决议，正式确定每年的6月8日为"世界海洋日"。联合国时任秘书长潘基文就此发表致辞时指出：人类活动正在使海洋世界付出可怕的代价，个人和团体都有义务保护海洋环境，认真管理海洋资源。

5.世界粮食日

1972年，连续两年气候异常造成的世界性粮食歉收，加上苏联大量抢购谷物，出现了世界性粮食危机。1973年和1974年，联合国粮农组织相继召开了第一次和第二次粮食会议，以唤起世界、特别是发展中国家注意粮食及农业生产问题，敦促各国政府和人民采取行动，增加粮食生产，更合理地进行粮食分配，与饥饿和营养不良作斗争。但是问题并没有得到解决，世界粮食形势更加严重。1979年11月，第20届联合国粮食及农业组织大会决定：从1981年起，把每年的10月16日（粮农组织的创建纪念日）定为"世界粮食日"，宗旨在于唤起全世界对发展粮食和农业生产的高度重视。

6.世界人口日

1987年7月11日，南斯拉夫的一个婴儿降生，被联合国象征性地认定为是地球上第50亿个人，并宣布地球人口突破50亿大关。为纪念这个特殊的日子，并引起世界各国政府和人民对人口问题的重视，1990年联合国大会根据开发计划署理事会第36届会议的建议，决定将每年7月11日定为"世界人口日"。

（三）生态保护纪念日

1.国际爱鸟日

1906年4月1日，《国际保护益鸟公约》签署，规定每年的4月1日为"国际爱鸟日"，这是最早的国际生态文献之一。

2.国际珍稀动物保护日

珍稀动物是指在自然界较为稀有和珍贵的动物。因国际上各个国家都出现了不同程度珍稀动物灭绝的问题，因此将每年的4月8日定为"国际珍稀动物保护日"。

3.世界动物日

13世纪，意大利修道士圣·弗朗西斯（圣方济各）于1182年出生在一个富裕的家庭，但在1206年他放弃了所有物质财富，创建了弗朗西斯修道院。他长期生活在阿西西岛上的森林中，热爱动物并和动物们建立了"兄弟姐妹"般的关系，并要求村民们在10月4日这天"向献爱心给动物的人们致谢"。弗朗西斯为人类与动物建立正常文明的关系做出了榜样。1931年，许多生态学家在意大利佛罗伦萨召开会议，正式提议将圣方济各的主保瞻礼日即10月4日设立为"世界动物日"。

4.国际生物多样性日

1992年12月29日，《生物多样性公约》正式生效。为了纪念这一有意义的日子，根据公约缔约方大会第一次会议的建议，1994年，联合国大会通过议案，将每年的12月29日定为"国际生物多样性日"。为了更好地开展宣传纪念活动，根据公约缔约方大会第五次会议的建议，联合国大会通过决议，从2001年起将"国际生物多样性日"由12月29日改为5月22日，这一天也是《生物多样性公约》案文通过的日期。

（四）生态环境纪念日

1.世界地球日

1969年1月，美国一近海石油平台石油泄漏，原油喷涌而出，死去的海豚、海豹等生物连同浮在水面的原油一起被冲到岸边。当年，美国威斯康星州的参议员盖洛德·尼尔森及哈佛大学学生丹尼斯·海斯发起了"环境全国宣讲会"运动，并举办大规模社区活动，拉开了"地球日"的帷幕，随后选定1970年4月22日为第一个"地球日"。

1990年，"地球日"被推上国际舞台。1992年，首届"联合国地球峰会"在巴西的里约热内卢举行。2009年4月22日，联合国决定将"地球日"变为"世界地球日"。世界地球日是一个专为世界环境保护而设立的节日，旨在提高民众对于现有环境问题的意识，并动员民众参与环保运动中，通过绿色低碳生活，改善地球的整体环境。

2.世界环境日

1972年6月5日，联合国在瑞典首都斯德哥尔摩召开联合国人类环境会议，通过了《人类环境宣言》，并提出将每年的6月5日定为"世界环境日"。同年10月，第27届联合国大会通过决议接受了该建议，以此提醒全世界注意地球状况和人类活动对环境的危害，共同保护我们的地球，同时也反映了世界各国人民对环境问题的认识和态度，表达了人类对美好环境的向往和追求之夙愿。

3.全球低碳日

2009年12月召开的哥本哈根世界气候大会，被喻为"拯救人类的最后一次机会"，倡导各国一起控制温室气体的排放，以尽量延缓全球变暖效应的时间。2010年1月，首届低碳中国论坛年会在北京成功召开，大会倡议将每年的5月20日设立为"全球低碳日"，旨在唤起人类爱护地球、保护家园的意识，促进资源开发与环境保护的协调发展。

（五）生命文化纪念日

1.文化和自然遗产日

为了营造保护文化遗产的良好氛围，提高人民群众对文化遗产保护重要性的认识，动员全社会共同参与、关注和保护文化遗产，增强全社会的文化遗产保护意识。2006年，我国将6月的第二个星期六设立为"文化遗产日"，并于2016年9月调整为"文化和自然遗产日"。

2.世界传统医药日

1991年，40多个国家和地区的代表在北京召开的国际传统医药大会上，一致决定将大会的开幕日10月22日定为"世界传统医药日"，并写进以"人类健康需要传统医药"为主题的《北京宣言》，旨在加强对中医药和其他传统医药挖掘和发展，丰富世界医药宝库。

3.世界文化多样性促进对话和发展日

2001年，联合国教科文组织通过了《世界文化多样性宣言》。2002年12月，联合国大会在其通过的第57/249号决议中宣布，将5月21日设立为"世界文化多样性促进对话和发展日"。该节日为加深我们对文化多样性价值的理解，并加快实现2005年10月20日通过的《联合国教科文组织保护和促进文化表现形式多样性公约》的四项目标提供了一个机遇。

二、生态纪念日的历年主题

每个生态纪念日通常都会依据每年的情况有针对性地确定一个主题，旨在通过广泛开展宣传教育活动，唤起人们的生态意识，召唤公众为我们的地球生态而共同行动。下面是部分生态纪念日的历年主题。

1.世界噪音日

2016年：关注噪音污染，聆听世界的心跳

2017年：拒绝噪音，请给她35分贝的爱

2018年：听见35分贝的美好

2019年：为爱定制宁静

2020年：职业健康保护·我行动

2022年：让你的声音更动听

2.世界无烟日

1988年：要烟草还是要健康，请您选择

1989年：妇女与烟草

1990年：青少年不要吸烟

1991年：在公共场所和公共交通工具上不吸烟

1992年：工作场所不吸烟

1993年：卫生部门和卫生工作者反对吸烟

1994年：大众传播媒介宣传反对吸烟

1995年：烟草与经济

1996年：无烟的文体活动

1997年：联合国和有关机构反对吸烟

1998年：在无烟草环境中

1999年：戒烟

2000年：不要利用文体活动促销烟草

2001年：清洁空气，拒吸二手烟

2002年：无烟体育——清洁的比赛

2003年：无烟草影视及时尚行动

2004年：控制吸烟，减少贫困

2005年：卫生工作者与控烟

2006年：烟草吞噬生命

2007年：创建无烟环境

2008年：无烟青少年

2009年：烟草健康警示

2010年：两性与烟草

2011年：世界卫生组织《烟草控制框架公约》

2012年：烟草业干扰

2013年：禁止烟草广告、促销和赞助

2014年：提高烟草税

2015年：制止烟草制品非法贸易

2016年：为平装做好准备

2017年：烟草对发展的威胁

2018年：烟草和心脏病

2019年：烟草和肺部健康

2020年：保护青少年，远离传统烟草产品和电子烟

2021年：承诺戒烟，共享无烟环境

2022年：烟草威胁环境

3.国际禁毒日

1992年：毒品，全球问题，需要全球解决

1993年：实施教育，抵制毒品

1994年：女性、吸毒、抵制毒品

1995年：国际合作禁毒，联合国90年代中禁毒回顾

1996年：滥用毒品与非法贩运带来的社会和经济后果

1997年：让大众远离毒品

1998年：无毒世界我们能做到

1999年：亲近音乐，远离毒品

2000年：面对现实，拒绝堕落和暴力

2001年：体育拒绝毒品

2002年：吸毒与艾滋病

2003年：让我们讨论毒品问题

2004年：抵制毒品，参与禁毒

2005年：珍惜自我，健康选择

2006年：毒品不是儿戏

2007年：抵制毒品，参与禁毒

2008年：控制毒品

2009年：毒品控制了你的生活吗？你的生活，你的社区，拒绝毒品

2010年：健康是禁毒运动永恒的主题

2011年：青少年与合成毒品

2012年：全球行动共建无毒品安全社区

2013年：让健康而不是毒品成为你生命中"新的快感"

2014年：希望的信息，药物使用障碍是可以预防和治疗的

2015年：抵制毒品，参与禁毒

2016年：无毒青春，健康生活

2017年：无毒青春，健康生活

2018年：抵制毒品，参与禁毒

2019年：健康人生，绿色无毒

2020年：健康人生，绿色无毒

2022年：健康人生，绿色无毒

4.世界湿地日

1997年：湿地是生命之源

1998年：湿地之水，水之湿地

1999年：人与湿地，息息相关

2000年：珍惜我们共同的国际重要湿地

2001年：湿地世界——有待探索的世界

2002年：湿地，水、生命和文化

2003年：没有湿地就没有水

2004年：从高山到海洋，湿地在为人类服务

2005年：湿地文化多样性和生物多样性

2006年：湿地：减贫的工具

2007年：湿地与鱼类

2008年：健康的湿地，健康的人类

2009年：从上游到下游，湿地连着你和我

2010年：湿地、生物多样性与气候变化

2011年：森林与水和湿地息息相关

2012年：湿地与旅游

2013年：湿地和水资源管理

2014年：湿地与农业

2015年：湿地——我们的未来

2016年：湿地与未来，可持续的生计

2017年：湿地减少灾害风险

2018年：湿地，城镇可持续发展的未来

2019年：湿地——应对气候变化的关键

2020年：湿地与生物多样性——湿地滋润生命

2021年：湿地与水——同生命，互相依

2022年：珍爱湿地，人与自然和谐共生

5.世界水日

1994年：关心水资源是每个人的责任

1995年：女性和水

1996年：为干渴的城市供水

1997年：水的短缺

1998年：地下水——正在不知不觉衰减的资源

1999年：我们（人类）永远生活在缺水状态之中

2000年：卫生用水

2001年：21世纪的水

2002年：水与发展

2003年：水——人类的未来

2004年：水与灾害

2005年：生命之水

2006年：水与文化

2007年：应对水短缺

2008年：涉水卫生

2009年：跨界水——共享的水、共享的机遇

2010年：关注水质、抓住机遇、应对挑战

2011年：城市水资源管理

2012年：水与粮食安全

2013年：水合作

2014年：水与能源

2015年：水与可持续发展

2016年：落实五大发展理念，推进最严格水资源管理

2017年：废水

2018年：借自然之力，护绿水青山

2019年：不让任何一个人掉队

2020年：水与气候变化

2021年：珍惜水、爱护水

2022年：珍惜地下水，珍视隐藏的资源

6.国际森林日

2013年：保护发展森林资源，携手共建美丽中国

2014年：绿色的梦想，共同的家园

2015年：森林与气候变化

2016年：森林与水

2017年：森林与能源

2018年：森林与可持续城市

2019年：深林与教育

2020年：森林和生物多样性

2021年：森林恢复，通往复苏和福祉之路

2022年：森林与可持续生产和消费

7.世界海洋日

2009年：我们的海洋，我们的责任

2010年：我们的海洋，机遇与挑战

2011年：我们的海洋，绿化我们的未来

2012年：海洋与可持续发展

2013年：团结一致，我们就有能力保护海洋

2014年：众志成城，保护海洋

2015年：健康的海洋，健康的地球，关注塑料污染

2016年：关注海洋健康，守护蔚蓝星球

2017年：我们的海洋，我们的未来

2018年：奋进新时代　扬帆新海洋

2019年：珍惜海洋资源保护海洋生物多样性

2020年：为可持续海洋创新

2021年：保护海洋生物多样性，人与自然和谐共生

2022年：振兴海洋，集体行动

8.世界粮食日

1981年：粮食第一

1982年：粮食第一

1983年：粮食安全

1984年：妇女参与农业

1985年：乡村贫困

1986年：渔民和渔业社区

1987年：小农

1988年：乡村青年

1989年：粮食与环境

1990年：为未来备粮

1991年：生命之树

1992年：粮食与营养

1993年：收获自然多样性

1994年：生命之水

1995年：人皆有食

1996年：消除饥饿和营养不良

1997年：投资粮食安全

1998年：妇女养供世界

1999年：青年消除饥饿

2000年：没有饥饿的千年

2001年：消除饥饿，减少贫困

2002年：水：粮食安全之源

2004年：生物多样性促进粮食安全

2005年：农业与不同文化之间的对话

2006年：投资农业促进粮食安全

2007年：食物权

2008年：世界粮食安全，气候变化和生物能源的挑战

2009年：应对危机，实现粮食安全

2010年：团结起来，战胜饥饿

2011年：粮食价格，走出危机实现稳定

2012年：办好农业合作社，粮食安全添保障

2013年：发展可持续粮食系统，保障粮食安全和营养

2014年：家庭农业，供养世界，关爱地球

2015年：社会保护与农业，打破农村贫困恶性循环

2016年：气候在变化，粮食和农业也在变化

2017年：改变移民未来——投资粮食安全，促进农村发展

2018年：行动造就未来——到2030年能够实现零饥饿

2019年：行动造就未来——健康饮食实现零饥饿

2020年：齐生长、同繁荣、共持续。行动造就未来

2021年：行动造就未来。更好生产、更好营养、更好环境、更好生活

2022年：不让任何人掉队。更好生产、更好营养、更好环境、更好生活

9.世界人口日

1996年：生殖健康与艾滋病

1997年：为了新一代及其生殖健康和权力

1998年：走向60亿人口日

1999年：60亿人口日开始倒计时

2000年：拯救妇女生命

2001年：人口、发展与环境

2002年：贫困、人口与发展

2003年：青少年的性健康、生殖健康和权利

2004年：纪念国际人口与发展大会10周年

2005年：平等=授权。

2006年：年轻人——为了年轻人，让我们将它变成现实

2007年：男性参与孕产妇保健

2008年：这是一种权利，让我们将它变成现实

2009年：应对经济危机，投资于妇女是一个明智的选择

2010年：每个人都很重要

2011年：关注70亿人的世界

2012年：普及生殖健康服务

2013年：关注少女怀孕问题

2014年：关注向青年人投资

2015年：紧急情况下的弱势群体

2016年：投资于青少年女性

2017年：计划生育，增强人民能力，促进国家发展

2018年：计划生育是一项人权

2019年：25年人发会议，加速承诺

2020年：终止新冠肺炎疫情，当下如何保障妇女和女童的健康和权利

2022年：80亿人的世界，迈向有弹性的未来——抓住机遇，确保人人拥有权利和选择

10.世界动物日

1992年：爱护动物光荣，虐待动物可耻

1933年：小鸟想回家了，你想回家吗？——关爱动物，关爱我们共同的世界

1994年：关注候鸟，保护环境

1995年：同在地球上，共享大自然

1996年：保护野生动物就是保护人类自己

1997年：维护生态平衡，保护动物

1998年：爱鸟护鸟，是人类的美德

1999年：保护野生动物，实现人和自然和谐共处

2022年：共享的地球

11.国际生物多样性日

2002年：专注于森林生物多样性

2003年：生物多样性和减贫——可持续发展面临的挑战

2004年：生物多样性——全人类的食物、水和健康

2005年：生物多样性——不断变化之世界的生命保障

2006年：旱地生物多样性保护

2007年：生物多样性和气候变化

2008年：生物多样性与农业

2009年：外来入侵物种

2010年：生物多样性、发展和减贫

2011年：森林生物多样性

2012年：海洋生物多样性

2013年：水和生物多样性

2014年：岛屿生物多样性

2015年：生物多样性助推可持续发展

2016年：生物多样性主流化，可持续的人类生计

2017年：生物多样性与旅游可持续发展

2018年：纪念生物多样性保护行动25周年

2019年：我们的生物多样性，我们的粮食，我们的健康

2020年：答案在自然

2021年：我们是自然问题的解决方案

2022年：为所有生命构建共同的未来

12.世界地球日

1974年：只有一个地球

1975年：人类居住

1976年：水，生命的重要源泉

1977年：关注臭氧层破坏、水土流失、土壤退化和滥伐森林

1978年：没有破坏的发展

1979年：为了儿童和未来——没有破坏的发展

1980年：新的10年，新的挑战——没有破坏的发展

1981年：保护地下水和人类食物链；防治有毒化学品污染

1982年：纪念斯德哥尔摩人类环境会议10周年——提高环境意识

1983年：管理和处置有害废弃物；防治酸雨破坏和提高能源利用率

1984年：沙漠化

1985年：青年、人口、环境

1986年：环境与和平

1987年：环境与居住

1988年：保护环境、持续发展、公众参与

1989年：警惕，全球变暖

1990年：儿童与环境

1991年：气候变化——需要全球合作

1992年：只有一个地球——一起关心，共同分享

1993年：贫穷与环境——摆脱恶性循环

1994年：一个地球，一个家庭

1995年：各国人民联合起来，创造更加美好的世界

1996年：我们的地球、居住地、家园

1997年：为了地球上的生命

1998年：为了地球上的生命——拯救我们的海洋

1999年：拯救地球，就是拯救未来

2000年：2000环境千年——行动起来吧

2001年：世间万物，生命之网

2002年：让地球充满生机

2003年：善待地球，保护环境

2004年：善待地球，科学发展

2005年：善待地球——科学发展，构建和谐

2006年：善待地球——珍惜资源，持续发展

2007年：善待地球——从节约资源做起

2008年：善待地球——从身边的小事做起

2009年：绿色世纪

2010年：珍惜地球资源，转变发展方式，倡导低碳生活。

2011年：珍惜地球资源　转变发展方式——倡导低碳生活

2012年：珍惜地球资源　转变发展方式——推进找矿突破，保障科学发展

2013年：珍惜地球资源　转变发展方式——促进生态文化主题课程　共建美丽中国

2014年：珍惜地球资源　转变发展方式——节约集约利用国土资源共同

保护自然生态空间

2015年：珍惜地球资源 转变发展方式——提高资源利用效益

2016年：节约利用资源，倡导绿色简约生活

2017年：节约集约利用资源，倡导绿色简约生活——讲好我们的地球故事

2018年：珍惜自然资源 呵护美丽国土——讲好我们的地球故事

2019年：珍爱美丽地球，守护自然资源

2020年：珍爱地球，人与自然和谐共生

2021年：珍爱地球，人与自然和谐共生

2022年：珍爱地球，人与自然和谐共生

13.世界环境日

1974年：只有一个地球

1975年：人类居住

1976年：水，生命的重要源泉

1977年：关注臭氧层破坏、水土流失、土壤退化和滥伐森林

1978年：没有破坏的发展

1979年：为了儿童的未来——没有破坏的发展

1980年：新的十年，新的挑战——没有破坏的发展

1981年：保护地下水和人类食物链，防治有毒化学品污染

1982年：纪念斯德哥尔摩人类环境会议10周年——提高环保境识

1983年：管理和处置有害废弃物，防治酸雨破坏和提高能源利用率

1984年：沙漠化

1985年：青年、人口、环境

1986年：环境与和平

1987年：环境与居住

1988年：保护环境、持续发展、公众参与

1989年：警惕全球变暖

1990年：儿童与环境

1991年：气候变化——需要全球合作

1992年：只有一个地球——关心与共享

1993年：贫穷与环境——摆脱恶性循环

1994年：同一个地球，同一个家庭

1995年：各国人民联合起来，创造更加美好的世界

1996年：我们的地球、居住地、家园

1997年：为了地球上的生命

1998年：为了地球的生命，拯救我们的海洋

1999年：拯救地球就是拯救未来

2000年：环境千年，行动起来

2001年：世间万物，生命之网

2002年：让地球充满生机

2003年：水——二十亿人生于它！二十亿人生命之所系！

2004年：海洋存亡，匹夫有责

2005年：营造绿色城市，呵护地球家园

2006年：莫使旱地变为沙漠

2007年：冰川消融，后果堪忧

2008年：促进低碳经济

2009年：地球需要你，团结起来应对气候变化

2010年：多样的物种，唯一的地球，共同的未来

2011年：森林，大自然为您效劳

2012年：绿色经济，你参与了吗?

2013年：思前，食后，厉行节约

2014年：提高你的呼声，而不是海平面

2015年：可持续消费和生产

2016年：为生命呐喊

2017年：人与自然，相联相生

2018年：塑战速决

2019年：蓝天保卫战，我是行动者

2020年：关爱自然，刻不容缓

2021年：生态系统恢复

2022年：只有一个地球

14.世界文化遗产日

2006年：保护文化遗产，守护精神家园

2007年：保护文化遗产，构建和谐社会

2008年：文化遗产人人保护，保护成果人人共享

2009年：保护文化遗产，促进科学发展

2010年：非遗保护，人人参与

2011年：文化遗产与美好生活

2012年：文化遗产与文化繁荣

2013年：文化遗产与全面小康

2014年：让文化遗产活起来

2015年：保护成果，全民共享

2016年：让文化遗产融入现代生活

2017年：文化遗产与"一带一路"

2018年：多彩非遗，美好生活

2019年：非遗保护，中国实践

2020年：文物赋彩，全面小康

2021年：人民的非遗，人民共享

2022年：连接现代生活，绽放迷人光彩

三、生态纪念日与生态文化主题课程

生态文化主题课程以生态纪念日为契机，通过校园教育与校外实践确立生态文化课程教育主题。这种教育方式不仅打破了校园的时空边界，构建了面向学生真实生活的实践场域，而且让学生在主动探究中感受到祖国大好河山的自然与生态之美，从而使其形成热爱生态，保护环境的家国情怀。

生命健康纪念日主题课程：以生命健康日为纲，坚持"生命至上、健康第一"理念，遵循学生身心发展规律，力求做到生命安全与健康教育进教材、进课堂、进学生头脑，从而使其在中小学课程教材中的布局安排更加系统、科学，内容更具针对性、适宜性、实用性。

生态资源纪念日主题课程：学校将世界生态资源纪念日主题教育与校园生态资源日系列活动教育与实践相结合，紧扣全国生态日主题，强化人与自

然和谐共处的生活理念，进而营造人人参与、人人关心、人人共享的生态环境保护宣传氛围。

生态保护纪念日主题课程：将世界生态保护日主题与校园生态环境保护教育相融合，旨在提升学生们的校园生态文化意识，从而更好地保护生态资源与生态环境。

生态环境纪念日主题课程：以生态环境日宣传为契机，深入开展生态文明教育，学习绿色低碳生活方式，使保护生态环境的意识在学生心中生根发芽。

生命文化纪念日主题课程：通过重温世界生命文化日主题，从文化角度阐释和解读生命的意义和价值，旨在教育学生尊重生命、关爱生命、珍惜生命、敬畏生命。

第二章　　生态文化课程的设计方法

　　生态文化课程是覆盖基础教育全学段的课程，在课程的设计上各学段要考虑学前儿童、小学生、中学生的身心发展特点，要体现知识的螺旋式上升，学生能力培养的循序渐进性。据此，我们要了解生态文化课程的设计意义，主要体现四个方面：学生成长的需要、社会进步的需要、学科发展的需要、和谐生态的需要。

一、学生成长的需要

　　学生在学校的学习需要来自多方面的课程供给，基于全人教育理念，学校课程的丰富性对于学生健康成长起着至关重要的作用。国家课程的教学目标设计更体现普适性，针对学生从家庭、学校、社区、社会不断放大的社会生存圈，每个学生都有其社会角色之特点，学校课程越丰富对于学生的素养培养越全面，而生态文化课程恰恰是补充与完善学生关注社会生态与文化的综合性课程，是为学生健康成长起到奠基作用的课程。因此，生态文化课程设计原则要契合学生成长的需要。

二、社会进步的需要

　　学生在学校的学习过程是为了将来走向社会做准备的过程，生态文化课程是紧密联系学校与社会，反映社会进步的课程。学校的课程要与时代的发展相匹配，因为当前社会发展的重要特征是国与国间的经济合作与交往越来越紧密，知识经济已成为经济发展的重要推动力，所以生态文化课程设计必须重视学生的国际视野的开阔与创新精神的培养。再有，当今时代有明显的文化多元性特点，这种文化的多元性实际上是指民族性与国际性的统一。生态文化课程的重要功能之一是传承文明与文化，坚持中华优秀传统文化的传承的同时，必须具有关注社会进步意识。因此，我们设计生态文化课程的原则就要符合社会进步的需要。

三、学科发展的需要

学校教育的一个重要功能就是系统地向学生传授基础知识和基本技能，学科是知识的最主要的载体。可以说，生态文化课程是对学校学科课程的补充，可以是一个模块，也可以是一个分支，将在学校的生态课程建设中占领一席之地，这对于学校学科发展是一个很有价值的补位，也是目前新课改学科发展的需要。因此，在生态文化课程设计原则中，自然也要有学科发展的需要的体现。

四、和谐生态的需要

人类所经历的农业文明和工业文明，在一定程度上都是以牺牲自然环境为代价去换取经济和社会的发展。进入21世纪，人类在享受科技带来的物质文明同时，也面临前所未有的危机和挑战，其中最大的危机就是生存环境的危机。随着生态意识的加强，人们开始认识到，人与自然的和谐共生是极其重要的。人与自然和谐共生的中国式现代化再次明确和谐生态是关乎人类永续发展的千秋大业，因此生态文化课程的设计原则自然要体现和谐生态需要之特点。

综合以上特点及意义，生态文化课程的设计原则应根据学生的年龄特点分义务教育阶段和学前阶段。

第一节 生态文化课程的设计原则

建设生态文化主题课程事关人民福祉、民族未来，青少年是生态文化主题课程建设的未来，而生态文化课程则是教育青少年树立生态文化主题课程理念及养成生态文化主题课程习惯的主要方式与重要渠道。为此，生态文化课程设计原则要契合中小学甚至幼儿园学生年龄与心理特点。

一、生态文化课程义务教育段设计原则

1.系统性原则

生态文化课程设计应将系统性放在首位，各学年段课程的研发设置建议成体系，各学年段力求内容比例适当，要考虑学生年龄段，以适应学生身心发展。课程内容深度由低年级到高年级逐渐加大，根据学生的实际情况和不同需求适度调整，保证课程与学生的充分契合。

2.开放性原则

生态文化课程应做到开放性，设计原则应体现开放度，在目标的指向性、内容的宽泛性、时空的广域性、评价的多元性上要更具个性与特色。课程设计要提供给学生可以创新发展的课内外延伸部分，提供各门课程课时的弹性比例，为学生提供创新的空间，使学生不受课程课时的局限。

3.综合性原则

生态文化课程要改变课程过分强调学科本位的现象，重视国家课程中学科知识、社会生活和学生经验的合理整合，课程中的生态文化主题课程主题、传统文化主题、可持续学习能力培养既可以独立成体系，也可以附着在某一个学科，以学科知识承载，从知识延展出能力培养，将生态知识社会化。以此增强其社会责任感，并使其逐步形成创新精神与可持续发展的能力。

4.主体性原则

生态文化课程必须把学生作为学习活动的真正主人，以学生为主体。生态文化课程的教学目标制定，教学内容确定，教学方式手段选择，教学设备的应用，以及教学环境的创设，都要以学生为出发点和归宿，着眼于学生的全面发展和个性发展，促进学生在整个教学活动中主动参与、全员参与和全程参与，最大限度地发挥学生的自主性、能动性和创造性，但这些既要尊重学生的道德人格，也要尊重学生的法定权利。

5.实践性原则

生态文化课程通过多样化的课程载体，让学生走出教室，走向更多能够让学习实践的场域，感受生态课程的社会性。让学生走出书本，在自然环境中感受生态课程的亲历性，使经历和感受成为学生学习的有效途径，以努力

构建学生学习多样态。

二、生态文化课程学前阶段设计原则

1.游戏化原则

2018年《关于学前教育深化改革规范发展的若干意见》（以下简称《若干意见》）指出："要坚持以游戏为基本活动，珍视幼儿活动的独特价值，保护幼儿的好奇心和学习兴趣，尊重个体差异，鼓励支持幼儿通过亲近自然、直接感知、实际操作、亲身体验等方式学习探索，促进幼儿快乐健康成长。"这无疑为开展幼儿园生态文化主题课程教育确立了方法、指明了方向，基于此，生态文化课程学前领域设计原则应以"游戏化"的方式开展，寓教于乐，激发幼儿参与生态文化的浸润力，感受生态文化课程领域给予的乐趣。

2.生活化原则

《幼儿园教育指导纲要（试行）》（以下简称《纲要》）及《3～6岁儿童学习与发展指南》（以下简称《指南》），要求我们正视生活活动价值，提出"幼儿是生活的主人"，建立课程与生活的关联，践行"一日生活皆课程"的愿景，创设适宜幼儿且"以生活场景为活动载体、以当下问题为学习情境、以自我成长为学习经历"的教学过程，让幼儿园"生活教育"课程结构化、实施动态化，逐步形成可供幼教实践者参考的教学实践经验。因此，生态文化课程应有机渗透到幼儿的一日生活中之中，通过五大领域活动对幼儿进行教育，在活动中让幼儿潜移默化地了解环境保护知识，学习传统文化，激发幼儿热爱自然、热爱生命的情感，培养幼儿的社会责任感。

3.整合性原则

参照及依据《指南》，结合《纲要》，秉持生态文化教育整合性原则制定幼儿发展目标：建立科学的生活常规，培养幼儿良好的饮食、睡眠、盥洗、排泄等生活习惯和生活自理能力；感受祖国文化的丰富与优秀，感受家乡的变化和发展，激发幼儿爱家乡、爱祖国的情感；爱护动植物，关心周围环境，亲近大自然，珍惜自然资源，有初步的环保意识。结合《指南》中教育建议：帮助幼儿了解食物的营养价值，引导他们不偏食不挑食；帮助幼儿养成良好的饮食习惯，开展节约粮食、"光盘"行动教育；运用幼儿喜闻乐见和能够理解的方式激发幼儿爱家乡、爱祖国的情感等，将相关生态文化教育目标与内容分别渗透到五大领域的各个组成部分，相互融合相互渗透。因此，生态文化主题课程教育应秉持儿童发展是一个整体的原则，注重生态文化教育五大领域间的渗透和整合，以促进幼儿身心全面协调发展。

第二节　生态文化课程的设计目标

中小学生态文化课程的设计目标包括生态文化主题课程教育和多元文化教育两个方面：生态文化主题课程教育包括气候变化教育、生物多样性教育、环境污染与防治教育、循环经济教育、绿色消费教育；多元文化教育包括生命与健康教育、文化多样性教育、中国优秀传统文化教育、生态社会教育。

一、中小学气候变化教育的课程目标

通过在中小学开展气候变化课程建设旨在引导中小学生关注气候变化问题，认识到当前气候变暖问题的严重性，理解气候变化，会对全世界气候环境经济以及人们的生活和社会发展造成重大影响。通过开展气候变化教育，中小学生将学习到关于导致气候变化的原因，气候变化的状况及影响等方面的常识，学会减少碳排放的具体措施和方法，积极为减少碳排放努力。

二、中小学生物多样性保护教育的课程目标

中小学开展生物多样性保护教育课程目标，是为了帮助中小学生认识到多种多样的生物在自然生态中的重要作用，理解生物多样性保护的重要意义，养成尊重身边各种生命的观念和保护生命生物多样性的意识。通过开展生物多样性保护活动，教育学生学习与了解什么是生态系统、生态平衡，以及生物在生态系统中的作用等方面的基础知识，了解我国在生物多样性保护方面的法律和法规，关注当地濒危动物。通过了解植物的保护情况，使学生能够积极参与当地生物多样性保护的行动当中。

三、中小学环境污染与防治教育的课程目标

开展污染防治教育课程的目标，在于引导中小学生关注环境污染问题，使其认识到环境污染与人类活动有密切关系，理解防治与减少环境污染的重要意义，建立尊重环境，保护环境的可持续发展价值观。在污染防治教育的过程中，学生应学习关于环境污染的分类，危害成因等方面的知识，以及与环境保护相关的法律法规，掌握一些防治环境污染的方法，并且学习简单的环境监测的方法，积极主动地投入到当地环境的监测和保护中。

四、中小学开展循环经济教育的课程目标

循环经济是一种以资源的高效利用和循环利用为核心，以低消耗、低排放、高效率为基本特征，符合可持续发展理念的经济增长模式，是对大量生产，大量消费，大量废弃的传统增长模式的根本变革。

1.循环经济教育

循环经济最重要的实际操作原则是"减量化（Reduce）、再利用（Reuse）与资源化（Recycle）"，简称"3R原则"。"减量化"原则，是指在生产和服务过程中，尽可能地减少资源消耗和废弃物产生，以提高资源利用率；"再利用"原则，指产品多次使用或修复翻新、再制造等，即尽可能地延长产品的使用周期，防止产品过早地成为垃圾；"资源化"原则，是指废弃物最大限度地转化为可利用的资源——变废为宝，化害为利，这样既可减少自然资源消耗，又可减少污染物排放。

从循环经济的定义及实操原则不难看出，对青少年进行循环经济教育，关系到未来社会对经济模式的基本选择，培养具有循环经济意识的公民且选择循环经济的发展模式，是人类走向可持续的一个根本出路。

2.中小学开展循环经济教育课程目标

循环经济教育的课程总目标是培养学生尊重资源，尊重环境的价值观念，正确认识经济发展与资源节约及环境保护之间的关系，帮助学生获得开展循环经济活动所需要的知识和技能，理解循环经济"减量化（Reduce）、再利用（Reuse）与资源化（Recycle）"的内涵。鼓励学生积极参与循环经济社会的建设，增强其资源忧患意识和节约资源、保护环境的责任感，进而促

使其将节约资源，回收利用废弃物等活动变成自觉行为，逐步形成节约资源和保护环境的生活方式和消费模式。

循环经济教育具体目标包括三个层面，即情感态度价值观层面、情感态度价值观层面、知识与技能层面。

情感态度价值观层面：包括尊重资源环境与资源忧患意识、节约资源与保护环境意识、科技创新与建设循环经济意识、形成节约资源与回收利用废弃物等自觉行为、形成保护环境的生活方式和消费模式，做有责任感的公民。

过程与方法层面：主要指观察、分析、调查周边资源状况及有效利用情况，通过多种方式和途径主动而有效地收集与循环经济有关的信息，批判性地思考区域或全球资源问题，并能提出自己的解决方案与评价方法。

知识与技能层面，即分析个人、家庭、学校和社区的资源使用情况及对环境的影响，理解传统经济增长模式对资源与环境的影响，理解循环经济"减量化（Reduce）、再利用（Reuse）与资源化（Recycle）"的内涵，理解政策法律与技术文化等对实施循环经济的作用，知道公民参与循环经济活动的主要途径和方式，并能评价其效果。

五、中小学开展绿色消费教育的课程目标

绿色消费是指消费的一种观念与方法，即不以破坏后代人的生存条件为消费前提。可见，中小学开展绿色消费教育是学校开展生态文化课程教育的重要一环，意义重大，不可或缺。

1.绿色消费教育

绿色消费是教育学生不要对物质无节制地消耗，不是降低生活品质，而是低碳节能，环保减排的消费。对绿色消费的理解可包括：健康、环保和简约三个方面，一是倡导消费者在消费时选择未被污染或有助于公共健康的绿色食品；二是在消费过程中注重对废弃物的处置，不造成环境污染；三是引导消费者转变消费观念，崇尚自然，追求健康，在追求生活舒适的同时，注重环保节约，实现可持续消费。绿色消费作为与人们衣、食、住、行、游、购、娱等方面相关的一种生活方式，是指与环境友好的消费观念和消费行为，从商品选择、消耗到废弃的过程中，考虑其对环境的友好，并尽可能减

少其负面影响，包括绿色建筑，公共交通，绿色食品，垃圾减量、垃圾分类，"光盘"行动。因此说，绿色消费教育是一种大众普及的渗透于日常生活的教育，应该面向全社会成员。中小学教育阶段是开展绿色消费教育的最佳时期，因为一个人的生活习惯、生活方式、消费观念大都在青少年时代培养起来，到了成年阶段就不容易改变了，所以绿色消费教育不仅应始于中小学教育，而且要回归生活，使其形成习惯，内化成为价值观念。

2.中小学开展绿色消费教育的课程目标

开展绿色消费教育课程的目标是培养学生形成正确的消费观念，节约资源，保护环境，注重生活质量，帮助学生获得绿色消费活动所需要的知识和技能，知道如何选择绿色健康产品，如何在消费时节约资源，减少污染环境，鼓励学生积极践行绿色消费理念，并用自己的行动影响家庭与社区的成员。

绿色消费教育课程具体目标可以分为三个层面，即知识与能力层面、过程与方法层面、情感态度价值观层面。

知识与能力层面：主要包括了解消费观念和行为，对资源环境产生的影响；了解绿色消费的相关政策，理解绿色消费与可持续生产的关系，掌握绿色消费的基本原则、主要途径与方法。

过程与方法层面：这个层面要有围绕绿色消费理念表达自己的观点，制定和实施个人或家庭的绿色消费计划，批判性思考当今消费问题的成因并能提出自己的解决途径与方法。

情感态度价值观层面：要教育学生养成自觉抵制浪费行为和过度消费行为，形成对资源的可持续性生活方式，做有社会责任感的人。

六、中小学开展生命与健康教育的课程目标

中小学阶段的生命与安全教育，要根据不同阶段青少年学生的生理与心理发展特点，有针对性地开展。生命与安全教育课程的总目标，是通过教育帮助青少年学生形成可持续的健康的生活方式，即引导学生热爱生命，珍爱生命，建立生命与自我，生命与自然，生命与社会的和谐关系，学会关心自我，关心他人，关心自然，关心社会，提高生命质量，理解生命意义和价值，因此应着眼于全体学生的身心健康，为学生的终身幸福奠定基础；着眼

于学生个性的健康发展，为提升学生的生存能力和生命质量奠定基础；着眼于增强学生在自然和社会中的实践能力，为营造健康和谐的生命环境奠定基础。

七、中小学开展生态文化多样性教育课程目标

中小学开展生态文化多样性教育的目标是促进青少年从意识到行为的深刻转变，让青少年在日常生活中树立生态文明理念，增强全民环保意识和生态意识。这包括加大绿色着装教育、绿色饮食教育、绿色居住教育和绿色出行教育，以实现可持续发展和创建生态文明社会的需要。具体而言，生态文化多样性教育旨在：

促进生态文明理念的树立：通过学校中的教育活动和实践活动，培养青少年学生形成"人—自然—社会"和谐共生的价值观，塑造出一种与生态文明建设相契合的新型人格——生态人格。

提升生态文化素养：通过有目的、有组织、有计划的教育教学活动，提高受教育者的生态文化素养，深化其对人类的发展、社会的进步与自然和谐三者之间关系的认识，进而形成健康可持续的生产、生活与消费方式。

拓展生态伦理视域：通过学校的相关课程教育，使青少年将生态伦理关怀的视域从人类自身延伸至整个生态系统，学会像敬畏人类自己的生命一样敬畏所有的自然生态与生命。

参与生态系统工程的构建：它作为一项需要全体公民参与的系统工程，生态文化多样性教育鼓励公民积极参与，共同推动生态文明建设的进程。

通过这些目标的实现，生态文化多样性教育意在推动社会向更加绿色、可持续的方向发展，从而构建一个人与自然和谐共生的社会生态环境。

八、中小学开展中华优秀传统生态文化教育课程目标

中华民族向来尊重自然、热爱自然，绵延的中华文明孕育着丰富的生态文化。中华传统文化有天人合一、取之有方、用之有法等思想，包含人与自然关系的和谐共生及可持续发展的朴素生态文化智慧。

中小学生开展中华优秀传统生态文化教育，旨实现对传统生态智慧的弘扬传承和创造性转化、创新性发展，是对中国传统生态智慧的辩证吸取和弘

扬传承。

中华优秀传统生态文化教育的目标主要包括：

增强生态环境意识：培养学生的生态环境意识，培养爱护自然的情感，以及环境保护意识和能力，提高其环境保护意识。

培养可持续发展观念：促进生态文明建设，培养学生的可持续发展观念，以推动生态科技的发展。

提升人文素养和社会责任感：通过中华优秀传统文化教育，增强中小学生对社会主义核心价值观的认同感和自信心，将中华优秀传统文化的精华内化于心、外化于行，提升学生的人文素养和社会责任感。

构建生态文明社会：通过生态文明教育活动，促使青少年增强对生态文明的认识和理解，提高他们的环保意识，培养他们关爱自然、热爱环境的行动习惯，从而为构建生态文明社会作出应有的贡献。

这些目标共同构成了中华优秀传统生态文化教育的重要内容，旨在通过教育传承和弘扬中华优秀传统文化，培养具有环保意识和可持续发展观念的下一代。

九、中小学开展生态社会的教育目标

学校开展生态文化课程建设的前提和基础是和谐生态的人文环境建设，在这里我们提出的生态是建立一个和谐的人文环境，这样的环境建设是开展生态文化课程的保证和保障。

校园不能独立或割裂于社会而存在，这个教育的"朋友圈"给学生什么样的氛围，就会培养什么样的学生。校园文化的格局决定了学生的格局，校园课程的视野决定了学生的视野，因此我们的校园一定要具备尊重、包容、积极、乐观，有使命担当与责任感之氛围。

第三节　生态文化课程的设计策略

生态文化课程的设计策略，旨在整体推进生态文明教育实施纲要的落地

与实施：包括在国家课程中探索设置生态文明教育相关主题，进行基于生态文明教育与可持续发展目标的大单元、大概念重构，通过学科教学、跨学科主题学习等路径实现育人方式与教学方法的创新。同时，生态文化课程设计应首先明确其价值和目标，这包括传播生态文明思想、建设生态文明社会、构建生态文化体系的基础作用，以及建立一套大中小幼一体化的生态文明教育课程体系，将整体目标细化成阶段目标，确保教育过程的可行性和科学性。由此可以看出生态文化课程在学校教育中的重要位置。但由于其存在的课程样态多是碎片化、活动性、综合性的，因此从生态文化课程的整体设计上，可以有以下设计策略：

一、自上而下的统筹设计策略

生态文化课程的自上而下设计策略主要强调从顶层开始，通过专家引领和制度强化，逐步将这种教育理念和实践向下传递和实施。这种策略注重校园文化的建设，通过激活和尊重教职员工的参与性和创造力，形成影响和制约着全体成员的精神、思想和行为的价值观念、思维模式、行为方式。或是在某一阶段需要强化某一方面教育，以行政推动为龙头而开展的课程设计策略。

（一）地方行政牵动科研力量的介入

以《环境与可持续发展教育》为例：自1998年开始，在教育部和中国联合国教科文组织全国委员会的领导下，北京市一批区县、学校先后开展可持续发展教育的实践探索。十年后，在北京市教委的支持下，由北京教育科学研究院、北京可持续发展教育协会组建专家队伍，编辑出版面向北京市中小学的《环境可持续发展教育》地方教材，在全市小学一年级至高中二年级使用。该教材强调尊重当代人与后代人，尊重差异与多样性，尊重环境和尊重自然的可持续发展价值观，充实与强化素质教育内容，倡导将经济、社会、文化与环境，可持续发展相关知识与实践能力融入学校课程，并构建新型的育人模式，着力培养学生形成可持续发展需要的学习能力，科学知识，价值观念与生活方式，倡导将节能减排与可持续发展观念纳入教育设施与校园建设，促进师生积极参与创建节能减排示范教室、校园、家庭、社区建设，指导青少年及早树立关注和参与国家可持续发展进程的社会责任感。这样的生态文化课程设计在各地区都有典型案例。例如，2020年《北京市垃圾分类管理条例》（修订版）正式实施，面向各级各类学校如何开展垃圾分类教育，北京市朝阳区做了示范：以朝阳区教委行政支持，朝阳区可持续发展教育项目科研团队组建专业教师团队，编辑了小、初、高三个学段的学校使用教学读本，针对学前领域编辑出版了适合幼儿的《拉哥吉妹学分类》绘本。由于是行政干预与关注，所以在区教委的支持下，社区学院积极加入，与可持续发展教育项目团队合作出版了面向社区居民的《垃圾分类　文明有我》图书。做到了全链条、无死角、群体覆盖的垃圾分类课程研发，做到了垃圾分类全社会不同年龄层齐步走的教育预期。

尊重资源、保护环境一类的校本（地方）教材，以北京市为例有：延庆区《妫川文化》（旅游篇、历史篇、地理篇——此处应按当时已出版的正规书名列举）；密云区的《密云地理》《密云历史》《密云生物与环境》；顺义区的《顺义生物》《顺义地理》；朝阳区的《朝阳》；海淀区的《海淀地理》；怀柔区的《怀柔生物》等。

以生态文化一类的校本（地方）教材为例，北京地区有：《分享奥利匹克》《中小学生礼仪礼节礼貌》《我爱崇文》《石景山古迹探寻》等教材都呈现了自上而下统筹设计策略的成果。

（二）学校行政及领军骨干教师的参与

全国参加中国可持续发展教育的实验学校多达2000所，这些学校在生态文化建设上都不同程度地彰显可持续发展理念及生态文化主题课程的时尚符号，如：上海的曹杨中学、广州的协和中学、荔湾小学、北京二外附中、白家庄小学、工大附中新升分校等都有非常好的校园生态文化。在学校多年的积淀中，这些学校的领导对生态文化主题课程的重视程度非常高，在课程建设上借助校本课程建设契机，调动学科骨干教师力量挖掘节能减排、尊重资源、环境保护等内容形成系列学习读本，以科普形式在学校课堂教学或者教育活动中使用，逐渐形成该学校校本课程品牌，诸如白家庄小学的《品味文化》、江苏太仓高级中学的《生活中的静电释放》《太仓文化名人》等。显而易见，这些生态文化课程的诞生取决于学校领导的生态文化主题课程视角及对可持续发展教育的关注度，因而才能安排与组织其骨干教师担当生态文化学科研发及课程教学。北京一小学（原朝阳区双桥二小）因学校周边有杜仲公园和双桥制药厂，该学校校长从中国中医药的角度出发，带领干部教师研发中草药校本课程，学生能够走进公园识别中草药，走进工厂参观制作过程，请来技术专家讲解中医药的功效，既弘扬了中华传统中医优秀文化，开启了中医药启蒙教育，又培养了一批批对中医药有初步认知的有特殊烙印的学生。

二、自下而上的创生设计策略

在各地学校开展的生态文化课程中，充分遵循国家生态文化课程统筹设计策略中的整体目标细化成阶段目标，确保教育过程的可行性和科学性原则。同时，全国各地学校所设置的生态文化课程也具有生态文化课程多样化的教育模式和具有地方特色的丰富实践活动的鲜明特色。

例如，青海省则依托国家公园的丰富生态、地质资源组织全省各中小学校分年级，分班次，多角度，多层面与多课时地开展了生态文化课程出校园的生态文明教育，努力将国家生态文明思想融入到学校教育中，大力弘扬生态文化，并积极推进生态校园建设。例如，海北藏族自治州门源回族自治县第二小学依托丰富的自然资源开展生态教育，设置开发"小画笔大自然"等项目；西宁市七一路小学聚力打造校园文化品牌，设置"两馆"（生态博物馆、生态体验馆）和以山水、林田、湖草、沙冰为主线的"四廊"，通过校内开设自然教育大讲堂、生态文明论坛等，开发一系列生态教育文化课程。

山东省威海市普陀路小学围绕"我的校园我做主"理念，打造系列生态式主题长廊，营造师生追求"人与自然、人与社会、人与人"和谐发展的校园氛围，通过生态科技馆、种植苑等实践基地，让学生学习环保科技知识，锻炼动手能力，提升环保素养。

安徽省宿州市灵璧县教育体育局通过制定《灵璧县教育体育局学校生态文明教育实施方案》，将生态文明教育纳入学校德育体系，通过课堂教学渗透、社团活动等多种形式，引导学生养成勤俭节约、低碳环保的行为习惯，形成健康文明的生活方式。

浙江省在中小学深入开展生态文明教育活动中，通过开展浸润式的生态文明教育，同样使学生热爱生态、保护环境的意识得到进一步提升。

这些实施概况表明，各地学校通过不同的教育模式和实践活动，有效地促进了学生对生态文化的理解和实践能力的提升，为培养具有较高生态文明素质的公民奠定了基础。

北京市各中小学校也同样，将生态文化课程自下而上创生设计策略实施得十分到位与有成效。

以北京市一所中学二外附中为例：该校位于通惠河畔朝阳区管庄，学校地理教师从古运河这一历史文化遗产资源入手，编撰了《大运河采风》校本教材，对这条古运河的历史进行深度挖掘与诠释，对它的文化遗产的价值与意义进行时代解读与阐述，形成了该教师的校本课程特色。后来随着研究的深入，加之学生的喜爱，得到学校的经费支持，其课程由校内延伸到校外，由起初的文本学习到后来的走出去，进而实现了真正的"大运河采风"。该校学生通过这门课程对大运河的历史、意义、沿途风土人情、经济文化的发展变迁有了较为翔实的认识，通过其考察与思辨，为当代大运河的建设与发展提供了学生们设计的方案。

北京市西城区鸦儿胡同小学位于什刹海附近，周边有钟鼓楼、德胜门、银锭桥、烟袋斜街、广化寺、恭王府等古迹。学校教师分别对什刹海一带的人文、地理、环境、树种、水源进行调查了解，并与综合实践学科结合，开展知海、爱海、护海等活动课程，这样的课程就是从教师学科背景出发，对生态文化课程采取自下而上创生设计策略产生的课程资源。

北京市东城区黑芝麻胡同小学是一所有着400多年历史的老校，位于鼓楼东南中轴路东侧的胡同里，该校李老师从中轴路上的文字、中轴路上的建筑、中轴路的历史文化故事对中轴路文化进行了深度挖掘；在其对相关文化的挖掘中，多学科老师共同参与，仅一座万宁桥就将语文、美术、历史、科学、劳技等学科融合在一起，形成独特的生态文化课程，这也是采取自下而上创生设计策略产生的生态文化课程。

广州市荔湾小学梁丽珠老师的《小河长》课程，研发与创新了"河长"课程教育。融合德、智、体、美、劳"五育"要素开发了小河长课程，这种推动水岸一体的浸润式大生态研学实践，引导学生主动参与城市水环境的协同治理。

  这些课程既蕴含着生态文化主题课程教育的环境保护、资源节约等科程，也包含丰富的历史文化遗产，它们都是生态文化课程的瑰宝。早在1994年3月国务院颁布的《中国21世纪议程》中就指出："可持续发展教育的目的是培养这样的人——了解、熟知我们的生活空间，尊重和保护我们的生活，保护我们地球的生命力及其生态的多样性，关心我们自己的环境。"

  生态文化课程无论基于自上而下统筹设计策略还是自下而上创生设计策略，都是为了拓展学生视野，丰富学生认知，培养具备关怀生态环境，传承文化精神的课程，是具备生命力的课程。

第三章　生态文化课程的一体化设计

　　生态文化课程已经得到越来越多学者和学校的接纳和认可，本章将针对生态文化课程在学校开展的范式进行分析和解读。在第一章我们已经明确生态文化其一是回答尊重环境与自然，其二是关注文明与发展，简言之就是环境与文化。他们之间是融合共生的关系，在学校教育中是不可分割的。生态文化课程在研发与实施的过程中，我们发现学校在自觉与不自觉之间形成了一种态势，将传统上一个独立学科、独立教师承担的一个主题课程逐渐由同心圆放大，形成跨学科、跨领域的联动样态，我们把这种态势称作"一体化模式"，这个一体化模式是一个范式，它不是一成不变、不可逾越的禁锢学校课程建设的套路，而是一个范例、一个样态，可借鉴、可超越，鼓励创新。目前对学校普遍开展的与生态文化相关的课程已经逐渐由过去的碎片化到成为体系，学校一直在摸索，不断推陈出新。

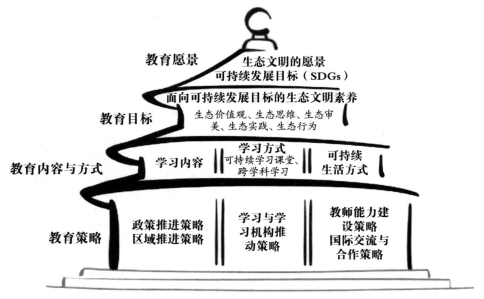

图1　中国的生态文明与可持续发展教育框架图

第一节　生态文化课程素养的一体化

生态文化课程的素养依据中国生态文化主题课程与可持续发展教育框架图，生态文化主题课程素养包括：生态价值观即关键品格、生态思维即思维特质、生态行为即行为规范、生态审美即体验创造、生态责任即生态实践五个方面。

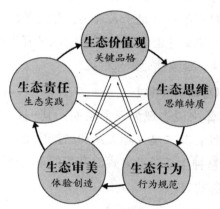

图2　面向可持续发展目标的中国生态文明素养目标体系

1.生态价值观（ECO-Value）

从心智行为文化社会层面审视生态价值观，其要素主要包括：（1）尊重生命与健康，珍惜自己的生命，尊重他人的生命，关爱自己和他人健康，树立正确的生命意识与人生观。（2）尊重环境与资源，通过从多方面重塑人与自然之间的环境伦理关系，改变人类固有的以增强对自然的征服和掠夺为手段，以扩大自然资源的消耗为代价的发展模式。（3）尊重传统文化与文化的多样性，挖掘中华民族传统文化中"天人合一""道法自然"等生态智慧；世界各国各民族各地区文化相互交流、取长补短、共生共荣的繁荣发展局面，是维护可持续发展的动力源泉。（4）尊重当代人与后代人。将人的主体性作为尊重当代人与后代人这一内容的逻辑起点，通过稳健推动社会、环境与经济的可持续发展，进而实现人的终身健康与和谐发展。

2.生态思维（ECO–Thinking）

这里讲的生态思维，主要包括系统思维、全局思维与战略思维。系统思维，即理解生态系统内部诸要素间的共同生长，肯定生态系统内部所有生物体存在的可能性与现实性，肯定多样存在的生命体之间作为能量摄取和互换的关系网络。人作为生态系统中的一个结构性要素，是具有主动性、能动性的要素，同时还是"意义"性本体的存在，应该是合理的调节系统与和谐结构的中介；全局思维：当今全球体系中所面临的诸多经济、金融、气候变化等问题，迫切需要全球共同治理，只有具备了人类命运共同体意识，才能有人类的共同未来；战略思维：立足于人现实生存的考虑，生态思维也必须关注人现实生存的质量，因此生态思维的制定应该具有生态战略性思维，即考虑到生命存在的历史性、延续性、未来性。

3.生态审美（ECO–aesthetic）

生态审美能力具体来说表现为三个层面：其一是感受大自然的美，惊叹生态规律与可循环性；其二是人际关系和谐产生的美，以及生生不息的壮美；其三是由人类的精神生活活动方式而升华的审美体验，以及对当代人与后代人融合共生而创造的美。

4.生态责任（ECO–Responsibility）

生态责任体现在青少年问题解决及参与社会建设的实践力上。问题的解决力表现为学习的迁移应用、多种解决方案与方案的影响分析；生态实践力表现为空间定位、获取信息、科学论证与方案完善。

5.生态行为（ECO–behavior）

生态行为规范方面主要包括健康行为、低碳行为、适度消费行为等。健康行为表现为健康起居、健康饮食、健康运动与健康情志；低碳行为表现为低碳着装、低碳饮食、低碳家居、低碳出行；适度消费表现为绿色产品购买与适度消费等。

一、生态文化五大要素之间的关系

生态价值观、生态思维、生态行为、生态审美、生态责任五大要素之间存在正关系性，每项要素都与其他要素有关。生态价值观是生态文化主题课程素养的灵魂，它决定着人的思维方式、行为方式、审美方式与生态实践力；生态思维是生态文化主题课程素养的内核，改变着人的内在心智模式，同时影响着人的价值观、行为方式、审美方式与生态实践力，与其他要素相互补充，相互融合，形成浑然一体的素养修炼与关键能力；生态行为是个体对外的客观行为表现，它是其他要素的基础与具体体现；生态价值观与生态思维，影响着生态行为的层次与深度；生态审美与生态实践体验影响着生态行为的内涵与质量。生态审美是生态文化主题课程素养的人文情怀，以创造性为重要特征，以生态实践体验为载体，实现自然社会精神的和谐之境，它是人在自然中的诗意栖居，也是生态行为的回归；生态责任是生态文化主题课程素养的重要方式，是生态价值观系统思维内化的具体情境，也是生态行为、生态审美的应用与拓展空间，更是个体社会责任担当的体验。

二、生态文化课程素养的一体化设计

厘清和正确看待生态文化课程的五大素养，在课程设计上要有一体化设计思维，生态价值观是所有课程设计的灵魂引领，具备尊重的核心，在课程的创设上就会自然而然地将其他维度进行浸润性地融入，我们选择以传统文化中医药为生态课程素养一体化的学校案例分享：

◑ 案例1：上海市浦东新区教育集团的《四季本草TANG》校本课程

学校在娄华英校长带领下，以生态文化主题课程和可持续发展教育为教育理念和行动方式，在课程建设上传递"敬畏自然和保护生态"理念，突破孤立的、静态的、狭隘的教育发展观，倡导在尊重自然，敬畏生命，保护生态的基础上，进一步理顺人与自然教育与社会生命与生活的关系，建构整体融合、多样、绿色可持续的教育体系。学校在开发四季本草，中草药课程是基于国家层面，要坚持人与自然和谐共生，要谋求全球生态文化主题课程建设，为生态文化主题课程建设和可持续发展教育提供了根本的遵循。学校认为开发课程的现状考量是基于在消耗巨量资源的同时，引发了环境污染严重，生态系统退化等问题，人与自然的关系引起了全社会的忧虑。怎样能够引导孩子们更好地认识人与自然的关系，从小就树立起敬畏生命，保护生态持续发展的思维方式呢？学校以四季本草中草药课程为基础，依托认知与体验两种方式，在中草药课程实施的认知和体验过程中，让学生认识中草药，引导学生明确不同类型的中草药要从成活、生长到最终发挥其药用价值需要生物多样性的支持。学校、医院和其他科研院所开展中草药研究和探索，需要依托生生不息的大自然供给，让孩子们认识到生态保护的重要性，以敬畏自然，尊重生命的价值。

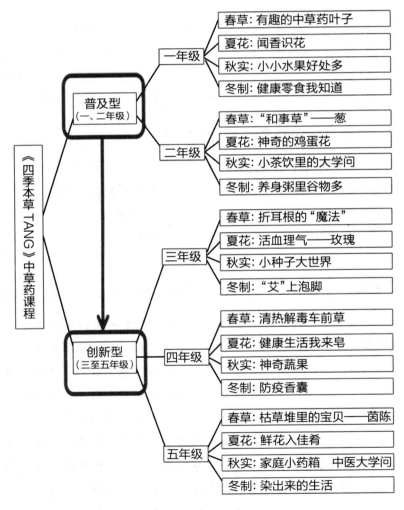

图3 《四季本草TANG》中草药课程

《四季本草TANG》中草药课程，基于生态文化主题课程观和可持续发展教育理念，解决人类自身与自然的关系，将发展最终落实到学生身上。把面向学生终身发展体现在课程目标内容实施和评价的过程中。课程做到了创新素养的三个维度即知识结构素养、能力素养、品格素养。通过中药本草堂课程，培养了学生创新素养的10个关键要素：观察事物、记录整理、预测假设、提出问题、动手操作、团队合作、表达交流、建立模型、信息收集、设计方案。根据研究需求跨越学科间的界限，将文化熏陶、种植采集、观察分析、动手探究、药理探秘这五大部分的内容进行有机整合，具备周期长、整体性、发展性、社会性的特点，学生能够在项目研究中逐渐发展创新能力、创新思维、创新品质、创新人格。

⊃ 案例2：北京市朝阳区双桥第一小学的《中华本草》校本课程

该校在校长王霞的带领下，以"和谐生态　健康发展"为办学理念，学校生态文化课程采取"特色式开发、一体化推进、枝系式发展"的推进模式，研发编撰了传承中华优秀传统文化的《中华本草》校本课程，课程秉承生态价值观，培养师生生态思维素养，课程中跨学科开展生态审美素养的培养、借助活动课程对学生的生态行为素养的养成、生态责任的培养构成了一体化的课程体系。学校开展的《英文童谣说本草》对于讲好中国故事，培养具备中国文化情怀又有国际视野的社会主义事业合格的建设者和接班人，意义非凡。

1.特色式开发：基于生态文化主题课程教育与可持续发展教育的理念及学校区域内的教育资源，形成了以"本草文化"为核心的具有传统特色和地区特色的校本课程。

2.一体化推进：学校生态文化课程的开发实施经历了调研立项阶段、初期开发阶段、中期建设阶段、反馈调整阶段、提高推广阶段和成果梳理阶段，这六个阶段以尊重历史积淀，传承传统文化为目标，培养可持续发展的生态思维、生态审美，进而形成生态责任与五位一体的课程样态。

3.枝系式发展：以"本草文化"为载体，以《本草园》为核心课程，结合各学科特点及教师自身优势衍生出十余门枝系课程，形成完整的以中华优秀中医药文化为主体的生态文化课程体系。

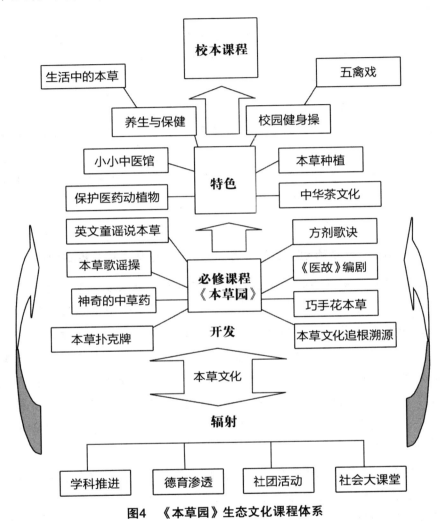

图4 《本草园》生态文化课程体系

双桥一小在生态课程研发初期完成了《本草园》读本的编写工作，同时建立了杜仲园、卫仁饮片厂等实践基地，让学生有了实践探索的场域，并在此基础上结合学科特点进行深度开发，创建了以《本草园》为必修课程，《小小中医馆》《养生药膳》《茶艺》等为选修课程的校本课程模式及体系，并开发出适合指导学生进一步独立于社会的实践考察导学手册。随着课程的不断发展，相继研发出基于数学学科的本草文化扑克牌、道德与法治学科的本草文化追根溯源、美术学科的巧手画本草、体育学科的本草歌谣操、英语学科的英文童谣说本草等；包括保护医药动植物、小小中医馆、养生与保健、本草种植、中华茶文化等。学校以本草文化课程为主线，结合学校已有校本课程体系布局结构，进行调整和完善，逐步构建起以本草文化为主干，多类别、全学科参与的生态课程一体化体系。

从传承优秀中华传统文化的生态文化课程角度来看，这两所学校的课程虽没有可以强调某一个要素的设计，但是我们从其课程的研发与实施中能深刻感受到课程素养的一体化。生态价值观是该课程的灵魂，这两所学校将文化熏陶、种植采集、观察分析、动手探究、药理探秘、拓展保护、医药动植物、创作英语童谣说本草等内容进行研发从而形成其课程体系，两所学校不约而同地发现了中草药的美术价值，都开展了其美术创作与生态审美的有机融合。这两所学校《养生与保健》和《小小中医馆》课程的研发与教学对于传承中医药文化，弘扬中医精神起到了不可估量的作用。

第二节　生态文化课程内容的一体化

生态文化课程内容丰富，在设计上要做好一体化构建，可以从多角度思考，本书专注于纵、横两个维度的设计。

● 横向一体化设计

横向一体化一方面指学段的纵向延伸；另一方面是指学科的纵向拓展。适用于学段跨度大的一贯制学校，体现一个知识体系的螺旋式上升，在九年、十二年学制的学校开展，育人目标的一致性对于学生的全人教育优势非常明显；在实践过程中，我们发现也有很多小学1—6年级开展生态文化课程纵向一体化设计，小学纵跨六年，在生理成长和心理认知上都有一个相对比较长的时限，这六年的时间对小学生来说虽然是在一所学校内学习生活，但是有过小学教育经历的教育者都会有一个比较明显的感受，就是小学低段和高段的学生还是有很突出的变化的，因此有一些学校在生态文化课程的建设上，把小学也分为低、中、高或者低段、高段来进行知识能力、方法过程、情感态度与价值观层面的解构与重构。

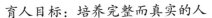

育人目标：培养完整而真实的人

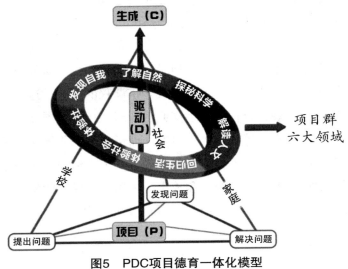

图5　PDC项目德育一体化模型

北京市朝阳区呼家楼中心小学的（PDC）项目，是学习生态文化课程中的领域之一。在这个领域的设计上，该校做到了纵向一体化思考，使该校学生在小学六年就为他们今后的人生做好了奠基。

学校自2015年提出PDC（项目Project—驱动Driven—生成Creation）实践育人理念，通过项目驱动方式达成育人目标，倡导教育应从课堂到生活重在培养孩子的实践能力和创新精神，学以致用；从学校到社会，基于人的成长需要，重在培养孩子的生活能力和社会适应力，使其回归真实的生活。让孩子完成对生活和世界的价值建构，成为一个具有生存和生活能力的"真实而完整"的人。

在这种理念的引领下尝试构建以发现自我、解读人文、了解自然、探秘科学、回归生活、体验社会六大领域为德育实践主题的项目—驱动—生成（PDC）项目群，以PDC项目群促进学校德育机制构建。所有项目都是从育人目标出发。从单个看是一个个项目，从整体看是一个个项目串接形成群。每一个项目既是独立的，又是关联的；既是个体，又是整体。六大类别环环相扣，形成了孩子的生命成长圈。

六大领域，即"发现自我、解读人文、了解自然、探秘科学、回归生活、体验社会"。六大领域系统目标与内容驱动学生自我教育与发展，达成"培养完整而真实的人"育人目标。

学校指出：所谓完整与真实，就是在真实的生活情境中，学生参与实践、体验、感受，形成正确的自我认知，具有健全的体魄，积极的心理，形成完整的人格，主要从人与自我、人与自然、人与社会三个维度进行建构。

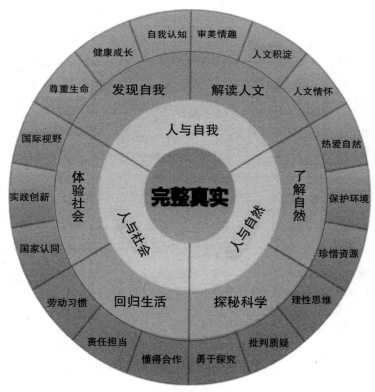

图6　PDC项目一体化的目标

呼家楼中心小学在生态课程体系的建设上在小学学段内做到了六年纵向一体化设计：

表1　呼家楼中心小学PDC项目德育一体化模型设计

总目标	培养学生爱党、爱国、爱人民。增强国家意识和社会责任意识。教育学生理解认同和拥护国家政治制度，了解中华优秀传统文化和革命文化社会主义先进文化。增强中国特色社会主义道路自信理论、自信制度、自信文化自信，引导学生准确理解和把握社会主义核心价值观的深刻内涵和实践要求，养成良好政治素质道德品质法制意识和行为习惯，形成积极健康的人格和良好心理品质，促进学生核心素养。提升和全面发展，为学生一生成长奠定坚实的基础。通过多种学习，掌握技能提升能力，为中国特色社会主义事业培养合格建设者和可靠接班人					
领域	发现自我	解读人文	了解自然	探秘科学	回归生活	体验社会
领域目标	不断完善自我，正确认识自我，健康成长，尊重且热爱生命	懂得欣赏美、创造美，注重中外人文领域知识与技能的积累，具有以人为本的意识，尊重、维护人的尊严和价值；能关切人的生存、发展和幸福等	热爱大自然，爱惜身边的一草一木，保护现有的环境，珍惜公共资源	崇尚真知，具有问题意识。研究过程中能够独立思考，并能够辩证分析解决问题，有好奇心和想象力	在生活中有劳动意识，并能养成良好的劳动习惯，有良好的人际关系懂得合作，敢于担当	具有国家意识，有家国情怀，勇于实践，不断创新，有国际眼光
一年级	认识自己，有错就改，自信乐观，愿意交朋友，阳光快乐	能够欣赏身边的美，对文化有一定的认知并有一定的兴趣	了解所处的自然环境，对动植物有一定的保护意识。从小有垃圾分类的意识	对身边的科学有好奇心，具有问题意识	对生活现象有兴趣，能解决简单的问题，在家庭中有劳动岗位，对自己负责任，乐于尝试合作	愿意尝试，正确面对失败，认同自己的国家身份，能感受到国家的强大
二年级	认识自己的家庭，了解身体结构，有自护意识。不断完善，了解生命的意义	了解中国传统文化并能简单表达，有欣赏美的意识	对大自然发生的现象有一定的探究意识，知道资源是有限的，有一定的保护意识	对于身边的科学问题乐于探究，主动寻找答案，能够多角度的看待问题	有劳动意识，能通过劳动制作一些简易生活用品，有责任感，有合作的意识	敢于尝试，不怕失败，对自己的国家感到骄傲与幸福，能关注新闻，了解世界的发展

三年级	主动培养兴趣爱好，能交到朋友，能控制自己的情绪，知道生命的意义	对中国非遗有一定的认识，也能关注世界文化，能够欣赏身边的美	能够根据天气进行简单的判断，珍惜动植物、水、空气等资源	培养缜密的思维方法，能运用科学的思维方法认识事物、解决问题	能够发现生活中的乐趣，不仅能够对自己负责任，也能够对他人负责任。理解劳动的意义，主动参与合作生产劳动	愿意实践，在实践中创新，有一定的国家的意识，能通过多种形式了解世界的发展
四年级	准确认识自己，能够控制自己的情绪，能够简单的自救或救护他人。了解生命的意义，尊重生命	爱读书，主动了解世界文化，有一定的兴趣，懂得欣赏美的事物，并处不具有创造美的能力	对天文知识有初步的了解，了解人与动植物之间的关系，掌握一定的保护方法	能够通过多种途径寻找解决问题的科学资料。能独立思考、独立判断	懂得合作，主动担当，能够在社区中尽一份责任与义务	乐于实践，在实践中创新，有一定的国家的意识，能通过多种形式了解世界的发展
五年级	了解自己的家族，有一定的营养与健康知识，会沟通，善于交流能够调整自己的情绪，尊重生命，珍惜生命	对世界文化有一定的认知，懂得欣赏艺术，并能够创造美	了解大自然中的矿物矿石，对动植物有一定的保护意识	在科学探究中培养创新精神，能把所学的科学知识应用的生活中	能够有效合作，主动承担，能够自愿参与一些社会公益活动	认同自己的国家身份，能感受祖国的强大，认同祖国的发展，具有一定的国际视野
六年级	了解青春期知识，认识自己的生命，有良好的人际关系和朋友圈。不断完善自我	在文化的某个领域有一定的技艺。尊重文化的差异，能够欣赏美，创造美	对宇宙有一定的兴趣，能够乐于探究自然环境与人类的关系，懂得保护珍惜的意义	敢于质疑，有实证意识和严谨的求知态度。能独立思考、独立判断。不畏困难，有坚持不懈的探索精神	有效合作，具有初步的责任感、使命感。能力所能及的奉献力量	认同自己的国家身份，能感受祖国的强大，认同祖国的发展，牢固四个自信，具有一定的国际视野

表2 呼家楼中心小学PDC项目一体化的目标设计

	人与自我		人与自然		人与社会	
	发现自我	解读人文	了解自然	探秘科学	回归生活	体验社会
一年级	名字与我；人体器官；自护安全小卫士；我的个性化课表	非遗文化（我的小木偶）；经典诵读；动画（动画之美）；豆豆纸业	天气（有趣的天气预报）；探寻多彩种子；触摸春天；寻找秋天	声音的奥秘；探秘牛奶家族力；神奇的力；探秘蚊子的世界	我有一双巧巧手；今天我当家；给垃圾找个家；豆豆纸业	我的国家；社区（社区是我家）；跟着爸妈去shopping；坏人来了怎么办
二年级	骨骼与身体；我的感觉器官；对隐私说不；关于零食的研究	非遗文化（杂技文化）；经典诵读；沙画（沙子的世界）；泥塑的前世今生	我是小小气象员；能吃的植物；我的动物朋友；感受冬天	有趣的震动；光（万花筒的秘密）；时间的奥秘；太空植物小农庄	美食与餐桌；硬币上的图案；我是节能小达人	街道上的店铺；我是国旗护卫队员；童手办超市；共享单车守则
三年级	爱好（我是课程规划师）；游泳与健康；时间去哪儿了	非遗文化（神话故事）；雕塑（雕塑的世界）；生态场景静态电影；让汉字活起来	当自然灾害来临的时候；空气（奇妙的空气）；鸟的研究；树与生活	电（揭开雷电的秘密）；指纹秘密；趣味植物——有机蔬菜与普通蔬菜对比研究	一滴水的旅行购物；我是小小工程师；创意厨房	硬币与票据——祖国经济发展；社区（志愿者在行动）；未来汽车；豆豆见证市场变革
四年级	优点与缺点（我最了解我）；情绪的控制（我的喜怒哀乐）；变形记；饮料的奥秘	诗歌与艺术（诗歌之美）；摄影（镜头中的世界）；非遗文化（拯救小毛猴）；穿在身上的艺术	天气——风的怀抱；星空（神秘的星空）；绿色校园进行时——一米菜园；一颗种子的旅行	基因的奥秘；动植物相生相克的前世今生；机器人自动灌溉系统	让垃圾重生；穿在身上的艺术；生活中的《本草纲目》；我是时间规划师	为流浪猫安个家；社区规划师；设计思维之小小创意家；为北京汽车寻找一个"家"
五年级	我的家族谱；营养与健康；我的健康我做主	让京剧重生；经典诵读；电影与艺术（少年媒体学院）；带着爸妈去旅行	矿物与矿石（寻找矿物质）；动物的适应性（动物与环境）；地球上的绿色精灵；寻找丢失的水资源	植物作息时间的研究；新能源汽车特色物联网揭秘3D技术；环保能源的校园应用	体味茶文化；我是小中医；家庭整理师；垃圾去哪儿了	模拟社区；电商CED;交通安全和我们的未来；国民购买力与人民币的变迁
六年级	身体的变化；生命的起源；我的第一次人生规划；宿营与急救	校园冬奥会；非遗文化（皮影文化）；经典诵读；中国印记；心系一带一路	再寻丢失的水资源；关于外星人的辩论；生活中的《本草纲目》；小农庄大学问	物联网智慧校园；探秘航空航天技术；一次野外科考；核能知多少；基于北斗技术学生智能卡设计	服饰文化；健康动起来；设计一次毕业旅行；爱·在一起公益行动	天安门观升旗——远足规划设计；职业探秘之我来当校长；职业探秘之我做CEO

从上表我们不难看出，呼家楼中心小学在生态文化课程的建设上做到了小学段纵向一体化设计，从人与自我、人与自然、人与社会对生态文化进行了很好的阐释，用项目群的形式进行了有逻辑、遵循规律的设计。

小学六年生态课程的浸润，对一个学生终身具备生态文化主题课程观的培养起到了奠基的作用，对于九年一贯制学校的学生，学校具备完善的生态文化课程，对于一个学生的影响就会更扎实。

陈经纶中学分校是九年一贯制学校，在开展生态课程建设上从学段和学科知识两个方面都做到了纵向一体化。

学校深入践行生态文化主题课程思想和新发展理念，将"生态文化主题课程教育"纳入育人体系，构建特色鲜明、九年贯通、内容丰富的生态文化主题课程课程体系，推进生态文化主题课程进校园、进课堂，培养学生的生态文化主题课程意识、生态思维方式、生态实践能力，秉承"一切为学生终身发展奠基"的办学理念，重塑"培养会做人、会学习、会生活的优秀陈分学子"的育人目标，构建了"奠基未来育人途径"，铺就了学生全面发展、个性成长之路。

图7 陈经纶中学分校"奠基未来"育人目标体系

会做人——学生具备关心取向、责任取向、积极取向、团队取向、公正取向的正确价值观，成长为具有民族情怀、国际视野、富有理想、尊重生命的人。

会学习——学生具备基础学习能力和可持续学习能力，有批判性思考和解决问题的能力、创新精神和实践能力。

会生活——学生关注自身健康和安全，有生态环保意识，有良好的沟通与协作能力，有健康的审美情趣，有数字化的基本素养。将"健康安全、低碳环保"纳入育人目标，引导学生关注自身健康和安全，有环保意识，成长为具有民族情怀、国际视野、富有理想、尊重生命的人。

学校认为生态教育课程是九年贯通生态文化主题课程教育重要载体。学校在生态文化主题课程教育课程建设中，强调实践性、探究性，坚持将生态文化主题课程教育工作融入课程体系建设，做好生态文化主题课程教育的整体设计、综合运筹、分类开展，将生态文化主题课程发展理念和行为渗透到学生的日常学习、生活之中，全面培养学生的低碳生活习惯。

到目前为止已经逐步形成了基础课程贯通渗透、发展课程贯通融合、发展课程贯通创新实践的三层级立体化生态文化主题课程教育课程体系。

一、基础课程贯通渗透生态文化，树立生态文化主题课程教育观

建设生态文化主题课程，普及生态文化主题课程价值观的主要阵地在课堂。学校将学科育人要求细化落实到各学科基础课程，各学科整合有关"绿色环保、节能减排"的教育资源，让生态文化主题课程走进课堂，寓教于"绿"，实现各学科在生态文化主题课程教育上的同向同行。

以道德与法治学科为例，小学部结合学段特点开展"说低碳、讲环保"主题教育剖析汉字背后的文化底蕴，围绕"节""约"两字，通过追根溯源、品字赏析等富有教育意义的环节，深入理解"节""约"在五千多年历史长河中是如何加以运用的，古人又是如何对其诠释和践行的，从而对"节约"文化有全新、全面的认识。中学部结合公民的权利与义务，讲解垃圾分类是我们共同的责任，从自身做起带动更多的身边人共同践行垃圾分类。强化学生的生态文化主题课程意识，规范其行为习惯。

地理学科通过展示某一特定区域内的地形地势、气候、河流等自然要素与工农业、交通运输等社会要素相互间的联系与制约，从而使学生认识到人与自然是生命共同体，要树立生态整体观念。同时将地理与地方课程《走进

朝阳》相结合，联系生活实际，引导学生通过地理实验、社会调查和考察，对朝阳的人口、资源、环境和发展问题作出分析和评价，养成积极践行绿色低碳生活的行为习惯，培养学生的地理实践能力。

再以生物学科为例，教师系统梳理基础课程与生态文化主题课程的结合点，借助丰富的博物馆资源，明确以学生感兴趣的自然、生命奥秘为出发点，以生物多样性为载体，引导学生通过探究、体验、实践等方式开展深度学习，重在培养学生生物核心素养。通过引导学生关注不同土壤介质对植物生长的影响、生物降解技术在厨余垃圾处理中的应用等课题的研究，使学生树立关注环境、保护环境观念。

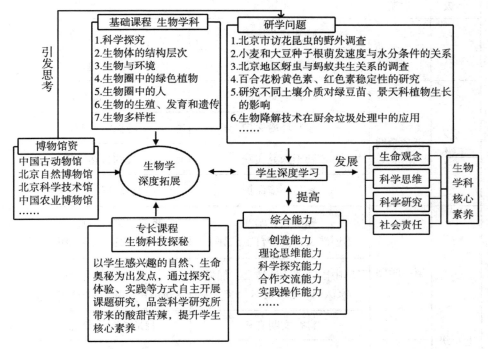

图8 生物学科借助博物馆资源开展生态文化主题课程课题研究设计

二、发展课程贯通融合生态文化，开展体验式生态教育

生态文化主题课程教育与多个学科或领域都存在内在的联系，在实施方面体现出鲜明的跨学科的协同性特点。学校打破固有的学科壁垒，寻找各学

科与生态文化主题课程的融合点，以跨学科融合实践、协同实施，发挥生态文化主题课程教育综合性特点。并针对不同年龄阶段学生的心理特点和接受能力，系统规划、科学设计教学内容，改进教育方式，开发九年贯通生态文化主题课程教育发展课程。小学阶段初步培养学生的生态保护意识和绿色低碳生活的习惯养成，中学阶段注重把研究性学习与社会实践活动相结合，注重多学科融合，落实生态文化主题课程的基本理念与实践，突出培养学生的创新精神和实践能力。

表3 九年贯通生态文化主题课程发展课程

年级	学期	主题	活动名称
一至二年级	第一学期	感知悠久历史	了解二十四节气
		加强国家认识	我做环保宣传员
三至六年级	第二学期	尝试创意作品	再生纸制作
		参与环境保护	环保酵素制作
		勤于探究实践	我的自然笔记
		参与环境保护	垃圾分类我能行
七年级	第一学期	勤于探究实践（还涉及：支持自主品牌）	我的"宇宙翱翔"计划（北京天文馆+天文知识竞赛）
		了解中国国情（还涉及：加强国家认识，感知悠久历史）	不能忘却的历史（抗战纪念馆+高唱爱国歌曲）
		言行文明有礼	我是校园形象代言人
	第二学期	参与环境保护（还涉及增强责任意识）	寻找家庭的"碳足迹"
		感知悠久历史（还涉及了解中国国情、感知悠久历史）	五千年的大国（到国家博物馆学习）
		勇于面对挫折	阳光总在风雨后

年级	学期	主题	活动名称
八年级	第一学期	了解中国国情	"五色土"的梦想 （到中国农业博物馆）
		敬爱父母长辈（还涉及：养成勤劳品质、学做合格小公民）	舌尖上的孝顺 （为父母做一顿饭）
		认同中华文化	寻根问祖——姓氏密码
	第二学期	开阔国际视野	"我在地图上旅行"
		强化法制意识	模拟法庭
		加强国家认识（还涉及：加强国家认识、感知悠久历史）	站在圆明园的废墟上 （圆明园遗址）
九年级	第一学期	勤于探究实践	你知道"石头的秘密"吗？ （中国地质博物馆+生辰石+星座）
		了解中国国情	熟悉我们的家园 （朝阳规划艺术馆）
		感知悠久历史	随哥伦布大航海 （国家海洋博物馆）
	第二学期	尝试创意作品	与上一个活动有关联的
		厉行勤俭节约（还涉及增强责任意识、参与环境保护）	"勤俭节约从我做起" （垃圾分类行动）
		支持自主品牌	"身边的国货"调查访谈活动

　　小学部在开展"无废校园"实践调查后发现，学校中出现最多的垃圾是废弃纸张、包装箱（盒）、矿泉水瓶、厨余垃圾和落叶。对于我们最常产出的废纸，利泽校区开发了《再生纸制作》的综合实践发展课程，该课程挖掘与语文、科学、道德与法治等国家课程的联系点，制定了基于无废校园理念下的减少废弃纸张产出的综合实践活动课程，制作的再生纸可利用可使用，提升了学生的无废意识。在厨余垃圾的"化废为宝"行动中，学校在各班级、办公室里放置酵素桶，将师生产生的果皮茶渣等厨余垃圾直接转化成环

保酵素。

以中学部《寻找家庭"碳"足迹》发展课程为例。学生通过自主探究和校内拓展学习碳排放相关知识，对日常生活中家庭一个月衣食住行的碳排放量进行测量和分析，找到家庭的"碳足迹"，用喜欢的色彩和创意，为自己家庭设计一个低碳生活的LOGO，并制订一个减少碳排放量的环保计划。

在课程评价方面，学校从课程实施的各个阶段、各个方面、各个视角去评价学生的学习成果，更加全面地了解了学生的学习状况，同时有效激励了学生的学习积极性，为学生进一步践行碳达峰、碳中和环保理念奠定了良好的基础。

表4 《寻找家庭"碳足迹"》发展课程评价量表

维度	基础性指标	发展性指标
活动资料准备	能借助网络地图查找资料	能根据网络查找所需要的资料，并能合理利用
活动过程表现	1.能够根据自己需要设计调查表格，完成调查数据的统计 2.能够从调查数据中发现家庭"C足迹"的特点，提出低碳生活计划 3.能够与家长、老师或同学沟通；能够用语言文字综合表达学习主题；能够表达自己的收获及体验	1.能够根据自己家庭的实际情况设计调查表格，科学完成调查数据的统计 2.能够从调查数据中发现家庭"C足迹"的主要特点，并有针对性提出低碳生活计划 3.能够与家长、老师或同学有效沟通，积极表达自己的观点；能够用新颖、有趣、有逻辑的语言文字综合表达学习主题；能够合理表达自己的收获及体验
活动成果呈现	1.活动成果展现学生个性 2.活动成果多样化 3.按时完成成果上传	1.活动成果展现学生个性，生动富有感染力 2.活动成果多样化 3.按时完成成果上传
小组合作表现	1.能独立工作又能与同学合作 2.有清晰的观点，乐于表达、交流社会实践的体会	1.在合作的基础上对实践活动做出积极、富有建设性的贡献 2.能够质疑和答辩

三、专长课程贯通创新生态文化，实现生态文化主题课程创新

学校积极开发与生态文化主题课程教育相关的专长课程，拓宽学生的生态视野，让学生们在实践中体验并感受生态文化主题课程的内涵和意义。

以中小学贯通的生态文化专长课程——生态种植体验为例，小学部开设"我的校园生活有点'田'"实践课，中学部开设"学耘社"实践课，一以贯之地开展种植实践，体验人与自然生态的关系。中低年级小学生重在生态观察，观察植物结构，了解幼苗生长过程。高年级小学生重在生态管理，定期开展除草、浇水、施肥、除虫等，保证植物健康成长。让中学生体验从种植到收获的全过程，研究生态循环，感悟生态的复杂性、多样性、系统性。

在学习种植冬小麦时，让中小学学生经历种植的完整过程：各学段教师先在课堂上向学生讲述冬小麦的特点及其适合的生长季节；通过视频资料，让学生学习冬小麦的种植技巧；分好小组，组织学生去实验田锄地、播种冬小麦，并安排好后期的灌水、施肥、管理等任务；整理劳动工具。

教师对学生的种植过程进行总结、点评，评价元素根据学生的年龄特点和时间内容设计，从而让不同学段的学生懂得自己在今后劳动过程中需要提升的方面，让学生在实践中得到成长。

智能机器人社团在专长课程中进行创新实践，以人工智能助力垃圾分类、光盘行动，发明垃圾分类机、餐盘自动节约粮食机，这样的创意实践让学生在动手搭建和互动编程过程中锻炼创造力和解决问题的能力，使他们能从小树立垃圾分类意识、节约粮食意识。这样的创意环保设计还有很多，如创客工作坊的智能快递箱设计、智能书桌设计等。通过这些创意项目的社区、校园集中展示，让学生感受到垃圾的智能分类，低碳环保给人类带来的科技体验和生活方式的转变，进一步强化低碳环保的意识。

陈经纶中学分校的生态文化课程打通学段壁垒，贯通生态文化知识结构立体呈现，形成了比较清晰的生态文化纵向一体化设计。纵向一体化思考需要校长统筹，学校作为可持续发展教育项目的实验学校，坚持一以贯之的育人理念，借助生态文化课程实施，以培育学生可持续学习的能力。

北京第二外国语学院附属中学是一所十二年一贯制学校，这所学校是由原来的一所完中向下延伸接收两所小学而形成的十二年建制学校。二外附中

开展生态文化主题课程与可持续发展教育项目研究已经坚持20多年，在课程的纵横设计上都可圈可点，在学校建制发生变化后，学校在十二年一体化开展生态文化课程建设上新增了向下延伸，这个向下延伸其实是有很大的难度的，学校是接收两所小学，需要对生态文化主题课程和可持续发展教育育人理念进行浸润与强化，借助生态文化课程在达成一致的育人理念上起到了润滑剂的作用，因为生态文化的素养培育，每一所学校都有实施和开展，无论是哪所学校都对学生开展了节约能源、保护环境的教育。对通过这一类活动所能达到的出乎意料的教育成果达成共识，无论是教师还是中高年级的小学生，都以高度的热情积极参与学校开展的生态文化主题活动。

表5　二外附中十二年一体化设计的生态文化主题课程一体化课表

序号	课题名称	授课教师	教师专业
1	《让我认识你—校园里的花儿》	××	生物
2	《美术生态画》	外教	美术
3	《大运河采风》	××	地理
4	《生态文化主题课程常识》	××	历史
5	《系列生态文化主题课程知识讲座》	林业局、水务局等教师	综合
6	《音像历史与生态》	××	历史
7	《数学与生态》	××	数学
8	《保护生命之水　建设绿色北京》	××	生物
9	《生态　生命　生活》	××	生物
10	《每天学点经济学》	××	数学
11	《美术生态画》	××	美术
12	《中国古建欣赏》	××	美术
13	《生态与人生》	××	语文
14	《中国湿地》（双语）	××	生物
15	《理花齐放》	××	物理
16	《化学与生态》	××	化学
17	《灭绝动物的挽歌》	××	生物
18	《中国沙漠化防治》（双语）	××	生物
19	《林业与碳汇》（双语）	××	外语
20	《中国野生动物保护》（双语）	××	生物

生态文化纵向一体化的课程设计目前已经形成了很好的范式，全国各地开展生态文化主题课程与可持续发展教育实践的学校也在逐渐确定生态主题点位，以学段为轴向上下延展。

● 横向一体化设计

横向一体化是指基于一个生态文化主题的横向联动，以一个学段为主体，跨学科开展学习活动，可以选择在一个主题下多学科联动，也可以是一个学科主导多学科联动。

北京市府学胡同小学朝阳学校设计了以节粮为主题"传承美德，节粮我先行"跨学科活动课程，就是一个横向联动的范例：

一、活动背景概述

本活动方案是基于跨学科参与的一次主题活动设计，活动背景是节约粮食，垃圾减量。在小学各学科都蕴含有这个主题的内容，需要教师进行筛选和梳理，并对该主题进行合理整合，避免内容交叉重复，又对每个学科进行深度挖掘，选择内容基于学科、源于生活，又要有提升。于是，在"节粮周""节粮日"到来之际，我们设计了"全学科教学落实节粮与垃圾减量教育"的活动。

二、课程活动过程

（一）选择年级和参与对象：小学五年级的教师、学生、家长

（二）参与学科：语文、数学、英语、科学、体育、美术、音乐、道德与法治、信息技术学科

（三）环节设计

前期准备——全学科教师对本学科的知识点进行梳理

教师活动设计——对筛选出的知识点进行整合，合理规避

教师备课——对知识点进行深度挖掘

学生准备——宣布主题、选择任务、分工组队、小组合作、根据内容进行活动设计……

学生活动设计——根据学科特点进行筹备，有表演、有课堂教学展示等。

（四）课程实施流程

五年级语文、数学、英语、科学、体育、美术、音乐、道德与法治、信息技术学科的教师带领孩子们围绕"节粮我先行"的活动主题，进行各个学科研究专题的开题、调研、资料收集与分析等活动，同学们结合所学的学科知识，开展研究性学习。在跨学科学习、多学科知识融合的基础上，五年级教师带领同学们推出了本次学科综合实践汇报活动。

语文学科的《古今粮话》从提出问题、查找资料、筛选资料、合作研究、汇报交流的学习过程中，让同学们体会到粮食生产对我国农耕文化的长远影响，深刻感受到粮食对国家的重要意义。

数学学科的《数据粮话》活动，以提升学生的数据分析观念、问题解决能力为活动设计理念，通过提出问题、查找资料、筛选资料、制作统计图、分析问题、汇报交流的过程，让孩子们在实践中发现、思考、创造，在活动中提升数学学科素养，增强社会责任感。

英语学科的《中外粮话》利用英语学科的特色与工具性优势指导学生开展活动。学生编辑的小视频、英语趣配音、绘制思维导图式宣传海报，多样的实践活动使学生运用所学知识了解全球性的食物短缺及粮食浪费问题，同时利用英语进行节粮宣传。

科学学科汇报的主题是《水稻的一生》，学习小组选定探究方向及内容后，借助互联网、图书馆、访问专家等方式，收集信息、处理信息，互相合作，展示小组探究学习的成果。

体育学科此次的实践活动设计别出心裁，同学们设计了"春种秋收"和"保卫粮仓"这两个有关农耕的游戏，同学们分组进行了游戏规则的设计，还在体验游戏的过程中，受到节粮保粮的教育。

美术学科的展示依托宣传海报制作的知识点，从构图、配色、突出主题等方面进行了实践，同学们创作了很多节粮宣传海报，用自己的作品装点校园、宣传节粮理念、号召同学们加入节粮行动。

音乐学科的展示活动以"节粮歌曲创编"的形式开展，学生运用语文、数学等学科知识，创编节粮歌词，填写到自己喜欢的歌曲中，写一写、唱一唱、秀一秀，突出了音乐学科实践活动的特点。

三、家长参与提升课程活动效果

在电影《袁隆平》中饰演农业科学家袁隆平妻子角色的徐筠女士是本校五年级的家长，在生态文化一体化的《道德与法治》课的"家长小课堂"上，她带来了与袁隆平短暂相处的故事，将袁隆平带领科研团队研究杂交水稻的艰辛历程讲给同学们听，给同学们带来了最真实的感受。随后的课本剧展示，通过学校午餐时间发生的一个小故事，让同学们发出了"天天成为'光盘'明星，每日珍惜天地'粮'心"的呼声与倡议。

五年级学科实践汇报活动结束后，各级专家对学校开展生态文化一体化课程的设计和学生富有研究性及创造力的精彩表现给予评估，一致认为这样的活动对于学生的由点放大的生态主题教育活动非常有效，对于跨学科开展横向一体化课程活动也是一次成功的体验。

四、结论与建议

开展主题活动基于课程又高于课程，基于生活又高于生活，学生在活动中既培养了自我能力，也学会了创造和与人合作，通过这样的活动，以节粮和垃圾分类作为开展生态文化主题课程的起点，我们把这颗种子播撒在同学们心中，我们也相信，生态文化主题课程的行动种子会很快生根发芽，开出行动的丰硕花朵！

节粮活动是一个横向一体化的生态主题课程设计，以一个生态主题为核心，多学科紧密围绕这一主题结合学科本质。另一方面，是一个生态文化领域的横向覆盖，比如：基于一个地域特点开展的研学生态课程，从地理学科生态视角出发，链接经济、社会、文化多视角，第一感觉是覆盖面的横向一体化，但这类生态文化课程的设计必不可少地链接到了历史的发展，那在时间上就是一个纵向一体化课程设计。二外附中坚持十多年的"通惠河采风"到后来更名为"大运河采风"的实践活动，就是一个非常典型的以地域生态课程为起点，链接历史、政治、生物、地理等多学科生态文化主题课程知识，感受"大运河"的兴衰及其在历史不同阶段的意义之案例。

该课程设计从理论上看：在社会科学中历史是时间，地理是空间，政治是意识，它们构成三维社会科学的基本框架。生物学科作为探究生命与自然的学科是科学学科的重要组成部分，是社会科学开展实践活动的环境基础。历史、地理学科为政治理论提供论据，政治理论为学习历史、地理提供科学的世界观和方法论。这几个学科融合交汇在一起自成体系又共为体系、互相渗透兼容，就为多角度、全方位培养学生的知识运用能力和思维创新能力提供了支撑。在这里，多学科的杂糅是一幅美丽的风景，让大运河的历史今昔，盛世与衰落一览无余，因此剥离出任何一个学科都显得单薄。这样的一体化课程以地理的生态角度为主脉，一条人工河，一条历史路，学生在老师的激励引导下，对沿河两岸的经济发展，时代人物都进行挖掘，使学生的收获远远大于课程的最初设计预期。

在这个成功的生态课程一体化设计的基础上，学校又拓宽了课程设计，开展了"感知文明生活圈——青海、甘肃丝绸之路生态文化主题课程之旅"等横向一体化课程设计。青海、甘肃沿河西走廊一带是水草丰美的地方，是文明世界的"丝绸之路"，这一跨亚洲与欧洲的经济文化带的兴盛原因首先源自其良好的生态基础。人与运输货物的动物最基本的生命保障来自于大自然的和谐共生，有了这样的和谐共生的生态基础才能保障文化的输出与输入，这些课程的设计也都是采用跨学科学习的方式，加强学生与现实社会、与历史脉络的联系，以多元的文化、综合的视野和丰富的思维方式，培养学生在各种不同的知识体系间建立联系的意识和能力，传承并弘扬优秀文化，促进交流和沟通，从而促进学生具有可持续发展的世界观。课程结束后通过生态文化主题课程知识竞赛、环保活动方案比赛、学科教学情境创设等方式检测学生生态文化主题课程知识容量，巩固其研学视野所得知识。

不同学段的学生对于学习知识需求程度是不同的，中学研学的效果得到学校、家庭和社会的重视，生态课程建设在研学活动开展中效果凸显。北京高碑店地区是通惠河的终点，当年曾经有所高碑店小学，学校也是借助通惠河的资源与杭州高邮地区的一所知名小学开展手拉手学校活动，京杭两地以京杭大运河为连接，串起了一段大运河上的研学之旅。高碑店小学是中国可持续发展教育示范学校，校长孙雪梅非常重视对生态文化点位的关注，她以非常敏锐的视角依托学校旁边的通惠河变化，开展对小学生生态环保的教育。20世纪末到20世纪初10年左右，通惠河是一条废弃的污水河，学生曾开展河水监测活动，但是得到的数据就是这条废河污染有多么严重，河水里有多少垃圾，其结果也就能停留在唤起同学们保护环境的欲望和自己尊重保护环境的意识。虽然说这对小学生来说已经很不错了，但是校长和学校老师都期望我们身边有更好的环境。在北京市区政府的大力关注与投入下，高碑店的污水处理厂建起来了，学生可以去参观污水变成净水的过程。值得欣慰的是，通惠河的治理得到了重视，原来的臭水河变成清澈的景观河。学校借着这个优势资源通过多渠道开展小学生生态研学的课程设计，研发了小学生"重走大运河"课程，这一课程的设计学校选择为杭州市和高邮市两所对该项目有兴趣的学校作为"手拉手学校"，开展了既有生态游学内容，又深度走进大运河另一端的学校。这样的活动课程是虚实结合，有共同的对话主题，相同的年龄阶段，沟通起来较为容易，通过京杭大运河两端的教师合作设计了《京杭大运河研学课程手册》，对适合小学生年龄的地理、历史、政治，包括衣食住行等都有了全面的了解。

　　以上这类以生态文化为出发点设计的生态一体化活动课程非常鲜活，是实施当中非常受师生喜爱的课程。这类课程的设计也高度考验了教师们跨学科整合与剥离的能力，考察老师与学生的合作与沟通能力。经过几年的开展，事实证明这类一体化课程有极强的生命力。

第三节　生态文化课程实施的一体化

　　生态文化课程实施的一体化是国家五位一体的战略目标，党的十八大站在历史和全局的战略高度，对推进新时代"五位一体"总体布局作了全面部署。从经济、政治、文化、社会、生态文化主题课程五个方面，制定了新时代统筹推进"五位一体"总体布局的战略目标。学校从基层开展生态文化课程教育，现在都有很好的实践，如何能够形成规模，形成全域氛围和行动，北京市朝阳区开展得比较扎实，从响应国家关于开展垃圾分类号召，落实北京市垃圾分类全民行动做到了基于生态文化主题课程的垃圾分类课程设计一体化，课程实施一体化。

　　要开展广泛的教育引导工作，让广大人民群众认识到实行垃圾分类的重要性和必要性，通过有效的督促引导，让更多人行动起来，培养垃圾分类的好习惯，全社会人人动手，一起来为改善生活环境作努力，一起来为绿色发展、可持续发展做贡献。与此同时，全国各地在垃圾分类工作上都交出各有特点的答卷。我们充分意识到垃圾分类是一条漫漫长路，需要至少两代人工作，不断努力才能达到目标，但是我们也意识到开展垃圾分类是一条育人途径。然而这项工作的独特性在于时不我待，不仅是一项从幼儿培养到成年输出的教育模式，而且必须是全民动员、全民参与，是齐头并进的教育与实践同行的工作。垃圾分类是我们每个人生活当中的一件日常事，是一件体现公民素质的平常事，更是一件关乎民生的要紧事。老子曰："天下大事，必作于细；天下难事，必作于易"，如何把这件身边的小事做细，把身边的这件难事做易，那就要从每个社会公民家庭做起，把垃圾分类当作文明素养提升的大事来做，同时要重视走向生态文化主题课程高度的垃圾分类。老子曾经说过这样的话，人无废人，物无弃物。垃圾是放错了地方的资源和宝物，是地球上唯一一种不断增长永不枯竭的资源。如果我们对产生的垃圾混投混放就会导致后端无法处理，日益增长的垃圾将会和我们人类争夺生存空间，同时混投混放的垃圾长期堆积无法处理会污染空气、土壤和水源，会直接和间接对我们人类的身体健康造成损害。垃圾分类就是将垃圾分类投放、分类回收、分类运输和分类处理，从而转化为公共资源的一系列活动的总称。很多垃圾经过合理处理就可以华丽转身变成有价值的资源。分类处理同时也是对环境资源的尊重和保护。为了子孙后代的生生不息，我们有责任减少浪费，简约生活，传承中华优秀传统节俭美德。开展垃圾分类就是培养好习惯，就是为改善生活环境做努力，是为绿色发展可持续发展做贡献。北京市政府多次指出：垃圾分类要以首善标准推进垃圾分类，深入推动文明习惯养成，将垃圾分类要求纳入市民文明公约，坚持从娃娃抓起，小手拉大手，促进垃圾减量。

在这件事上，北京市朝阳区教育委员会举全区教育之力全民推进垃圾分类教育，取得了丰富的经验和优异的成绩。朝阳区教委就采取的是一体化思路，这个一体化思路从课程设计做到了一体化设计，从课程实施做到一体化实施。

生态文化课程一体化设计主要强调了生态课堂的重要性及其对学生全面发展的促进作用。生态课堂不仅是一种教学方法，更是一种教育理念，旨在通过构建一个和谐的课堂环境，促进学生的主动学习、合作与探究，从而培养学生的可持续发展意识和能力。

生态文化课程一体化设计主要包括生态课堂的理念与实践、生态课堂的教学过程、生态课堂的教学环境及生态课堂的资源利用。

一、生态课堂的理念与实践

生态课堂强调将学生、教师、学习内容、学习方法、学习评价看作一个良好的生态文化环境，通过创新的教学方式促进学生养成可持续发展的生活、学习和工作的习惯。

这种课堂注重师生之间、学生与学生之间的动态平衡关系，以培养学生的创新精神和实践能力。

二、生态课堂的教学过程

按"领受—领悟—提升"三阶段进行。首先，通过领受阶段让学生接受学习任务和内容；其次，在领悟阶段通过阅读、讨论和练习深入理解知识内涵；最后，在提升阶段拓展学生的知识视野，促进求知欲和探究精神的发展。

三、生态课堂的教学环境

教师角色从灌输者转变为设计者和促进者，学生从被动接受者转变为具有创造性的学习者。在绿色的生态课堂上，教师与学生之间建立信任和平等的关系，共同创设自由对话的生态环境。

四、生态课堂的资源利用

生态课堂应注重利用生成性的教学资源，为学生的发展与资源再生预留空间。通过创设与生态课堂相适应的和谐空间环境，促进学生深刻领会知识的意义，并在合作、交流、探究中发展能力，个性得以张扬。

生态文化课程一体化设计与其实施紧密相连，生态文化课程一体化实施通过具体的教学活动和反思，提升学生对生态环境的认识和理解，培养他们的环保意识和责任感。

首先，生态文化课程的一体化实施强调将生态文明理念和知识融入到相关学科中，而不仅仅是单独的环保课程。例如，在数学课上，通过有趣的数学游戏和实践活动，引导学生理解数学与生态之间的关系，培养他们的逻辑思维能力和解决问题的能力。这种跨学科的教学方式有助于学生从多个角度理解和应用生态文明的理念。

其次，生态课堂教学模式的基本流 程可以按"领受—领悟—提升"三阶段进行。在"领受"阶段，教师通过提出适合学生心理年龄特点的问题，引导学生通过小组讨论或全班讨论来领受学习任务和内容。在"领悟"阶段，通过阅读、讨论和必要的练习，让学生深入知识的内部，领会知识的内涵及发现知识生成的初步或基本的规律。在"提升"阶段，通过对已有知识的成功领悟，让学生的求知欲和参与探究的精神得到张扬和发挥。

此外，参加"生态课堂"的学习活动，如生态考察活动，让学生亲身体验大自然的奇妙之处，追寻鸟儿的歌唱，聆听着树木的呼吸，感受着大自然的宁静与活力。这样的体验使学生深刻体会到了生态系统的构成和相互关系，认识到了保护环境的重要性。

小学、初中和高中（含职高）的课程设计是以教育读本的形式设计的，是以提供给学生学习材料，开展丰富多彩的学习活动，在各学科的隐形存在为主，进行知识的整合，继而达到开展垃圾分类进而育人的目的。

小学开展垃圾分类一体化课程设计，分为低段和高段两部分，低段分为四个板块："分类有关你我他"；"精准投放新生活"；"科学处理创价值"；"社会实践我参加"。学习目标：能结合生活实际，初步了解垃圾分类的目的和意义。知道北京生活垃圾分四类，基本掌握分类方法，初步形成习惯。通过科学实验和动手制作，知道垃圾分类回收后可以再利用。能积极参加线上线下的体验活动，提升家庭责任感和参与志愿活动的意识。小学高段分为五个板块，在以上四个板块的基础上增加了最后一个第五板块——走进AI新时代。学习目标也有调整：知道垃圾分类的目的和意义，了解新修订的《北京市生活垃圾管理条例》，提升规则意识。这部分内容是与小学《道德与法治》学科进行了有效对接，关注法治意识的培养。通过科学实验和动手制作，知道生活垃圾的科学处理方式，能在线上线下体验活动中发现问题，并尝试以多种方式解决问题，提升家庭责任感和主动做志愿服务意识。培养小学生利用高科技，科学解决垃圾分类中的问题。

初中教育读本设计针对初中生特点，分为五个板块：第一板块：《人地协调谈利用》；第二板块：《绿色生活谈分类》；第三板：《美丽中国论生态》；第四板块：《综合实践落践行》；第五板块：《人工智能提效率》。这些读本涵盖了从基础的环境知识普及到环保实践指南，以及通过故事、游戏和实践活动等形式，引导中学生了解环境保护知识并付诸实践。它们不仅提供了关于生态系统的运行机制、环境问题的解决方案，还鼓励中学生采取行动来保护环境，如节约能源、减少塑料使用、推广可再生能源等。

高中也以主题形式设计，一共五个板块：主题一：《人地协调说分类》；主题二：《绿色生活论处理》；主题三：《德法共治议认同》；主题四：《人工智能谱新篇》；主题五：《综合实践落践行》。在学生的社会实践中，高中生相比起小学、初中学生能力更强，但是在积极主动参与社区活动上相对更含蓄内敛，因此可以鼓励高中生做知识含量丰富的宣讲类志愿服务。

面向社会人群，从受众人群年龄跨度较大，时间碎片化，内容更需要精简易懂，指向性要更准确特点考虑，编写出版了《垃圾分类 文明有我》科普读物，这本书有五个版块，分别是："垃圾分类新时尚""生态文化主题课程高站位""天地和谐利国民""勤俭节约传美德""践行美好新生活"。分别从我们产生的垃圾如何分类，国家高度重视生态文化主题课程建设，垃圾分类的意义与价值，我们每个人如何做到垃圾分类、垃圾减量的角度与层面解读，文本力求用节约的美德故事拉近垃圾分类与百姓生活的距离，对我们平时的低碳生活提了一些小建议，力求成为老百姓身边的贴心小百科。

基于垃圾分类的生态文化教育读本做到了受众群体的全员覆盖，在生态文化课程建设上实现了学段纵向一体化，这是比较成功的案例。

这样一整套从绘本到教育读本再到科普读物的编写，还实现了跨学科知识的横向一体化设计与实施。

以高中读本为例：开篇第一板块开宗明义从道德层面切入，解读知晓法律规范，做到准确分类。再从探究城市垃圾为何这么多，影响人的正常生活，体会到垃圾分类的重要性，每个学段都根据学生年龄认知能力将相关学科进行科学链接，明白垃圾是放错了地方的资源，知晓垃圾分类后有利用的价值，分类后对于价值提升更有意义的方面进行内容编写，这些内容通过不同学科进行阐释，将学科基于垃圾分类进行横向链接是一种非常典型的模块式教学，是源于生活又高于生活的学习。通过教师的深度挖掘，对于垃圾分类在我国可以追溯到先秦，我国古人对垃圾的处理方式也多是焚烧或者填埋，体现了古人"天、地、人"三者和谐共生的生态平衡思想及物质循环利用的思想，这也是我国传统农学思想史上占统治地位的指导思想。读本中从历史的角度加入了清代雍正皇帝关于节约粮食的故事，增强了读本的人性化及可读性，以激发学生对读本的学习兴趣。

绿色垃圾与生态文化课程之间存在着密切的关系。因为绿色垃圾是生态文明教育中的一个重要组成部分。通过垃圾分类与处理的教育，学生可以学习到如何正确分类垃圾，从而减少环境污染，促进资源的循环利用。这种教育不仅有助于培养学生的环保意识和责任感，也是实现生态环保的重要举措之一。

将绿色垃圾教育与生态文化课程相结合，可以形成一个全面的生态文明教育体系。通过垃圾分类的教育实践活动，学生不仅能够学习到具体的环保技能，还能在生态文化课程中深化对生态文明理念的理解和认同。这种教育方式有助于学生将生态文明理念内化为其行为准则，从而在日常生活中自觉践行绿色生活，促进人与自然的和谐共生。

下面是高中《垃圾分类读本》（简版），通过五个板块解读生态文化课程，与垃圾分类主题课程设计的规范之有关系与意义。

垃圾分类与生态文化课程密切相关，共同促进环境保护和资源循环利用。垃圾分类作为生态文明建设的重要内容之一，其重要性不仅体现在对环境的保护和减少环境污染上，还包括促进资源的回收利用，减少资源浪费，以及提高环保意识等方面。通过正确分类垃圾，可以避免污染空气和水源，改善城市环境，同时通过回收和利用可回收物垃圾，也可以有效地减少资源的浪费和对环境的损害。这些目标与生态文化课程的目标高度一致，即培养学生对环境的关注和保护意识，促进可持续发展。

———————【 主题一　人地协调说分类 】———————

在学校中，垃圾分类的实践与推广可以通过多种方式进行，例如通过世界环境日等宣传活动、举办"环保知识"知识讲座和知识竞赛、环保小报制作比赛等，来培养学生的环保意识。此外，结合美术课、劳动课，举办以班级为单位的"资源回收创意美劳天地"设计制作展览，可以让学生认识到垃圾并非一无是处，废品也不是废不可用，从而在日常生活中养成垃圾分类的习惯。

垃圾分类（英文名为Waste sorting），一般是指按一定规定或标准将垃圾分类投放、分类收集、分类运输、分类处理，从而转变成公共资源的一系列活动的总称。分类的目的是提高垃圾的资源化、减量化、无害化。

从2020年5月1日起，新修订的《北京市生活垃圾管理条例》正式实施。条例所称的生活垃圾，包括单位和个人在日常生活中或者为日常生活提供服务的活动中产生的固体废物，以及法律、行政法规规定视为生活垃圾的建筑垃圾等固体废物。主要包括居民生活垃圾、集市贸易与商业垃圾、公共场所垃圾、街道清扫垃圾及企事业单位垃圾等。条例规定：危险废物、医疗废物、废弃电器电子产品按照国家相关法律、法规和北京市其他有关规定进行管理。对生活垃圾的处理是关系到民生的基础性公益事业，实行垃圾分类，不仅关系广大人民群众的生活环境，也关系节约使用资源，更是社会文明水平的一个重要体现。

【活动】连一连：请将图1中的垃圾投入到相应的垃圾桶内，并与其对应的垃圾存放类型相连。

图9　垃圾分类

【拓展阅读】垃圾分类小常识

垃圾分类的基本品类为厨余垃圾、可回收物、有害垃圾、其他垃圾四类。

厨余垃圾：表示已腐烂的、含有机质的生活垃圾

菜帮菜叶　剩菜剩饭　过期食品　瓜果皮核　鱼骨鱼刺　鸡蛋及蛋壳　残枝落叶　茶叶渣

可回收物：适宜回收和资源利用的物品

 废玻璃　　　　非金属：　废物料：

酒瓶　玻璃杯　调味瓶　　易拉罐　金属刀具　奶粉桶　　饮料瓶　塑料盆　食用油桶

 废纸张　　　　废旧纺织物：　废弃电器电子产品：

图书　打印纸　信封　　衣服、裤子　毛绒玩具　鞋　　洗衣机　电烤箱　电视机

有害垃圾：对人体健康或自然环境可能造成直接或潜在危害的生活垃圾

充电电池 废含汞荧光灯管 过期药品及包装物 油漆桶 血压计 废水银温度计 杀虫喷雾罐 废X光片等感光胶片

其他垃圾：不能归类于以上三类的生活垃圾

食品袋　　大棒骨　　创可贴　污损塑料袋　烟蒂　陶瓷碎片　餐巾纸　妇女卫生用品

备注：1.大件垃圾、装修垃圾等非生活垃圾不得投入生活垃圾收集容器。
2.大件垃圾应投放至规定的堆放场所，不得随意丢弃。大件垃圾主要包括：沙发、床垫、床架、桌椅、衣橱、书柜等。
3.装修垃圾应单独收集装袋，投放到指定的装修垃圾堆放场所。

图10　垃圾分类小常识

●城市垃圾缘何多

城市垃圾增长快

城市生活垃圾属于城市生活固体废弃物的一种，主要成分包括厨余物、废纸、废塑料、废织物、废金属、废玻璃、陶瓷碎片、废家具、废旧电器等。

【活动】据图11和图12，描述北京市生活垃圾的数量特征。

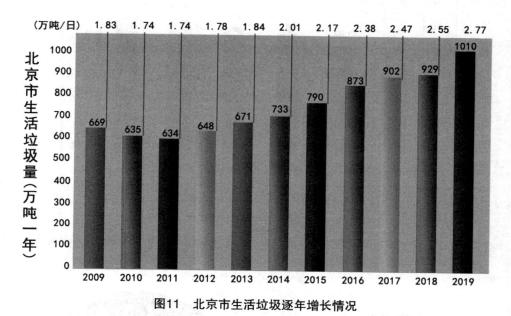

图11 北京市生活垃圾逐年增长情况

城市垃圾分布广

　　伴随着我国城镇化水平的提高，中国人口增长以及城乡一体化发展脚步的不断加快，城镇人口不断增加，由于生活习惯和环境均有了较大改变，伴随而来的就是越积越多的生活垃圾，这对城镇生活环境带来了很大压力。

　　据数据显示：2019年北京市城市生活垃圾生产量1011万吨，自2011年以来每年的垃圾清运量都在持续增长。根据灵动核心生活垃圾处理分析数据显示：2010年以来，我国城市生活垃圾清运量逐年上升，2019年全国337个一至五线城市的生活垃圾生产量达约3.43亿吨。

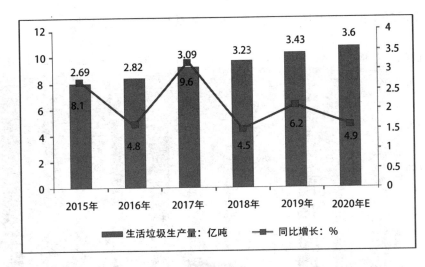

图12 2015—2019年中国城市生活垃圾产生量统计情况（数据来源：灵动核心）

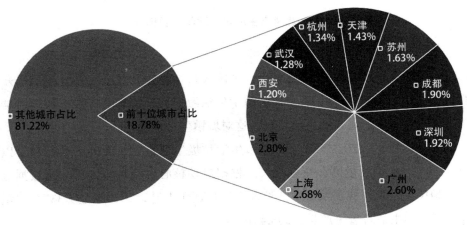

图13 2019年中国生活垃圾重点城市产生量分布情况（2019年）（数据来源：灵动核心）

北京市常住人口超过2100万人（2019年），人口密集的地区也是北京生活垃圾的主要产生地区。随着北京城市化进程的深入和经济发展水平的提高，人民的物质生活得到了极大改善，然而生活垃圾该如何处理的问题也日益凸显。

城市是特殊的生态系统

生态系统是生物群落与无机环境相互作用而形成的统一整体。生态系统的组成成分包括非生物的物质和能量、生产者、消费者、分解者。

非生物的物质和能量是一个生态系统的基本条件，直接决定着生态系统的复杂程度和其中生物群落的丰富度。生产者通过光合作用把太阳能固定在他们所制造的有机物中，从而可以被生物所利用，因此生产者是生态系统的基石。消费者通过自身的新陈代谢，能将有机物转化为无机物，这些无机物排出体外后，又可以被生产者重新利用。可见，消费者的存在能够加快生态系统的物质循环。此外，消费者对于植物的传粉和种子的传播等具有重要作用。分解者能将动植物遗体和动物的排泄物分解成无机物。如果没有分解者，动植物的遗体和动物的排遗物会堆积如山，生态系统就会崩溃。因此，生产者、消费者和分解者是紧密联系、缺一不可的。

正是由于生态系统中各组成成分间的紧密联系，才使生态系统成为一个统一整体，具有一定的结构和功能。生态系统多种多样，但是在结构上有许多共同点，这可以用下面的模型来表示。

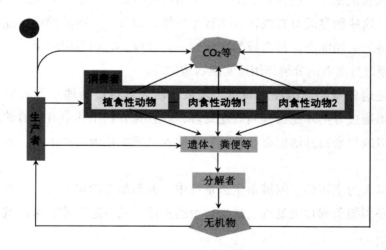

图14　生态系统结构模型

城市中生活着包括人类在内的多种多样的生物，这些生物与它们的无机环境之间也会相互作用，形成一个统一整体，所以城市也是一个生态系统。

然而，城市的生态系统是由自然系统、经济系统和社会系统组成的人工生态系统，具有明显的特殊性。

自然生态系统中之所以不存在垃圾问题，主要是生产者、消费者和分解者的数量达到了一种动态平衡，可以自动实现物质循环。而城市生态系统则是一个特殊的、物质输入型的人工生态系统，不能实现自动的生态平衡，而是要靠人工来维持。仅以食物来源为例，就可以很清楚地看到这一点。城市人口密度很大，作为城市生态系统的主要消费者，人类需要消耗大量的有机物，这些有机物几乎全部都不是城市自身的生产者制造的，而是来自城市之外的其他生态系统，比如农田生态系统、湖泊生态系统、海洋生态系统等等。城市自身的生产者基本上都是用来绿化、美化城市的，它们制造的有机物并没有被人类消费，也很少会被其他动物所消费，大部分是自身被呼吸作用分解了，一部分成为遗体残骸，被分解者分解或被人为处理。由于城市生态系统必须不停地输入有机物，而这些有机物又不可能被人完全利用，未被利用的部分就自然而然地成为垃圾。

事实上，城市不仅在一刻不停地输入着作为食物的有机物，同时还在不停地输入其他物质，包括人类生产、生活所需的各种用品，以及这些用品的包装等。这些物品既有有机物，又有无机物，而且许多物品的物质混杂程度很高，待失去功能后，都会成为废弃物——垃圾。它们当中的很大一部分，都难以通过分解者的分解作用而实现物质循环。

上述这些重要原因导致城市垃圾数量巨大且难以处理。不同类型的垃圾，必须通过分类才能得到高效地处理，并且充分利用其中有价值的部分，进而可以减少来自其他生态系统的物质输入，减少垃圾的产生量，形成良性循环。

在以人为主体建立的城市生态系统中，人类是生活垃圾的产生者，因此人类也必须担负起垃圾处理、减少垃圾的责任，只有这样才能保持城市的可持续发展。

●降解缓慢难处理

降解难处理的物质通常是指在自然条件下难以被生物作用分解的有机化学物质，如合成洗涤剂、有机氯农药等化合物在水中难以被生物降解，有的甚至会通过食物链逐步被浓缩而造成危害。塑料、合成橡胶等有机合成材料经过高温高压催化剂等条件聚合形成高分子聚合物，常温下物理性质稳定，耐酸碱、耐腐蚀，分子量较高，结构稳定，降解速度非常慢。难降解的物质在环境中的广泛而持久的存在，打破了自然界原有的基本循环，严重危害着生态环境。因此研发可降解塑料，使用生物友好型物质，是当前科学研究的重要任务与责任。

早期对这些难以降解的垃圾处理方式大多是以填埋为主，而一般情况下，这些垃圾在土地中自然降解的时间都很长。

图15　垃圾在土地中自然降解的时间

目前垃圾处理大多以焚烧与填埋为主。根据《中国统计年鉴2016》统计，2015年我国垃圾无害化处理总量18013万吨，其中填埋量11483.1万吨，占总量的64%。填埋之法简单粗放，与其说是处理，不如说是转移。

图16　北京市朝阳循环经济产业园位置示意图

【思考与讨论】描述北京市朝阳循环经济产业园位置分布的特点，并分析其原因。

●垃圾污染毁环境

垃圾堆放导致灾害发生

垃圾对环境影响显而易见，仅以塑料垃圾为例，塑料垃圾在分解的过程中会产生许多二氧化碳，2019年全球塑料分解所产生的二氧化碳达8.5亿吨，预计2030年将产生13.4亿吨，2050年将达560亿吨，大概相当于地球14%的碳储量。

8.5亿吨 ▎2019年

13.4亿吨 ▉2030年

560亿吨 ▉▉▉▉▉▉▉▉▉ 2050年

图17　塑料分解过程产生的碳排放

而大气中的二氧化碳每增加1倍，全球平均气温将上升1.5—4.5摄氏度，两极地区将升高10摄氏度，这就是温室效应。温室效应会带来许多灾难，比如干旱、两极冰川融化、海平面升高等等。

垃圾污染引发的环境问题

图18　垃圾堆放引发的危害

大量的垃圾堆放不仅影响全球环境，也会影响局部景观。垃圾围城是很多城市的普遍现象，不仅影响城市景观，同时污染了对我们生命至关重要的大气、水和土壤，对城镇居民的健康构成威胁。垃圾已成为城市发展中的棘手问题。垃圾不仅造成公害，更是资源的巨大浪费。

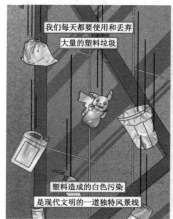

图19　塑料垃圾入侵人体的过程

【拓展阅读】塑料垃圾入侵人体的全过程

如果说我们扔掉的塑料垃圾，最后还是被我们自己吃到嘴里了，你一定觉得不可思议吧，但事实确实如此。我们扔掉的塑料垃圾绝大多数的最终归宿是大海，而那些难以分解的塑料又会被动物吃进肚子里，变成难以分解的塑料微粒留在动物体内，而这些动物又再一次的被端上你的餐桌。

如果不加以控制，在未来短短十年之内，海洋中的塑料废物就可能达到3亿吨之多。目前已有超过270种动物被塑料缠身而亡，仅仅是海龟每年就会因此死亡1000只以上；因误食塑料死亡的动物也超过了240种，从海鸟到鲸鱼都有。你随意丢弃的每一块塑料垃圾，都可能成为大自然和海洋中的生命杀手，因为动物们很容易误认它是食物，一旦误食，塑料就会阻塞它们的内脏，让它们被活活饿死！

据统计，目前世界上生产的塑料，仅有20%被回收利用，一半以上的塑料制品则被焚烧或送进垃圾填埋场，到2030年，燃烧塑料释放的二氧化碳将增加两倍之多，而燃烧产生的化合物可导致与人类心脏相关的疾病。

看到这一切难免感到痛心，塑料从诞生至今，不过才一百多年的时间，但已经渗透到我们衣食住行的各个方面。那些被我们丢掉的塑料垃圾，看似消失了，其实正在一步步进入我们的身体，甚至危害子孙后辈的健康。我们能做的就是自备环保购物袋，尽量不用塑料袋。携带可重复使用的水瓶、使用可重复利用的餐盒、拒绝使用一次性餐具、拒绝过度包装，实施垃圾分类，同时增加物资使用频率，减少垃圾排放。

【思考与讨论】

点击链接：对塑料垃圾入侵人体全过程进行阅读，谈谈你对塑料垃圾入侵人体的感受并提出合理使用建议。

●垃圾分类产资源

保护环境促资源再生

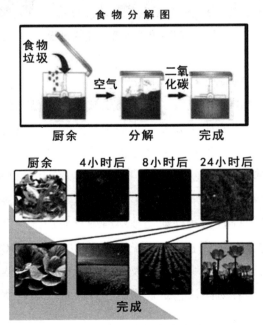

图20　食物分解变废为宝

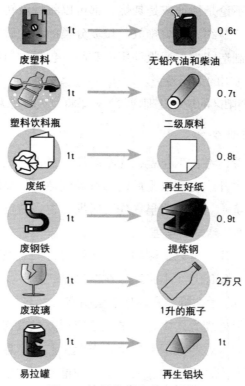

图21　垃圾分类回收可利用

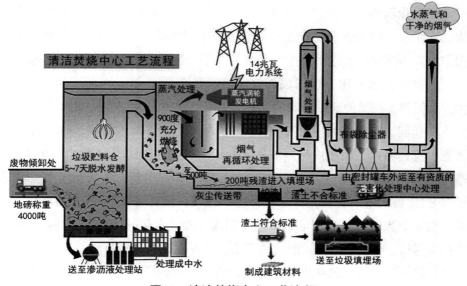

图22　清洁焚烧中心工艺流程

垃圾分类后，不论是填埋或是焚烧，都可以将垃圾转换成资源。尽管如此，我们还是要关注节约，减少排放。垃圾分类的目的就是将废弃物分流处理，利用现有生产制造能力，回收利用回收品，包括物质利用和能量利用，填埋处置暂时无法利用的无用垃圾。

【活动】结合朝阳区的垃圾处理现状，列举将垃圾转变为资源的其他实例。

垃圾分类的前世今生

从考古发掘来看，考古工作者在先秦时期的考古遗址中发现了古代人们利用废弃的窖穴、水井或建筑取土后的凹坑倾倒垃圾，垃圾中土壤变成灰色而形成灰坑（垃圾坑）。这说明早在先秦时期，古人就已经懂得如何对垃圾进行分类、填埋处理（焚烧后填埋）。

人们对垃圾的关注，可以追溯到商朝。当时古人对垃圾的处理已经十分重视：乱扔垃圾——在商代要"断手"，在秦代要"刺字"。顾名思义，乱扔垃圾，在商朝是要遭受断手之刑，在秦代会被刺字。

在古人众多垃圾处理方式中，最早也是应用方式最普遍的就是将垃圾进行回收进行农业施肥。这与我国自古重视农业生产是息息相关的。他们对垃圾的处理也体现了古人"天、地、人"三者和谐共生的生态平衡思想及物质循环利用的思想，这也是我国传统农学思想史上占统治地位的指导思想。

对于垃圾堆肥的处理，值得一提的是古人对将废弃的纸、草绳、藤竹物、木制品、坚果壳等用作燃料，这也是中国传统社会把垃圾变为能源的利用方法。西汉《氾胜之书》中有十余处关于"用粪"的记载。"伊尹作区田，教民粪种，负水浇稼。区田以粪气为美，非必良田也"。由此可见，早至商代，人们就有将粪便这种特殊的垃圾用来堆肥浇田。

汉代起，皇宫内和一些大型建筑群内采用地下排水管网，通过排水渠从宫内排到城内，由城内排到城外，由城壕汇流到渭河。但当时城市多为土路，道路上常弥漫着垃圾和尘土。为了解决这一问题，古人创造了"洒水车"。据《后汉书·宦者列传·张让传》记载，汉灵帝中平三年（186年），灵帝曾命令当时的掖庭令毕岚，设计制作一种洒水车——翻车渴乌。毕岚作"翻车渴乌，施于桥西，用洒南北郊路，以省百姓洒道之费"。

"垃圾"一词，最早出自宋代吴自牧的《梦粱录·河舟》："更有载垃圾粪土之船，成群搬运而去。”可见早在宋代就已经将废弃物称作“垃圾”，也可见在宋代，就有了成熟的垃圾处理方式。当时还出现了拿着月薪，穿着“制服”的环卫工人。正是古人对“垃圾”的严肃态度，留给了后人青山绿水的环境。

在宋代，开始有了纸张回收的概念。据明代藏书家张萱在《疑耀》中所载：“……每见宋版书，多以官府文牒，翻其背，印以行者。如《治平类篇》一部四十卷，皆元符二年及崇宁五年公私文牒简启之故纸也。其纸极坚厚，背面光泽如一，故可两用。”质量上乘的公文纸用过后可以拿来翻面印书，这种“双面打印”是不是像极了今日我们节约用纸、节能减排的环保号召？

除了简单的翻面使用外，纸张再生也是一项由来已久的技术。据明代发明家宋应星在《天工开物》中记载：“其废纸洗去朱墨污秽，浸烂入槽再造，全省从前煮浸之力，依然成纸，耗亦不多。”把废纸洗去墨迹重新回收再造，以节省造纸的原料和成本。这种纸张回收技术在“江南竹贱之国不以为然”，但在竹木稀少的北方，即便是“寸条片角在地”，也要“随手拾起再造”，足见时人的重视。这种再生纸甚至还有一个形象的名字：还魂纸。现存世文物中有一卷北宋乾德五年（967年）的写本《救诸众生苦难经》，用的就是“还魂纸”。也就是说早在一千多年前，纸张的回收和再生就已经实现了。

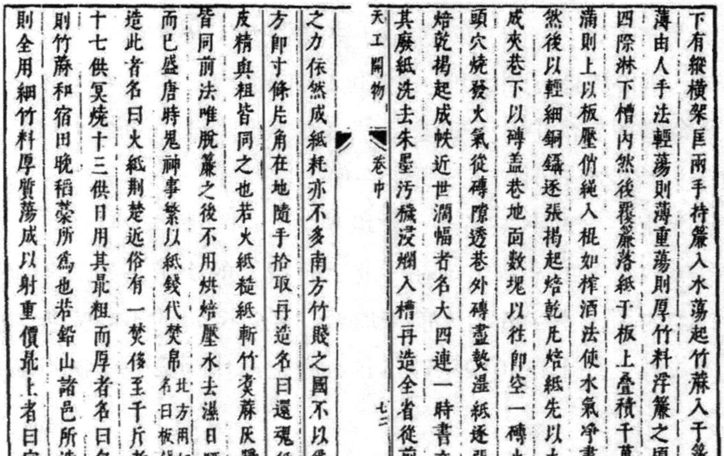
下有縱横架匡兩手持簾入水蕩起竹麻入于簾內厚薄由人手法輕蕩則薄重蕩則厚竹料浮簾之頃水從四際淋下槽內然後覆簾落紙于板上疊積千萬張數滿則上以板壓俏繩入棍如榨酒法使水氣淨盡流乾然後以輕細銅鑷逐張揭起焙乾凡焙紙先以土磚砌成夾巷下以磚蓋巷地面數塊以往即空一磚火薪從頭穴燒發火氣從磚隙透巷外磚盡熱濕紙逐張貼上焙乾揭起成帙近世闊幅者名大四連一時書文貴重其廢紙洗去朱墨污穢浸爛入槽再造全省從前煮浸

天工開物　卷中　七二

之力依然成紙耗亦不多南方竹賤之國不以為然北方即寸條片角在地隨手拾取再造名曰還魂紙竹與皮精與粗皆同之也若火紙糙紙斬竹煮麻灰漿水淋皆同前法唯脫簾之後不用烘焙壓水去濕日曬成乾而已盛唐時鬼神事繁以紙錢代焚帛北方用切條名曰板錢故造此者名曰火紙荊楚近俗有一焚侈至千斤者此紙十七供冥燒十三供日用其最粗而厚者名曰包果紙則竹麻和宿田晚稻稾所為也若鉛山諸邑所造柬紙則全用細竹料厚質蕩成以射重價最上者曰官柬富

图23　《天工开物》明崇祯初刻本

古时宫中生活虽然讲究，但同样也有减少浪费的呼吁，比如雍正皇帝就曾发起过两次“光盘行动”。雍正二年（1724年）六月十二日，雍正皇帝谕膳房：“凡粥饭及肴馔等食，食毕有余者，切不可抛弃沟渠。或与服役下人食之，人不可食者，则哺猫犬，再不可用，则晒干以饲禽鸟，断不可委弃。”

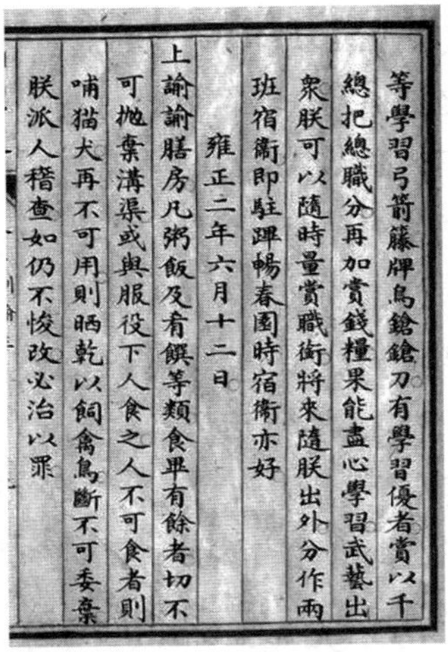
等學習弓箭藤牌鳥鎗鎗刀有學習優者賞以千
總把總職分再加賞錢糧果能盡心學習武藝出
衆朕可以隨時量賞職銜將來隨朕出外分作兩
班宿衛即駐蹕暢春園時宿衛亦好
雍正二年六月十二日
上諭諭膳房凡粥飯及肴饌等類食畢有餘者切不
可抛棄溝渠或與服役下人食之人不可食者則
哺猫犬再不可用則晒乾以飼禽鳥斷不可委棄
朕派人稽查如仍不悛改必治以罪

图24 《国朝宫史》卷三

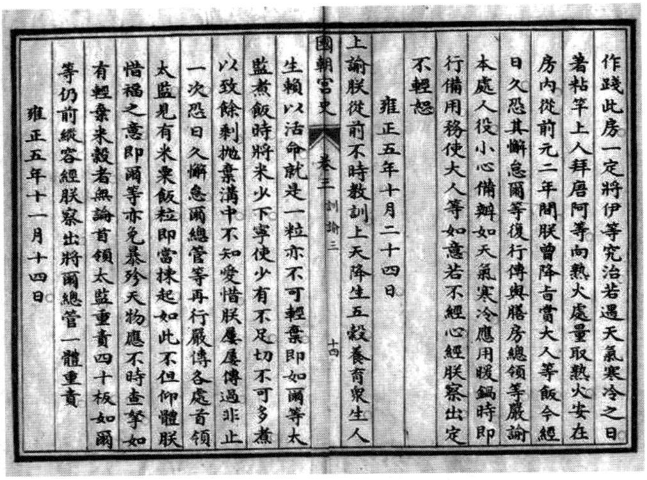
作踐此房一定將伊等究治若遇天氣寒冷之日
著粘竿上人拜唐阿等向熟火處量取熟火安在
房內從前元二年間朕曾降旨賞大人等飯令經
日久恐其懈怠爾等復行傳與膳房總領等嚴諭
本處人役小心備辦如天氣寒冷應用暖鍋時即
行備用務使大人等如意若不經心經朕察出定
不輕恕
雍正五年十月二十四日
上諭朕從前不時教訓上天降生五穀養育衆生人
國朝宮史 卷三 訓諭三 十四
生賴以活命就是一粒亦不可輕棄即如爾等太
監煮飯時將米少下寧使少有不足切不可多煮
以致餘剩抛棄溝中不知愛惜朕屢屢傳過非止
一次恐日久懈怠爾總管等再行嚴傳各處首領
太監見有米粟飯粒即當拣起如此不但仰體朕
惜福之意即爾等亦免暴殄天物應不時查拏如
有輕棄米穀者無論首領太監重責四十板如爾
等仍前縱容經朕察出將爾總管一體重責
雍正五年十一月十四日

图25 《训谕三》故宫博物院藏

当时虽然院内乌鸦众多，但大概是清理效果还不够理想，三年后，雍正皇帝又一次发布上谕：“上天降生五谷，养育众生，人生赖以活命，就是一粒亦不可轻弃。”同时嘱咐宫中太监：“煮饭时将米少下，宁使少有不足，切不可多煮，以致余剩抛弃沟中，不知爱惜。”正像我们今天“勤拿少取”的“光盘行动”，也是为减少废弃保护环境贡献一份力量。

1957年北京在全球率先提出“垃圾分类”，并于同年7月12日，一篇名为《垃圾要分类收集》的文章出现在《北京日报》的头版头条。各地开始重视垃圾分类，当时引来不少外国人前来取经。经过62年的不断完善，关于垃圾分类的全民普及，终于在2019年7月1日，将上海作为第一个试点城市，开始实施。

从全球视野看垃圾分类

根据世界银行"What a waste"全球数据库的数据，加拿大的人均垃圾产量居世界第一，前五位分别是加拿大、保加利亚、美国、爱沙尼亚及芬兰。随着人口激增，城市固体废弃物、工业、医疗、电子垃圾、危险废弃物、农业废弃物等日益增多，使全球垃圾处理迫在眉睫。德国、澳大利亚、荷兰、英国、丹麦、意大利、加拿大等国家，也早已开始垃圾分类。

【日本的垃圾分类】

日本将垃圾划分为51种，而且在本世纪，日本已经开始建设"循环性社会"。日本的办公场所都寸土寸金，尽管如此，垃圾箱也会毫不缩水地霸占一大片位置。在日本垃圾回收的时间是固定的，错过了就要等下一次。比如厨余垃圾被叫作"生垃圾"，因为它会腐败和产生味道，因此一周有两次回收的时间。分类后的报纸被直接送到造纸厂，用以生产再生纸；饮料瓶、罐和塑料等被送到的工厂处理后做成产品；电视和冰箱等被送到专门的会社，进行分解和处理；至于大衣柜和写字台被粉碎型垃圾车吞进肚里后，再次分类后成为有用之材。

图26　日本的垃圾分类

【美国的垃圾分类】

这是美国弗吉尼亚州阿灵顿县一个办公楼下的垃圾箱，右侧垃圾箱装可回收垃圾。美国的垃圾分类很简单，每家房屋外都有两个大垃圾桶，一般黑色垃圾桶装废弃物垃圾，蓝色或绿色（各州颜色不一）垃圾桶装可回收垃圾。其他的比较大件的垃圾丢起来也是麻烦事，必须要丢弃到指定的地点。

家具和大型电器，一般需要打电话给专门的家具处理公司上门取件，然后由他们拉到专门回收的地方或者废品处理工厂。小的金属垃圾或者小型电器，你只能自己送去专门的回收公司，每件需要支付10—50美金。建筑垃圾，就是那种装修废料，不能随便乱扔，必须要联系专门回收建筑垃圾的公司上门处理，价格按照每吨报价支付。

图27　美国的垃圾分类

【德国的垃圾分类】

20世纪70年代末，"垃圾经济"的概念在德国兴起。当时德国有5万多个垃圾堆放场，垃圾滤液严重污染了周边的土壤和地下水。这对原本自然资源就匮乏的德国而言，无疑是"雪上加霜"。因此在现在的德国，各种垃圾都被严格分类，尤其是对生活垃圾的严格分类，已经成为展现德国人严谨细致的代表性案例。

图28　德国的垃圾分类

这是拍摄于德国柏林的垃圾箱。德国的生活垃圾可分为四类：日常生活类垃圾、塑料包装类垃圾、纸类垃圾、生物垃圾。但实际操作中并不是一分为四那么简单。比如，玻璃瓶和电子类垃圾需要单独处理；纸巾属于生物类垃圾而非纸类；摔碎的镜子和红酒瓶不属于同一种类；灯泡、酒杯、茶杯和玻璃瓶子不能扔到同一个垃圾桶。

【主题二 绿色生活论处理】

大家共参与，让垃圾分类成为新时尚。垃圾分类，绿色环保，爱护环境。生活垃圾分类是指按照垃圾的不同成分、属性、利用价值以及对环境的影响，并根据不同处理方式的要求，分成属性不同的若干种类。通俗的讲，生活垃圾分类就是在源头将垃圾分类投放，并通过分类收集、分类运输、分类处理，实现垃圾减量化、资源化、无害化处理。

绿色垃圾分类的意义在于减少环境污染、提高资源利用效率、节省土地资源、保护土壤和水质、避免火灾隐患，以及提升全民环保意识。

垃圾分类是对垃圾收集处置传统方式的改革，通过分类投放和收集，把有用物质如纸张、塑料、橡胶、玻璃、瓶罐、金属及废旧家用电器等从垃圾中分离出来单独投放，重新回收、利用、变废为宝，既提高垃圾资源利用水平，又可减少垃圾处置量，是实现垃圾减量化和资源化的重要途径和手段。

这里我们从厨余垃圾获效益、金属制品再循环、有机材料转利用、焚烧底灰做材料四方面浅谈垃圾绿色化处理。

●厨余垃圾获效益

随着经济和人口的增长，厨余垃圾数量也日益增加，如果处理处置不当，不仅影响市容市貌，还会污染环境，甚至影响人类健康。目前厨余垃圾最主要的处理方式是填埋和焚烧。但是厨余垃圾进到填埋场后发酵产生甲烷、二氧化碳等温室气体，不仅浪费了厨余垃圾中可回收的资源，还破坏了环境。厨余垃圾含水量高、成分复杂，焚烧处理需要外加助燃剂，大大提高了处理成本，且燃烧过程可能会产生有毒有害气体污染物。厨余垃圾有机物含量高，还含有多种微生物生长所需的营养元素，可生化性强，理论上可以通过微生物处理达到资源化。目前，厨余垃圾的资源化处理主要有以下方式。

堆肥化

堆肥化，是指利用自然界广泛存在的微生物，有控制地促进固体废物中可降解有机物转化为稳定的腐殖质的生物化学过程。通过堆肥化生产的有机肥，所含营养物质比较丰富，且肥效长而稳定，同时有利于促进土壤固粒结构的形成，能增加土壤保水、保温、透气、保肥的能力，而且与化肥混合使用又可弥补化肥所含养分单一，长期单一使用化肥使土壤板结，保水、保肥性能减退的缺陷。

堆肥化处理不仅可以解决厨余垃圾的处置问题，得到的肥料还可以用于城市绿化和农业生产，可谓一举两得。但堆肥会发出难闻的气味，对周边环境存在一定的不利影响。

厌氧发酵

厌氧发酵，是指有机物质在一定的水分、温度和厌氧条件下，通过各类微生物的分解代谢，最终形成甲烷和二氧化碳等可燃性混合气体的过程。目前，厨余垃圾的厌氧发酵处理主要有以下几种途径。

途径一　制沼气

厨余垃圾厌氧发酵制备沼气的技术比较成熟，国内外已有很多成功应用的案例。很多研究者探究了利用超声波处理、控制水解温度和PH、添加生物酶和化学药剂等方式加快水解速率。由于厨余垃圾的C/N值及含油、含盐量高，单独厌氧消化易出现酸化和不稳定等问题，因此有人研究将它联合其他物料进行厌氧发酵，如动物粪便、果蔬垃圾、农作物秸秆和活性污泥等。虽然厨余垃圾发酵沼气在理论上和应用上均取得很大的成果，但发酵机理复杂、产率低、周期长，仍需进一步研究。

途径二　制乙醇

理论上，厨余垃圾中的碳水化合物高达65%，是生产乙醇的良好基质，但是厨余垃圾中丰富的淀粉、脂肪和纤维素等不能直接被酵母菌利用转化成生物乙醇，需糖化处理将厨余垃圾水解成小分子糖类。有人将同时具有淀粉酶和纤维素酶活性的新霉菌，与酿酒酵母进行厨余垃圾共发酵，无外加酶，淀粉的利用率达88%以上，纤维素的利用率在84%左右，较之同步糖化发酵，该方法可以部分避免由于酶失活而使乙醇产率下降。厨余垃圾制备乙醇有良好的产业化前景。2015年，日本建成了世界上第一座以废纸和厨余垃圾为原料的生物乙醇制造设备，每周可处理5吨厨余垃圾，每吨可生产约60升乙醇。

途径三　制氢

氢气燃烧最终变成谁（H_2O），被视为最清洁最理想的能源，因此厨余垃圾发酵制氢有重要的研究意义，但厨余垃圾的组成、发酵菌种、发酵工艺等均会影响产氢效率。如何筛选和培育高效的菌种是研究发酵法产氢的发展趋势。最新的研究方向是利用生物技术尤其是基因工程改变微生物的生理机能和新陈代谢方式，进而提升产氢效率。厨余垃圾发酵产氢有广阔的应用前景，但是目前的研究仍停留在实验室，主要因为产量和转化率不高。

【活动】阅读厨余垃圾的厌氧发酵处理的三种途径，概括各自优点和缺点。

昆虫处理

传统的动物饲料原料（如鱼粉和豆粕）不仅成本高而且不能大量获得，而昆虫的食腐性可以将厨余垃圾经同化转化成丰富的动物蛋白，因此这种办法越来越受到关注。目前主要研究的昆虫有家蝇、黑水虻、黄粉虫、蝗虫及桑蚕，其中黑水虻最有研究价值。黑水虻不是害虫，也不是病毒载体，其幼虫的杂食性且抵抗能力强，分布广，适应性强。研究表明黑水虻幼虫含有42%～43%的干物质，干物质的粗蛋白达42%～44%，粗脂肪达31%～35%，钙质达4.8%～51%，可见黑水虻还有生产生物柴油的潜能。利用昆虫处理厨余垃圾成本低、繁殖快、周期短、可再生、转化率高，有广泛的应用市场。

生物柴油

每吨厨余垃圾可提炼30～100千克的油脂，可以实现低成本生产和非食用油生产。杭州市厨余垃圾处理一期工程于2016年2月20日在杭州天子岭循环经济产业园区启动运行，每日可处理200吨厨余垃圾和20吨地沟油。有研究者用复合酶制剂对餐厨废弃物进行处理发酵生产微生物油脂，接种健强地霉G9菌株发酵，每吨餐厨废弃物可产油脂近20千克，可见厨余垃圾有很大的生产生物柴油潜能。还有研究者利用电晕放电等离子体技术将煎炸废油转化成生物柴油，不仅加快酯化反应，且更容易分离生物柴油，不需添加催化剂，而且没有副产物。

厨余垃圾作为放错了地方的资源，处理得当可以收获环境、经济和社会的三重效益，处理不当则会影响人类自身的生存。厨余垃圾有很大的回收潜力，未来的发展趋势就是资源化处理。

【活动】厨余垃圾的堆肥处理除了可以减少家中垃圾量，也能减轻焚化炉与垃圾填埋场的负担，并且厨余作堆肥省钱又环保。请查阅资料利用废旧物品自制厨余垃圾发酵桶，并将家中的厨余垃圾发酵制备成有机肥料。

●金属制品再循环

金属按照性状及用途等分为黑色金属、有色金属、重金属、贵金属、常见金属等。金属回收是指通过从废旧金属中分离出来的有用物质经过物理或机械加工成为再生利用的制品的过程，是从回收、拆解、到再生利用的一条产业链。金属在自然界中广泛存在，是现代工业和生活中非常重要的一类物质。生活中很多金属材料都是可回收物，可再次处理后制成有用物质。

从废旧电池中回收金属制品

废旧电池主要指镍氢电池、锂离子电池、铅酸蓄电池等可充电电池和氧化银电池等废弃的纽扣电池。生活中常见干电池为锌锰干电池，我国市场上销售的1号、5号、7号干电池已经达到低汞或无汞化标准，可随生活垃圾填埋。因此，除普通干电池是其他垃圾外，其他类型电池（如铅蓄电池、锂离子电池等）均属于有害垃圾。目前汽车上使用的大多是铅蓄电池，铅蓄电池是组合结构，经过机械破碎分离出铅膏、有机物料等，而铅膏成分复杂（其主要成分为PbO、PbO_2、$PbSO_4$等），铅含量高，回收价值高，因此铅膏回收是废旧铅蓄电池回收的关键部分。

铅膏回收技术包括火法再生铅技术、湿法回收铅技术、柠檬酸法回收氧化铅、新型原子经济法等。其中新型原子经济法是我国科学家自主研发的，该工艺工序简单，试剂消耗少且可以循环利用，能够最大程度转化为产品。

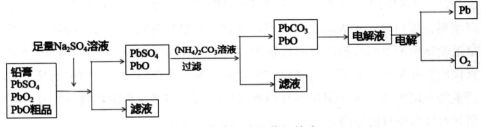

图29　传统湿法回收铅技术

湿法铅回收工艺使用SO_2或亚硫酸盐为还原剂将PbO_2还原为PbO，使用碳酸铵作为脱硫剂将$PbSO_4$转化为$PbCO_3$。经过浸出、电解的方法得到高纯铅。

【活动】为了提高废旧电池的利用，实现"变废为宝"。请查阅"废旧铅蓄电池回收利用"的其他技术，以流程图的形式绘制一种铅膏回收技术。

从废旧电子元器件回收金属

废旧电子元件中可以回收贵金属，这也是贵金属资源回收的重要领域。电子废件的回收加工主要分为两个阶段：废件预处理、冶金回收。目前常见的回收技术主要以阳极泥提炼为主，阳极泥主要来自精炼铜的剩余产物，可提取金、银、铜、铋等贵金属。生物技术也广泛地用于电子线路板中贵金属回收，如使用黄弧菌从废旧线路板中回收金和钯，回收率超过95%。

从废旧金银饰品中回收金属

生活中的珠宝首饰、纪念币、官方货币、电镀、钢笔、钟表等制作过程中含有丰富的金属如金、银等贵金属。首饰用贵金属民间使用在我国历史久远，对其中废金属的回收体系也较为完善。

●有机材料转利用

生活中常见的有机材料主要是有机高分子材料，人类很早就使用的棉花、羊毛、天然橡胶等属于天然有机高分子材料，现在使用更多的是塑料、合成橡胶、合成纤维等，且均属于可回收材料。

废旧塑料的回收再利用

塑料产品在建筑、医疗、汽车、包装等行业有着广泛的应用，塑料的发展提高了人们的生活水平，同时塑料需求的增长也导致垃圾的增长堆积。废旧塑料占据垃圾中很大的空间，塑料可能需要很长时间才能自然降解。文献报道全球只有20%的塑料被回收利用，其余多被填埋在垃圾场、焚烧处理或直接废弃在某处。过多不可降解的塑料制品废弃在环境中即影响美观又带来严重的环境污染。为了解决塑料填埋处理问题，需要进行废塑料的回收再利用和可降解塑料的使用。

废塑料的回收再利用主要有物理回收和化学回收。物理回收是在不改变废塑料性能前提下进行通过破碎、团粒等，该工艺成本低、操作简单。化学回收则是利用化学方法改变废塑料的原有成分，利用高温分解、催化裂解、气化组合技术将塑料垃圾变成合成燃料或炼制原料，从而实现塑料回收利用。

废旧橡胶的回收再利用

废橡胶主要来源于废弃的橡胶制品及加工过程中的边余料和废品，属于工业固体废物中的一大类。我国是世界上废橡胶产生量最大的国家，在数万种橡胶制品中，轮胎年产量居世界第一位。轮胎用橡胶占总消耗量的60%以上，废橡胶的处理也是当今人们面临的严重问题之一。

除将堆积如山的废弃橡胶制品当燃料焚烧外，各国科学家纷纷研究更为有效的废橡胶再生处理技术。再生胶是指废旧硫化橡胶经过粉碎、加热、机械处理等物理化学过程，使其从弹性状态变成具有塑性和粘性的、能够再硫化的橡胶。再生过程的实质是在热、氧、机械作用和再生剂的化学与物理作用等的综合作用下，使硫化胶网络破坏降解。

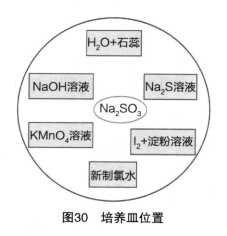

图30　培养皿位置

包含有机材料的生活垃圾焚烧处理过程中也会产生有机污染物二噁英类物质。二噁英类物质是多氯取代的平面芳香族有机物，是人类无意识合成的剧毒物质，结构式如下图所示。二噁英熔点为303℃～305℃，难溶于水，易溶于有机溶剂。二噁英在705℃以下是相对稳定的，温度高于此温度开始分解，在800℃时，二硫完全分解。

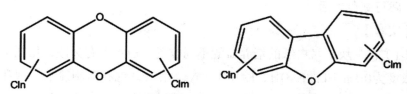

图31　二噁英类物质结构（m，n均为正整数）

二噁英来源复杂，钢铁冶炼、焚烧过程中（如医疗废弃物焚烧、化工厂废物焚烧、生活垃圾焚烧）都会产生二噁英类物质。生活垃圾焚烧过程中形成二噁英类物质主要有两种方式：一是在对塑料类物质焚烧过程中局部供氧不足，不完全燃烧容易生成二噁英类物质；二是在金属催化剂作用下，300～500℃燃烧产生二噁英类物质。

【思考与讨论】

请依据二噁英的性质及其形成原因，讨论生活垃圾焚烧过程中如何减少二噁英类污染物，减少对环境的污染。

●焚烧底灰做材料

目前我国生活垃圾无害化处理主要以填埋为主，焚烧和生化处理为辅。首都城市环境建设管理委员会印发的《北京市生活垃圾分类工作行动方案》的通知中指出，到2025年年底全面实现原生垃圾"零填埋"。

生活垃圾焚烧无害化处理具有"减容、减量和资源化"等显著优势，焚烧处理中产生了底灰和飞灰（又称"烟气"）。底灰可作为二级建筑材料，用于建材、道路工程等领域。由于生活垃圾的特殊性，烟气中含有1%的有害污染物。烟气中的常规气体污染物包括SO_2、NOx等，采用SNCR+活性炭吸附+袋式除尘器+湿式洗涤塔工艺，能够对污染物进行有效净化，各项污染物排放浓度能够满足国标限值或欧盟2000年的要求；采用湿式洗涤塔须考虑废水处理及烟气再加热的问题。

【思考与讨论】

（1）二氧化硫是酸性氧化物，请写出二氧化硫可能发生的化学反应。

（2）请从化合价角度分析二氧化硫可能具有的性质及发生的化学反应。

请依据二氧化硫的类别和价态性质选择合适方案实现脱除烟气中的二氧化硫，践行绿色生活。

【实验】

（1）在一块下衬白纸的培养皿的不同位置（白纸上有标注，见图）分别滴加浓度为0.1mol/L的NaOH、$KMnO_4$、Na_2S溶液，饱和新制氯水，饱和碘水（含淀粉），水（滴有酚酞）各1~2滴，每种液滴彼此分开，围成半径小于培养皿的圆形。在培养皿的圆心位置放少量Na_2SO_3固体，盖好表面皿。

（2）打开表面皿，向亚硫酸钠固体上滴加1mol/L稀硫酸溶液，迅速盖上玻璃片，观察二氧化硫气体的生成及其与各液滴反应现象，记录实验现象，书写化学方程式。

二氧化硫是一种酸性氧化物，溶于水可与水反应生成亚硫酸，但亚硫酸不稳定同时又容易分解，生成二氧化硫和水，该反应为可逆反应。二氧化硫能与氢氧化钠溶液反应生成亚硫酸钠和水，实验中用NaOH吸收过量的SO_2，防止污染空气。

$SO_2 + H_2O \rightleftharpoons H_2SO_3$ ；$SO_2 + 2NaOH = Na_2SO_3 + H_2O$

二氧化硫具有一定的还原性，能够与高锰酸钾、卤素单质发生氧化还原反应。

$5SO_2 + 2KMnO_4 + 2H_2O = 2K_2SO_4 + 2MnSO_4 + H_2SO_4$

二氧化硫具有一定的氧化性，可以与硫化钠溶液反应，生成硫。

$2Na_2S + 3SO_2 = 3S\downarrow + 2Na_2SO_3$

【拓展阅读】可降解塑料

塑料轻巧便利、经久难用，给人们生活带来了极大的便利，同时其性质稳定、难于降解也带来了严重的环境问题。可降解塑料是指能够满足使用且保质期内性能不变，使用后在自然条件下能降解成对环境无害物质的塑料。可降解塑料主要有光降解塑料、生物降解塑料等。

光降解塑料是指在太阳光的作用下可实现降解的塑料。塑料的高分子聚合物吸收紫外线，发生光化学反应后裂解成小分子，在空气中氧气的作用下，最终被氧化分解，从而达到降解的目的。此种塑料适用于光照充足的地方，这也限制了光降解塑料的使用范围。

生物可降解塑料主要由淀粉、纤维素等天然物质合成，该塑料在自然环境中被微生物（如细菌、真菌）分解成小分子物质，最终被分解成二氧化碳和水的高分子聚合物，从而减低对环境的影响，所以又被称为"绿色塑料"。生物可降解塑料广泛应用于生产、生活中，如农用地膜、塑料包装、商场购物袋，以及医药领用所使用的可吸收的手术缝合线和药物缓释载体等。

2008年，中国香港理工大学科研人员主持的"活性污泥生产可降解塑料"项目获得第六十届"国际创意、发明及新产品展"的金奖。绿色化、可持续性发展已经成为塑料领域发展的必然趋势，生物可降解型塑料的研制和生物降解技术的开发在解决塑料污染方面有着广泛的前景。

<hr>

【主题三　德法共治议认同】

●垃圾新规转观念

图32　羊肉串变成"羊肉吕"

2019年，一则有趣的微博热搜引起了大家的注意，那就是"羊肉串变成羊肉吕"。具体是说《上海市生活垃圾管理条例》正式施行后，许多人点外卖叫羊肉串时都注明不要签子，"串"里的"签子"没了，羊肉串就变成了"羊肉吕"。

这个案例虽然有调侃的意思，但也反映出了"垃圾分类"对人们的生活已经产生了非常深刻的影响，而且对外卖及一次性餐具的使用也产生了很大的影响。在上海实施"垃圾分类"一个月后，据某外卖平台数据显示，上海区域的无需餐具订单增长迅猛，无需餐具订单环比2019年6月同期提升了47.1%，表明很多人的外卖习惯都因此改变了许多。

【调查】

1.调查你居住的小区、学习的校园，有没有垃圾分类处理比较好或者比较差的地区。请你收集相关地区垃圾清理、分类、运输、宣传情况，并拍照记录你的调查结果。

图33　随处可见的垃圾堆放

2.参观北京市朝阳循环经济产业园

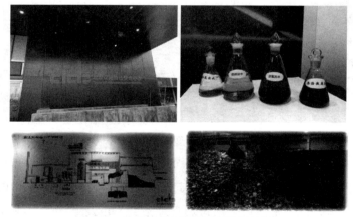

图34　北京市朝阳循环经济产业园

【活动】

（1）了解园区的发展变化，借此了解垃圾处理观念的转变。

（2）聆听垃圾焚烧过程讲解，体会垃圾分类在焚烧过程中的重要性。

（3）参观清洁焚烧中心，观看垃圾焚烧的具体操作流程。

（4）绘制简易循环图，参观填埋场，了解垃圾处理的全过程。

（5）就参观的过程写出自己的想法。

【思考与讨论】

当前，北京市也已经公布了《北京市生活垃圾管理条例修正案》。面对新规的实施，结合前面的两项调查参观实践活动，从垃圾的产生到垃圾的处理，我们可以做些什么？请参观的同学结合自己的调查和参观实践的经历谈谈自己的想法和建议。

【要点提示】

解决垃圾问题首先要从源头抓起，所以垃圾需要减量、垃圾需要分类放置并处理、我们作为垃圾的制造者需要转变观念、需要改变我们的行为。

●思考辨析寻对策

【思考与讨论】

大部分市民都支持垃圾分类，而且多年前北京就已经开始倡导垃圾分类，但为什么今天我们还没有真正落实？

【问卷调查】

1.分组设计问卷调查，就你认为有关垃圾分类的问题进行民众调查。

2.就问卷调查结果进行分析与展示。

【原因分析】

2012年，北京市就实施了生活垃圾管理条例，但到目前为止并没有得到有效执行，请依据调查说出你认为产生这种现象的原因。（可在下列原因中任选两项）

A.条例执行不严格　B.市民不愿意配合　C.垃圾分类过于麻烦

D.宣传不到位　E.缺少过程中的监督

其实，掌握垃圾分类的方法并不难，政府正在教你垃圾该怎么分。2019年12月9日，"全国垃圾分类"小程序正式上线。读者可下载并扫描二维码，获得垃圾分类的基本方法。

【活动设计】

辩题:"实现垃圾分类主要靠法治规范"与"实现垃圾分类主要靠民众自觉"。

图35 辩题

　　垃圾分类,既需要法治规范,也需要民众自觉。"法治和德治不可分离、不可偏废,国家治理需要法律和道德协同发力。"在此观点基础上简要阐述法治与德治的关系:依法治国与以德治国相结合,德润心,法治行,要着力于发挥好法律与道德各自的独特功能与作用,取长补短而达至相辅相成、相得益彰,最终实现法律与道德同频共振的社会善治。

● 良法善治促奇效

图36 人民网关于图解《北京市生活垃圾管理条例》新规

【思考与讨论】

"纵有良法美意，非其人而行之，反成弊政。"——《居业录》带给我们的启示。

【要点提示】

"法律是治国之重器，良法是善治之前提"。通过公众参与立法，实现民主立法、依法立法、科学立法。

【案例分析】 面对个人混放混投和清运公司混装混运，我们应该怎么办？分析案例，请评价执法者的行为，假如你是执法者，你会怎样处理？

案例一：2020年6月11日，北京市通州区梨园街道执法队在通州区东方华业玫瑰小区C区西侧检查时，发现北京宇轩清洁服务有限公司存在收集、运输单位将生活垃圾混装混运的行为。经立案调查，该公司被通州区梨园街道执法队予以行政处罚。

案例二：2020年6月20日，北京市丰台区王佐镇综合行政执法队在检查中发现，某市民在丰台区王佐镇怪村将厨余垃圾和其他垃圾混放混投。经查，该市民曾因此类行为收到过书面警告。由于其再次违反规定，且未参加生活垃圾分类等社区服务活动，丰台区王佐镇综合行政执法队对其予以了行政处罚。

……

政府作为重要的执法部门，必须做到严格依法行政，法定职责必须"法无授权不可为"，全面履行政府职能。执法是否严格，体现了执法部门依法执行的能力，一方面会影响法律的实施效果，另一方面会影响到执法部门的公信力。

据《新闻时报》载：

截至2020年7月31日，在《北京市生活垃圾管理条例》实施三个月的新闻发布会上公布：北京市城管执法部门累计检查生活垃圾分类主体责任单位18.86万家，发现问题1.39万家，立案查处生活垃圾分类违法行为6990起。其中对群众举报强烈、违法行为严重的99起生活垃圾混装混运违法行为立案查处，对个人违法行为查处3323起。

据北京市城市管理综合行政执法局有关负责人介绍，个别生活垃圾分类主体责任单位存在未按规定设置生活垃圾分类收集容器、未将生活垃圾分别投入相应标识的收集容器、收集运输单位混装混运等问题。

据了解，个人生活垃圾分类存在问题的区域主要集中在居民小区及周边道路，存在的主要违法行为包括未将生活垃圾分别投入相应标识的收集容器，随意倾倒、抛洒、堆放城市生活垃圾，违反规定倾倒建筑废弃物等。

目前，北京市生活垃圾分类已进入全面发动、精细管理、综合提升阶段。接下来，北京市城管执法部门将持续强化执法处罚，督促行业主管部门加强指导，促进企业、个人自觉履行法定义务和社会责任。坚持教育与处罚相结合，以罚促改，惩教结合，提升有效参与度。

●共建共治享愿景

据《新闻时报》载：

近日，由北京市朝阳区城管委推出的朝阳区垃圾分类曝光平台正式上线了。今后，市民如果发现身边存在有垃圾溢出、垃圾桶破损等垃圾分类的相关问题，可以用手机扫描垃圾桶上的二维码进入小程序，上传照片进行曝光。目前，该平台在劲松街道的"华腾园""富顿中心"等小区试点先行，后期逐步在全区范围内推广。

垃圾分类的最终实现不是一朝一夕能完成的，更不是仅仅靠政府单方面就能实现的，需要全社会共建共治共享。

《北京市生活垃圾管理条例》已推行，北京朝阳区各街乡、社区纷纷响应，以多种形式开展分类试点和宣传，增强居民垃圾分类意识，推动垃圾分类工作。

在北京朝阳平房地区定福家园南社区青年汇"分小萌"垃圾分类体验站，居民按照志愿者指导将剩菜叶投入到厨余垃圾垃圾箱中。

此外，居民还玩起了垃圾分类大转盘游戏。"旧夹子属于其他垃圾""鱼骨是厨余垃圾""荧光灯是有害垃圾"……大转盘游戏还吸引了一些小朋友参与。"既能学到知识，还能赢得奖品。"参与活动的小朋友兴奋地说。

随着垃圾分类宣传教育深入人心，我们欣慰地看到无论男女老少，无论政府还是社区，社会方方面面都积极投入到了垃圾分类的实践中，只要各方共同努力，携手合作，必然为我们创造一个美好的生活环境，也能更多地节约社会资源。

【思考与讨论】我们通过剖析生活垃圾分类问题，明确了德法共治的重要性。社会生活的方方面面都需要法治与德治相互配合。作为中学生，在建设法治国家、法治社会的过程中，我们能做些什么？请编写一个垃圾分类的宣讲词。

图37　多方联动参与垃圾分类

当前，我国正在建设中国特色社会主义法治体系，这对于推进国家治理体系和治理能力现代化非常重要。坚持和完善共建共治共享的社会治理制度，保持社会稳定、维护国家安全，这需要我们共同努力。

总之，法律既是保障自身权利的有力武器，也是必须遵守的行为规范。法治可以确保社会在深刻变革中既生机勃勃又井然有序，而在实施垃圾分类中也同样需要道德的支撑，两者有机结合才能让我们的生活更加美好。

────────【主题四　人工智能谱新篇】────────

城市垃圾分类收集处理是解决垃圾产量激增和处理低效等问题的重要途径，其中最重要的就是前端的垃圾分类收集工作。伴随信息发展，人工智能技术能够代替垃圾分类中的部分劳动力，从而降低分类的人力成本。具体表现有，智能垃圾分类收集设施能够减少垃圾分类政策监督员和引导员，智能垃圾分拣机器人能够减少垃圾处理的人力成本等等。人工智能技术能够为垃圾分类工作提供强大的助力，完善垃圾分类，对推动我国垃圾分类资源化处理有重要意义。

垃圾分类领域的人工智能，主要集中三个方向：垃圾分类APP、智能垃圾桶、智能垃圾分拣机器人。这三类产品用于垃圾分类宣传教育、收集、处理，并发挥重要作用。

●**应用软件助检索**

APP，是Application的简称，即应用软件，一般指智能手机的第三方应用软件。自我国推进城市垃圾分类以来，很多垃圾分类的APP相继研发并投入使用。垃圾分类查询软件可以普及垃圾分类知识，调动人们垃圾分类的积极性，提高人们垃圾分类的意识，从而主动进行垃圾分类工作。目前已经开发并投入使用了多种垃圾分类APP，用于指导或帮助人们进行垃圾分类。在智能软件的帮助下，我们能够很精准地对垃圾进行分类归属，当然不同地区分类标准是不同的，北京垃圾分类实行四分类。

除了垃圾分类软件中的垃圾分类知识，垃圾分类检索等功能，当前新型垃圾分类APP更是增加了积分功能，以鼓励并且强制性的手段

图38　垃圾分类APP

促进居民进行垃圾分类处理。对完成分类任务或使用可回收物品的居民进行

积分累计并奖励，赏罚分明促使人们养成垃圾分类的习惯，进而保护环境。

微信中也有很多垃圾分类的小程序，如"北京市垃圾分类宝典"，该产品在计算机视觉识别垃圾分类基础上增加了交互功能，可以通过文字、语音或拍照图片，记录和引导居民开展垃圾分类。希望在智能软件的帮助下，每位同学都能遵守规则，帮助社会营造一个更好的公共秩序。

●分类识别增智能

垃圾桶是城市化居民社区中不可或缺的存在，对垃圾桶实现智能化数据化改进以适应当前智慧城市的建设。智能垃圾分类桶是将人工智能识别和分类融合用于垃圾分类的产品，比如我国的"阿尔飞思""小黄狗""朗顿科技"等企业均推出了智能垃圾桶。智能垃圾桶，自主分类精准度大于95%，可用于商场、公园等公共区域的自主分类。此外，智能分类垃圾桶在原有基础上增加了身份认证和监控设施，居民通过居民身份证或人脸识别身份认证，开展垃圾分类投放。管理中心不仅可以方便掌握垃圾桶的余量问题，还能掌握居民的投放信息，并根据信息进行奖惩或个别教育，从而引导和规范人民的行为。

图39　智能垃圾箱

●人工智能展科技

垃圾分类处理是垃圾资源化处理的最后环节也是最关键的环节，垃圾分拣是世界各国垃圾处理的难点。当前我国大多数垃圾分拣工作基本靠人力完成，这样有人力成本高、员工工作强度大、危险性高等弊端。智能垃圾分类机器人就能很好地实现垃圾的分拣工作，切实解决投放者因分不清楚类别而无法投放的问题，也大大方便了后续的管理和运输。针对垃圾种类繁多且复杂的场所，垃圾分类机器人可以有效地解决垃圾分类的问题。同时，智能机器人还能够提供全方位的监测，比人工分拣准确率高、执行力好。

同世界先进水平相比，我国智能机器人起步晚，发展落后，而智能机器人又充分体现高科技技术。随着政府对智能机器人的重视和投入，经过科技工作者的不懈努力，我国智能机器人发展也步入新的台阶。经过全面调研，借鉴了计算机视觉领域的研究成果，我国获取流水线分拣物质的二维和三维多模态信息，模拟人类观察认识事物行为，推出了垃圾分拣机器人产品，可以有效计算分割待分拣物质，分割平均绝对误差小于3%。

图40　智能垃圾分拣机器人

【活动】请从以下两个项目中选择一个开展实践活动

1.智能垃圾分类桶

请以Python为编程语言，以校园常见垃圾如塑料瓶、纸张、玻璃等为例，设计基于图像识别的智能垃圾桶。

2.智能积分识别项目

假设班级有一个智能垃圾分类桶，请编辑代码语言设计程序。该程序可以通过指纹或者头像为每位同学投入垃圾进行积分（即垃圾分类正确积一分，错误扣一分并发出警告），实现个性化积分。

【案例赏析】回收机器人

回收机器人可以完成在办公环境中收集废弃易拉罐的工作。它具有用于检测易拉罐的传感器，以及可以拿起易拉罐并放入机载箱中的臂和夹具，并由可充电电池供能。机器人的控制系统包括用于传感信息解释、导航和控制手臂与夹具的组件。强化学习智能体基于当前电池电量，做出如何搜索易拉罐的高级决策。

举个简单的例子，假设只有两个可区分的充电水平，并组成一个很小的状态集合S=｛high，1ow｝。在每个状态中，智能体可以决定是否应该：（1）在某段特定时间内主动搜索（search）易拉罐；（2）保持静止并等待（wait）易拉罐；或（3）直接回到基地充电（recharge）。当能量水平高（high）时，充电的动作是非常愚蠢的动作，所以我们不会把它加入这个状态对应的动作集合中。于是我们可以把动作集合表示为A（high）=｛search，wait｝和A（1ow）=｛search，wait，recharge｝。

在大多数情况下，收益为零；但当机器人捡到一个空罐子时，收益就为正；或当电池完全耗尽时，收益就是一个非常大的负值。寻找罐子的最好方法是主动搜索，但这会耗尽机器人的电池，而等待则不会。每当机器人进行搜索时，电池都有被耗尽的可能性。耗尽时，机器人必须关闭系统并等待被救（产生低收益）。如果能量水平高，那么总是可以完成一段时间的主动搜索，而不用担心没电。以高能级开始进行一段时间的搜索后，其能量水平仍是高的概率为α，下降为低的概率为$1-\alpha$。另一方面，以低能级开始进行一段时间的搜索后，其能量水平仍是低（1ow）的概率为β，耗尽电池能量的概率为$1-\beta$。在后一种情况下，机器人需要人工救援，然后将电池重新充电至高水平。机器人收集的每个罐子都可作为一个单位收益，而每当机器人需要被救时，收益为-3。让r_{search}和r_{wait}（$r_{search} > r_{wait}$）分别表示机器人在搜索和等待期间收集的期望数量（也就是期望收益）。最后，假设机器人在充电时不能收集罐子，并且在电池耗尽时也不能收集罐子。这个系统则是一个有限MDP，我们可以写出其转移概率和期望收益，其动态变化如下表所示。

s	a	s'	$p(s'\|s,a)$	$r(s,a,s')$
high	search	high	α	r_{search}
high	search	low	$1-\alpha$	r_{search}
low	search	high	$1-\beta$	-3
low	search	low	β	r_{search}
high	wait	high	1	r_{wait}
high	wait	low	0	r_{wait}
low	wait	high	0	r_{wait}
low	wait	low	1	r_{wait}
low	recharge	high	1	0
low	recharge	low	0	0

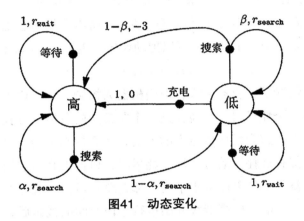

图41 动态变化

请注意，当前状态s、动作 $\alpha \in A$（s）和后继状态s'的每一个可能的组合都在表中有对应的一行表示。另一种归纳有限MDP的有效方法就是转移图，如上图所示。图中有两种类型的节点：状态节点和动作节点。每个可能的状态都有一个状态节点(以状态命名的一个大空心圆)，而每个"状态动作"二元组都有一个动作节点(以动作命名的一个小实心圆，和指向状态节点的连线)。从状态开始并执行动作 α ，你将顺着连线从状态节点s到达动作节点（s， α ）。然后环境做出响应，通过一个离开动作节点（s， α ）的箭头，转移到下一个状态节点。每个箭头都对应着个三元组（s，s'， α ），其中s'是下一个状态。我们把每个箭头都标上一个转移概率p（s'，s， α ）和r（s， α ，s'）转移的期望收益。请注意，离开一个动作节点的转移概率之和为1。

──────────【主题五 综合实践落践行】──────────

●活动背景

随着社会科技与经济水平的发展，越来越多的一次性物品等资源被浪费，这些物品在经过人们的一次使用后就变为废品，被当作垃圾丢弃，但其实这些日常丢弃的"垃圾"能产生二次使用价值，变为长久的资源，在这变废为宝的过程中，我们不但能获得另类的"宝物"，还保护了环境，维护了资源的可持续发展。

●活动概述

伴随信息技术的迅猛发展，我国快递行业呈现"井喷式"发展。快递使用的包装以纸箱、胶带、塑料袋为主，有的填充塑料薄膜、泡沫等填充物。快递包装垃圾量增大，废旧快递包装带来了严重的资源浪费和环境污染，因此，回收循环利用成为快递包装绿色治理的难题。

表6 中国快递发展指数

指数指标	2019年12月	2020年1月	2020年2月	2020年3月	2020年4月
快递发展指数	208.2	172.1	157.3	214.9	221.4
发展规模指数	252.6	169.7	114.4	238.2	251.4
服务质量指数	229.0	227.3	263.8	269.9	266.7
发展能力指数	193.1	157.5	124	184.5	192.5
发展趋势指数	57.4	57.8	66.3	71.1	82.2

为了丰富校园学生课余文化生活，增强学生的团结力、凝聚力和创造力，增进学生之间的友情，激发同学内心深藏的热情，展现同学心中渴望的个性，本活动将以"DIY快递"为主题，让同学们实现废弃快递纸箱的再利用。给同学们一个自由发挥的空间，齐心协力，共同动手制作工艺品，在活动中相互配合，了解绿色生活的重要意义。

●活动目标

1.将在校内回收的快递垃圾再次利用，培养同学们的创新精神，发展学生的环保意识。

2.组织系列校园垃圾变废为宝的竞赛活动，增进同学交流，提高学生合作意识，发展学生绿色理念。

●活动要求

1.参赛作品须用废旧快递箱为主要材料进行制作，包括但不限于：旧纸箱、饮料瓶、易拉罐、泡沫制品、旧布料、旧报纸、挂历纸、小纸箱、蛋壳、果壳、毛线、树叶、吸管、冰糕棒、纸筒、纸杯、火柴棒、旧光盘。

2.作品形式不限，内容可根据自己的亲身经历，查阅资料和丰富想象，发现生活中可再利用的废旧物品，巧妙利用各种废旧材料进行手工创作。平面粘贴、立体模型都可。手工艺制品、纸制品、织制品、布制品、塑料制品、竹制品、玻璃制品、木制品等均可。

3.学生作品可通过各种协作共同完成。

4.参赛作品需注明作品名称、作品简介以及制作人所在班级

●活动特色

参赛作品必须以生活中的废、弃、旧物为原材料，设计出的作品应具有一定的创新性、科技性、实用性或观赏性。环保手工艺大赛各环节设计均力求既有创新性又有科技性，将吸引各年级同学参与其中。活动可以充分激发起同学对手工艺品的追求与热爱，提高环保意识。

表7　评分标准（满分100分）

项目	比重	标准
科学性	20%	充分体现科技含量，充分利用新方法、新技术创作作品，再次使用无损于健康
创新性	20%	作品立意新颖，是原创作品或在原创基础上有较大创新和改进的实物，充分体现作者的想象力和创造力
实用性	30%	作品具有牢固性和可用性，且贴近生活生产实际，能够解决部分实际问题
艺术性	30%	作品在选题、设计、制作、美工上具有一定的艺术水平，可视性强，具有一定的保存价值

【案例赏析】

⊃ **案例1：DIY"垃圾分类"校园形象大使——"垃圾分类"机器人**

寓意：使用废弃的纸箱、塑料瓶作为原料制作垃圾分类校园"形象大使"，实现变废为宝。同时机器人的两个手臂，一个拿着一个塑料瓶，一个将塑料瓶放入可回收垃圾桶中，呼吁师生垃圾分类回收，珍爱资源。

材料：大号纸箱1个，中号纸箱1个，小号方形纸箱2对（每对2个），小号长方形纸箱2对（每对4个），塑料瓶2个，胶带、双面胶。

步骤：

1.从大量纸箱中寻找合适的纸箱如图所示。

2.选择合适的中号纸箱作为机器人的头，选择合适的小号方形纸箱作为机器人的耳朵，并用双面胶将"耳朵"固定在"头部"，注意对称性。

3.选择合适的大号纸箱作为机器人的上半身，在大号纸箱上用小号方形纸箱将"身体"和"头部"连接起来。

4.选择两个一样的小号长方形纸箱用双面胶或胶带固定作为机器人的腿，选择合适的方形纸箱作为机器人的脚固定。

5.重复步骤四制作机器人的另一条腿，用双面胶将机器人的"腿"与身体连接，即完成机器人的躯干部分，注意对称性。

选择合适的长形小号纸箱作为机器人的手臂，将手臂固定在身体两侧，并摆出合适的造型，如图所示。

图42 朝阳某中学校内的纸质机器人

⊃ **案例2：废旧包装硬纸壳制作手机或者iPad支架**

寓意：信息技术时代，我们借助移动互联网设备（如手机，iPad）获取知识。使用废弃的纸盒制作简易的手机或iPad支架，用技术知识实现支架的制作，用"废物利用"托举技术知识，实现垃圾分类与新技术的融合。

材料：纸盒子、裁纸刀

步骤：

1.准备干净的盒子备用。

2.用裁纸刀去掉盒子的底面、上面和一个正面，注意不要划到手。

3.把两侧按图片这样切成斜面，角度大概45度。注意：前边要留一个凹型挡头，防止放东西时滑下来的，如下图（图42）。也可以在两侧的凹型上加一个横梁。如果是根据手机大小尺寸或者iPad大小尺寸来做的，也可以不加。

图43 纸壳做支架的步骤

人与自然是生命共同体，人类必须尊重自然、顺应自然、保护自然，贯彻节约资源和保护环境的基本国策。开展垃圾分类不是最终目的，既要进行垃圾分类意识和行为培养，又要借垃圾分类实践育人，让所有人懂得尊重自然，顺应自然、保护自然才是我们的目标。从小培养幼儿垃圾分类好习惯就是为孩子系好"人生第一粒扣子"，培养孩子从小树立"生存危机"的忧患意识，才能够做到可持续发展。"生于忧患，死于安乐"。人类在工业文明中创造物资财富的同时，也遭受到了大自然的无情报复。当我们在物质享受中警醒时，地球母亲已经千疮百孔，垃圾分类是需要从小时候做起的小事，它将反映一个民族的文明程度。"生态兴则文明兴，生态衰则文明衰"。"生态环境保护是功在当代、利在千秋的事业"。因此，我们要像珍惜自己的生命一样珍惜我们赖以生存的环境！我们只有一个地球母亲，我们必须行动起来，每一个人都从我做起，用心中永恒的道德法则去敬畏头顶上的灿烂星空和大地母亲！去遵守自然的法则、去保护我们赖以生存的大自然。

第四章 生态文化教育的功能及其问题困境

生态文化教育是教育价值取向乃至整个人类思考模式和发展观的转变，它不仅是教育高质量发展的内在要求，也是助力生态文明建设的关键策略。生态文化教育能够让受教育者理解和接受可持续的理念，从而通过一代代人的努力，永续保留人类享受美好生活的机会。

生态文化教育，作为一种新型教育，目前存在生着态文明意识薄弱、教育体系乏力、专业化程度不高、教育评价缺位等诸多问题。因此，当今的学校生态文化主题课程教育亟待通过转变生态文化观念、建立生态文化教育体系，从而推动生态文化教育健康发展。

第一节　生态文化教育的功能

建设生态文明，功在当代，利在千秋。在基础教育领域，积极开展生态文明教育变得更加重要且紧迫。我们需要结合中国学生的核心发展素养及不同学段学生的发展特征，以生态纪念日等贴近生活、便于实践的教育方式为切入口，将生态文明教育融入学校教育教学的全过程，将学生培养成为未来生态文明建设的专门人才，同时通过他们带动家庭，影响社会，为建设美好幸福的未来奠定基础。

一、为学生提供学习的场域

丰富多样的生态纪念日可以为学生的探究学习提供了一个优越的学习场域。学校将生态纪念日与教育教学、社会资源、生态现状等相结合，可以使学生更深入地认识到生态保护和人类生存的密切关系，帮助学生初步树立生态文明意识，增强生态自觉性，养成生态文明行为习惯。

　　各学科教师可以将学科中与生态文化主题课程相关的内容和生态纪念日进行有机融合，并通过提问、辩论等形式，使学生对生态问题有更深入的思考，以提升其生态文明素养。如四年级科学课《多样的动物》这一单元，依据课程实际内容，可以将其与"国际爱鸟日""国际珍稀动物保护日""世界动物日""国际生物多样性日"等相关联的纪念日相融合。班主任可以以班队会为契机，组织学生自主学习生态纪念日的相关知识，并和实际生活相结合，进行实践探究。

二、为教师提供教育的视角

　　为了唤醒人类的生态日意识，教师可以通过观察及统筹各生态日主题所传递的主要涵义，并将其适度引申与拓展，便能发现这些主题所提供的不同生态教育视角。

　　以"世界粮食日"的部分主题为例，1981年和1982年的主题为"粮食第一"，1983年的主题为"粮食安全"，2002年的主题为"水：粮食安全之源"，以上主题关注的都是"粮食安全"。1984年的主题为"妇女参与农业"，1998年的主题为"妇女养供世界"，这两年的主题关注的是"妇女参与"。2005年的主题为"农业与不同文化之间的对话"，关注的是"跨文化理解"；1989年的主题为"粮食与环境"，1990年的主题为"为未来备粮"，1993年的主题为"收获自然多样性"，2008年的主题为"世界粮食安全：气候变化和生物能源的挑战"，这几年的主题关注的是"气候变化"。1996年的主题为"消除饥饿和营养不良"，关注的是"营养健康"。1985年的主题为"乡村贫困"，1988年的主题为"乡村青年"，这两年主题关注的是"乡村贫困"。通过以上不同视角的归类，教师可以更科学地聚焦生态主题日的相关问题，并以问题为导向，有针对性地进行活动设计。

三、为学校打开新的育人之路

　　在"双减"的教育背景下，怎样重构社会和学校新的契约关系，以保证教育的公益性，使生态文明教育更好地融入育人全过程，是我们现今时代亟待思考的问题。我们必须借助教育，培养更多致力于未来生态文化主题课程建设与可持续发展的新时代人才。

四、建立健全中国特色生态文化教育，助力新时代生态文明建设

生态文化是人类在改造客观世界的同时，改善和优化人与自然的关系，建设科学有序的生态运行机制，体现了人类尊重自然、利用自然、保护自然、与自然和谐相处的文明理念。随着全球环境问题的日益突出，生态文化教育的重要性不断凸显，作为一种基础的价值导向，生态文化建设是关系中华民族永续发展的根本大计，是构建社会主义和谐社会不可或缺的精神力量，是全面建设社会主义现代化国家的内在要求。

建立健全中国特色生态文化教育，提高人们对生态环境的认识与责任感，激发人们对生态文明建设的积极参与和行动。牢固树立生态文明观念，积极推进生态文明建设，是深入贯彻落实科学发展观、推进中国特色社会主义伟大事业的题中应有之义。

五、促进可持续发展观的实现

从2000年联合国通过的"千年发展目标"，到2015年的17个可持续发展目标，国际社会一直致力于开创可持续发展的未来。

作为联合国教科文组织大力倡导的未来教育新方向，在国际上，生态文化教育已成为教育发展与创新的崭新潮流。在中国，生态文化教育充分体现在新时代教育理念和育人模式的创新实践中。近年来，中国学校、社区、企业等多元主体通过创建绿色学校，开展环境教育、生命教育、健康和福祉教育等，丰富和创新了可持续教育的本土实践。中国生态文明建设的美好蓝图正在指引着当前和未来教育体系的重塑与更新，面向生态文明和绿色发展目标的教育建构，已经成为中国教育改革的时代使命。

"我们处在一个充满挑战，又充满希望的时代。行而不辍，未来可期。为了我们共同的未来，我们要携手同行，开启人类高质量发展新征程。"人类的发展已不能再以牺牲自然为代价，为了子孙后代，我们必须在这项"功在当代，利在千秋"的事业上付出行动，以实现永续发展。正如党的二十大报告中提出："推动绿色发展，促进人与自然和谐共生，牢固树立和践行绿水青山就是金山银山的理念，站在人与自然和谐共生的高度谋划发展。"

生态文化教育是一种关注自然环境、发展可持续社会的教学方法，它不

仅能够增加人们对环境的了解和尊重，而且还促进了可持续发展的实现。因此，以生态纪念日为载体，将中华民族的生态智慧和现今时代的绿色发展理念融合其中，是学校联合社会共同建设美丽中国的方式之一；从教育入手，革新学生的生态文明意识，引导他们积极践行绿色生活方式，培养生态文明的习惯，是设计生态文化教育的重要目标之一。

第二节　生态文化教育存在的问题及建议

当今中小学生获取生态知识的渠道较多，且获取相关知识的主次渠道呈现一定的年级差异性。总体而言，目前中小学生获取生态文化主题课程知识的主渠道并不是学校的相关课程教育，而是通过相关的网络渠道，且年级越高，学生以网络为主渠道获取生态知识的人数比例越大。

中小学生态文明课程在学校的设置情况及学生对相关活动的实践参与度也明显不同。据不完全调查数据显示，当今的中小学学校设立专门的生态文化课程讲授生态知识的占34.33%，没有专门设立该课程但渗透在相关课程中讲授生态知识的占41.27%，但依然有24.39%比例的学校，这两种情况都没有。此外，学生参加过学校组织的以生态为主题的实践活动的占40.37%，参加过校外生态实践活动的占22.44%，没有参加过任何生态实践活动的占37.19%，由此可见，没有参加过生态教育社会实践活动的学生占比较高。同时，学生参与生态主题课程实践活动的方式也过于形式化与表面化，大部分仅限于垃圾回收再利用、植树养花、节能宣讲、绘制手抄（板）报、社会调查、郊游竞赛、参与公益活动等。

综上所述，当今中小学生态文化教育现状可概括为以下五点：

1.系统性缺乏。生态文化主题课程在不同的教育阶段、不同的学科中，被分散地设置，缺乏整体性，难以形成系统性的教育课程体系。

2.教育内容片面化。生态文化主题教育通常在环境保护、资源利用、生态系统、气候变化等方面进行教育，缺乏对人类与自然关系的深入解读。

3.教育形式单一化。生态文化主题教育通常采用讲座、课堂教学等传统教育形式，缺乏多样性和创新性。

4.教育评价不够科学。生态文化主题教育的评价往往只注重知识的掌握和记忆，而缺乏对学生思维能力和实践能力的考核和评价。

5.教育资源不足。生态文化主题教育需要丰富的教育资源支持，但目前教育资源的分配不均衡，导致生态文化主题课程教育的普及程度不高。

因此，当今中小学生态文化主题课程教育要完善中小学生态教育课程体系，加强相关网络课程开发和安全监管。

第一，生态文明课程体系的建设需要研究者和教育者共同参与。中小学生态文明课程开发要兼具知识性、科学性、趣味性、操作性，以高素质的教师队伍作保障。校内课程要做到课时合理、内容丰富、表述生动，使独立的生态课程与其他相关课程相互渗透；校外实践课程要难度适宜、频率适中、形式多样，要达到促进校内课程消化吸收，推动校内课程逐步深入的目的。

第二，要加强生态课程网络资源的开发利用。首先，要加强网络生态教育课程的正式与规范化，使其网络课程与学校课程形成良性互补。其次，要加强生态课程网络资讯监管，保证生态文化课程教育网络环境的安全与洁净。再次，要加强中小学生态文化课程教育的支持与保障。

第三，改革教学内容与方法，开拓教与学新路径。通过专题教育、通识教育、精品课堂、研发校本课程等形式加快推动各级各类学校教育与生态文化教育的有效、深度融合；通过营地教育、泛游学、项目合作等形式丰富和拓展生态文化教育的创新实践。要着力构建系统完整的理论体系与实践框架，为开展生态文化教育奠定良好基础。要积极推动以学生为中心、以行动为导向、以项目合作为抓手、以跨学科学习为基础的变革式教学法，引导学生逐步构建可持续知识体系，培育和践行社会主义核心价值观，培养批判性和创造性思维，并在实践中提升复杂、多变、不确定性条件下采取可持续行动的能力。

第四，资金方面，要多渠道筹措，增加经费来源。学校方面应适当增加专项活动经费预算，减少或消除学生个人负担的部分，让生态教育融入传统学科教育体系。学校还要尽可能寻找软性资源，开发实验基地，以专家讲座、活动赞助、合作实践等方式减少校方开支。

第五，安全方面，要将预防和解决相结合。首先，要尽可能全面地做好安全保障，预防发生安全纰漏。活动前，进行安全知识宣讲，提前做好实地考察和把关；活动中，安排有经验的教师全程陪同和指导；活动后，及时总结经验和交流。其次，要为参加户外实践活动的学生购买保险，以应对意外和突发状况。同时，要强化社会支持，营造全民参与和支持的良好氛围。

第三节　生态文化教育的封闭性及原因

一、生态文化教育主体的封闭性

教育的封闭性，是指学校与社会联系较少，处在一种相对封闭环境中的教育。造成生态教育封闭的原因，主要在于家庭与社区没有承担起生态教育的应有责任。

（一）家庭中生态文化教育的缺位

家庭在生态文化教育方面起着重要作用。因为生态文化主题课程教育不仅需要学生学习相关知识，更需要培养学生树立生态文明情怀及意识，家长是学生形成生态文明情怀和意识的最直接引导者与影响者。然而，由于许多家长自身对生态文化主题课程素养的缺乏，或者是对其相关知识的认知度不够，在生活中很难为孩子起到良好的示范作用。

（二）社区中生态文化教育的缺位

社区是否承担了生态教育的重要作用呢？就目前现状来看，我国大部分的社区还是市场化的管理，更倾向于各类儿童娱乐活动，对于生态文化教育缺乏有效的作为，即使有也停留在较浅层面。

社区是学生校外生活的重要区域，也是学生融入社会生活，参加文明实践活动的主阵地。因此，社区可以将中小学生组织起来，以社区为单位开展相应的生态文化主题课程实践活动，如社区可以为学生志愿者提供开展垃圾分类宣传、义卖活动、废旧物品的二次利用等实践活动的机会与平台，又如选定合适的生态纪念日，社区组织者可以统筹规划，让学生走进社区宣传、宣讲有关生态文化主题教育的常识与意义等，让学生所学知识与生活实践相联结，让知识指导行为，携手践行"生态中国，美丽家园"的生态文化理念。

为了确保生态文化教育的有效性，要注重教育主体的综合化，有效发挥政府、学校、企业、社会、家庭、社区等的协同作用，综合各方教育主体共同开发、实施教育，让生态知识与现实生活相对接。北京十八中开展了"亲身实践　美化校园"的主题活动，绿荫环保社的同学们在老师的指导下进行环保酵母的制作。环保酵母是用水、新鲜厨余、红糖按照质量比的10∶3∶1混合、密封发酵而成。环保酵母不但可以净化空气、清洁下水道、去除油污，还可以作为天然的土壤肥料。这种实践活动，使每位同学都积极参与到了称量、剪碎、量液、混合、摇匀、密封、贴签的过程中，大大提高了学生们参与生态文明活动实践的积极性及社会意义。

二、生态文化教育实践的封闭性

虽然许多学校能够组织学生参与形式多样的生态文明教育活动（如绘制海报、搞演讲、演环保剧、撰写学习感悟等），但是这些活动多在校园这一有限空间内进行。打破这种困境的最好方法就是让学校与社会（区）统筹规划与组织，在合适的地方开展丰富多样的生态环境志愿者服务实践活动。如在宣传教育和科学普及领域，志愿者可以通过担任环保讲解员、制作环保宣传品、发起绿色倡议、组织体验活动等方式传播环保科学知识。这些实践活动几乎可以让所有学生都可以亲历亲为，从而让学生学到的生态文化知识产生最大的社会价值。

我国生态环境志愿服务起步较晚，有影响力的品牌项目相对较少，同时宣传推介的力度和范围还不够，进而导致公众认知度和参与度都较为有限。但从国际经验来看，公众的志愿服务需求会随着经济社会的发展而增长。在一些发达国家，志愿服务已成为公众的一种生活方式，半数甚至70%以上的人都从事过志愿服务活动。近几年，我国公众参与环保志愿服务的需求激增，越来越多的人愿意以这种方式实现自我的社会价值。

为了打破生态文化教育实践的封闭性，我们常基于各种生态纪念日的主题，带领学生走进真实的学习场域，开始研究性的学习与实践。如世界湿地日，教师带领学生走进野鸭湖，去实地考察湿地中独有的鸟类，并针对它们的活动习性等相关内容开展研究性学习，撰写研究性学习报告；结合"世界粮食日"的主题，教师带领学生们走进爱粮节粮教育基地，通过具体的粮食加工、运输、仓储和检验化验，以适合不同年级学生认知水平的体验和实践方式，生动地向中小学生讲解爱粮节粮的重要意义，了解我国粮食安全的现状，掌握基本的爱粮节粮知识，培养学生爱粮节粮的习惯。

为进一步加强青少年（小学生）的实践能力，引导学生从课上走向课下，从校内走向校外，进一步了解农业知识、了解农业科研工作，从思想认识到亲身体验，从实践体验逐步内化为终身受益的行为习惯和道德教育。沧州市南环小学来到沧州市农林科学院试验站，开展"走进七彩世界　共享丰收喜悦"劳动科普教育实践活动。学生们参观农耕机具，认识拖拉机、旋耕机、深松机、撒肥机、压地机、小麦收割机、小区播种机等现代化农业设备。随后，学生们来到试验田，认识了温度站、测报灯、解锁捕虫神器等农业设施；认识长在田里的玉米、大豆、棉花等农作物，还有桃、杏、梨、海棠等各种果树，并体验采摘果实的快乐；了解农作物、果树的特点、种类、生长习性，学生们参加这种实践活动不仅学习了知识，而且享受到丰收带来的乐趣。

三、生态文化教育成果的封闭性

目前，学校纷纷在积极开展丰富多彩的主题教育活动，我们耳熟能详的有文化节、艺术节、科技节、体育节，但少有生态节这样的大型主题活动。其实，关于生态文化主题课程教育不乏优秀的案例，但由于很多优质的课程案例未能得到广泛传播，或仅局限于各校或各区域内的交流，造成了生态文化主题课程教育各区域发展的参差不齐。

此困境破局之道其实也很简单。生态文化主题课程教育的学习场要与学校联动，推出优秀的生态纪念日教育案例。通过更加鲜活的案例来激发学生的内在积极性，设计出发挥学生主体性、自主性、对话性、体验性和探究性的教学实施方案。学校与其固步自封地去研究，不如应用现有的优秀案例。这些优秀的案例要形成课程资源包，供师生使用。同时，与生态纪念日相关的教育实践场也要发挥其功能，梳理出专业的配套学习资源。

优秀的生态纪念日方案设计一定是开放的，教师可以根据自身的情况进行调整。我们可以建立一个共享的空间，这样教师可以应用已有的项目，也可以发布自己的项目。我们要开放自己的思想，树立正确的价值观。生态文化主题课程教育是人类共同的事业，优秀的方案可以引领学生树立正确的价值观，并用正确与积极的行动去促进人类社会的可持续发展。所以，一定不要把自己的优秀做法封闭起来，为了形成学校的特色，而不愿意分享，这是狭隘的做法。

第四节　生态文化主题课程教育面临的困境

一、教育形态与生态意识滞后的矛盾困境

生态文化主题课程教育是根据其课程建设提出的一种新型教育形态，旨在通过教育改变人们的生态观念，使其养成生态文明意识。然而，意识的形成是一个长期的过程，需要潜移默化地影响。因此，意识形成的长期性正是生态文化主题课程教育面临的首要现实难题与困境。

二、教育内容与教育生态冲突的困境

生态文化主题课程教育既是生态学的教育，也是教育生态学的体现，如果教育本身违背教育发展的生态规律，生态文化主题课程教育自然无从谈起。就目前来说，我国的教育生态系统还没有完全构建，还存在诸多突出问题。比如，教育各学段没有很好地衔接，进而破坏了教育的完整性与系统性；教育同质化，严重破坏了教育的多样性；学校、专业、学科各自为政，破坏了教育的交互性；政府、社会、学校间之"割裂"，破坏了教育的实效性等。

三、生态文化课程教育建设与教育评价缺位的困境

科学的教育评价能有效促进教育的健康发展。生态文化主题课程教育在教育内容、教育形式等诸多方面与传统教育在内涵上有所不同，这就要求有

相应的评价体系加以引导与激励。就当下的教育评价体系而言，生态文化主题课程教育评价还处于缺位状态。比如，生态文化主题课程教育专业课程明显缺失，公共课开设有限，生态文化主题课程观念难以形成其影响力；教育内容基本上停留在对环境知识、生态危机等常识的解读与介绍层面。

四、生态文化课程教育立法的深层困境

尽管国家与政府对生态文化主题课程教育立法的必要性表现出高度认可，但这种关注并没有落实为支持生态文化主题课程教育立法的各种现实条件，也没能有效地将其传递和辐射至基层之相关领域。

生态文化主题课程教育旨在改善人与自然的对立关系，使人与自然走向一种相应相合、和谐共生的状态。与传统教育相比，生态文化主题课程教育更注重跨学科融合教育的内涵与特征，表现不同的教育内容、教育形式、教育方法等。为此，我们需要不断探索，发现和解决当前的生态文化主题课程教育的困境。以生态文化主题课程之生态纪念日教育为例，进一步解读其教育的困境。

第五节　由生态纪念日教育引发的思考

生态纪念日包括世界湿地日、中国植树节、世界水日、世界气象日、世界地球日、国际生物多样化日、全国生态日等。由于其具有主题多样，内容丰富且贴近生活，便于实践，收效明显等鲜明特色，已成为生态文化教育的重要组成部分。

比如，全国生态日是中国的生态环境纪念日，设立于2023年6月28日，旨在深化全国生态文明思想的大众化传播，提高全社会生态文明意识，增强全民生态环境保护的思想自觉和行动自觉。这一纪念日体现了新时代生态文明建设的重要地位和全面推进美丽中国建设的坚定决心。

又如，世界环境日是全球范围内重要的生态环境纪念日，由联合国设立，定于每年的6月5日。旨在鼓励全世界公民对环境保护的认识和行动，体

现了人类对于环境保护的重视和努力，通过在特定日期集中宣传和强调环境保护的重要性，鼓励公众参与环保活动，共同保护地球家园。

这些纪念日的设立，体现了人们对生态环境保护和可持续发展的重视，鼓励人们通过实际行动参与到环保事业之中，共同构建一个清洁、美丽的地球家园。在我国生态环境危机不断加剧的今天，生态纪念日对于生态文化主题课程教育的价值则更为凸显。

但就当前学校的生态纪念日活动而言，存在着仪式形式化、教育内容机械与简单化、师生参与热情不高、实用性不强等问题。鉴于此，学校在开展生态纪念日活动时应注意与学生的培养目标以及与各阶段培育目标的融合。

一、生态纪念日教育与培养目标的融合

（一）生态纪念日教育要与学生培养目标相融合

2021年8月，教育部提出"将生态文化主题课程等重大主题教育融入课程教材"的最新要求。2022年新课标的颁布又回答了"培养什么人""怎样培养人""为谁培养人"的问题，明确了以培养担当民族复兴大任、时代新人的要求为主线，从有理想、有本领、有担当三个方面确定义务教育培养目标。

做"有担当"的人，但是何为担当？担当包括"热爱自然、保护环境、爱护动物、珍爱生命，树立公共卫生意识与生态文化主题课程观念。关心时事，热爱和平，初步具有国际视野和人类命运共同体的意识"。

各个学校每学期都有自己的教育教学计划，试问：学校是否把生态文化主题课程教育落实到了学校的整体教育教学规划中，并明确了相应的实施路径？保证其有效性而非形式。

我们发现，有的学校在开展德育教学时，确实已经将"生态环境日""生命健康日""生态资源日"等相关知识融入其中，并通过广播、班队会、综合实践活动课来进行学习，但这能否为学生的生态文化主题课程价值观的培育助力，还要看学校的践行力度、实施方案与价值认知。教育工作者要充分认识到，每一个纪念日不仅仅意味着活动，它的功能一定是要与培养目标进行充分关联的。学校在教育教学过程中，要加强对学生生态文化主题课程意识的启发、引导和培养。

（二）生态纪念日教育要与各阶段培育目标相融合

生态纪念日教育是螺旋式上升的过程，贯穿在人生各个阶段的学习中，是国民素质的重要组成部分。因此，生态纪念日教育的培育目标要与各个年龄段进行统筹规划，不能各自为政，割裂进行。

生态纪念日教育体现在不同的学龄阶段是有所差别与侧重的。如小学低段侧重培育学生亲近自然的素养，培育学生学会整体欣赏自然的美。小学高段：侧重培育学生的生态守护素养，尊重本土的生态知识与文化多样性；认同公民的生态权力与责任，初步理解人与自然和谐共生的关系；积极参与校内外生态保护活动与绿色社会建设。初中阶段：侧重培育学生的生态乡民观素养。高中阶段：侧重培育学生的生态战略家思想，尊重文化的多样性，理解关于生态文化主题课程建设的不同观点，在反思个人行为和人类活动对环境影响的基础上，关注全球环境，共同制订和创新行动。大学阶段：侧重培育学生的生态文化主题课程主导者思维。

二、生态纪念日教育中应着重完善提升学生的三个方面

（一）提升学生的时代使命感

"为地球而学习，为可持续发展而行动"是2021年5月联合国教科文组织和德国政府合作召开的世界第三次可持续发展教育大会的主题。试问：我们的心中是否有这样迫切的时代使命感？

当今世界正处于一个转折点，我们要重新思考：我们为何学习？如何学习？学习什么？面对生态危机与不可持续发展问题的严峻挑战，我们是否意识到了自身的时代使命与担当。目前，可持续发展教育融入国家课程是欠深度的，教育系统没有把环境与可持续发展教育放在课程的首位，因而我国青少年缺乏一定的跨认知及社会情感，缺少知识渊博、有责任担当和积极投入的学习者。因此，应结合学生不同的学习阶段，将生态教育与学生的核心素养相结合，努力培养未来生态建设与可持续发展的专门人才和领军人物。

（二）提升学生的法律认知力

在生态文明建设领域，我国历来高度重视发挥法治的作用，强调"保护生态环境必须依靠制度、依靠法治。只有实行最严格的制度、最严密的法

治，才能为生态文明建设提供可靠保障"。这些重要论述在生态环境保护工作中的理论拓展与实践深化，对引领新时代生态文明建设具有重大的现实意义和深远的历史意义，在进行生态纪念日教育时，要让学生了解相关的法律、条约，提高学生的法律认知力，如《中华人民共和国森林法》《中华人民共和国水法》《国际保护益鸟公约》《中华人民共和国环境噪音污染防治条例》《中华人民共和国环境保护法》《中华人民共和国野生动物保护法》《中华人民共和国反食品浪费法》等。

（三）提升学生的生态行动力

在实践中，培养学生的生态意识和生态思维，引导和鼓励学生形成生态文化主题课程价值观、思维方式，奉行简约适度、绿色低碳、文明健康的生活方式，在价值观层面形成生态文化主题课程理念，使学生在力所能及的范围内愿意为地球环境而行动。

除了正确的环境保护观念，学生还需要具备丰富的环保知识和必要的技能。作为教育者，应着重培养学生对环境问题的认知能力，包括了解环境问题的成因、后果以及解决方法等方面的知识。此外，还应指导学生学习环境保护所需的具体技能，如节水、节能、垃圾分类等。学生通过学习这些知识和技能，不仅能增强对环境问题的理解，也能够将环境保护观念付诸行动。

要培养学生的环境保护行动能力，仅仅是灌输知识和理论是远远不够的，更重要的是要提供实践机会和平台。学校可以组织学生参与到各种环保实践活动中，如开展植树造林活动、参与社区环境整治开展环保意识宣传等。这些实践活动将为学生提供了一种锻炼自己环保行动能力的机会，通过亲身参与和实践，学生能够更加深刻地认识到环保行动的重要性和意义，同时也能够锻炼自己的动手能力和团队合作意识。

第五章 ▸ 生态文化课程的案例评析

生态文化课程的案例设计，旨在以绿色生态校园文化为引领，将生态文明教育纳入学校课程体系，突出学校生态及德育一体化建设，构筑家、校、社三位一体教育格局，推进校园生态环境质量升级，共建生态文明教育新生态。

第一节 学校生态文化课程建设一体化案例

生态文化课程建设，不同学段针对学生接受能力和开展活动能力差异，不同学校设计各有特色，从学前领域到小初高，我们甄选了比较有特色的课程建设整体设计案例供读者赏析，希望能给开展生态文化课程建设的学校一些启发。

【案例一：北京市朝阳区康泉幼儿园】

学前开展生态文化课程构建缘起

学前开展生态文化课程，结合幼儿园实际，因地制宜开展自然生态教育课程，把幼儿园打造成一个优美的幼儿生态园，有利于利用环境育人，开展小范围的生态教育，培养幼儿爱护生态环境的意识。其旨在培养良好的生态观念要从娃娃抓起。

培养具有可持续发展理念与能力的人是学前教育的使命

学前期是人一生发展的关键时期，是人的思维习惯、爱好兴趣甚至其三观形成的奠基阶段。在学前阶段就培养幼儿的可持续发展理念与能力既是可持续发展目标实现的要求，也是学前教育的使命。联合国教科文组织编著的《反思教育：向"全球共同利益"的理念转变》认为幼儿也可以采取推进可持续发展的行动。因此，有必要在幼儿阶段培养可持续发展价值观，在幼儿心中埋下可持续发展理念的种子，促使其成人以后投入到可持续发展的行动中来，为可持续发展做贡献，这也是教育的重要使命。

基于可持续发展理念的生态课程的构建有利于幼儿园课程改革的深入

应对学前教育课程改革中存在的问题，作为联合国"教育2030框架"的七个教育目标之一的可持续发展教育可以成为推进课程改革深入的重要理念。一方面，全球范围内对可持续发展教育具有高度的认可，幼儿保育与教育领域也慢慢引入可持续发展理念内容，成为全球教育新的发展趋势。如今中国政府也以切实行动积极回应了全球推动可持续发展教育的浪潮，可持续发展教育也已经纳入《国家中长期教育改革与规划纲要》的战略主题，而且可持续发展教育的理念与《幼儿园教育指导纲要》高度一致；另一方面，"可持续发展的教育"理念也能够将如今提倡的生态教育、公民教育、环境教育、人文主义教育方法融合，是具有相当理论高度、科学性和包容性的教育理念。

开辟崭新的可持续发展之路，需要"坚持绿色发展，致力构建人与自然和谐共处的美丽家园""坚持以人为本，努力建设普惠包容的幸福社会"。这些重要思想，紧紧围绕人与自然的关系进行阐述，又有机融合人与自我、人与社会的发展。

可持续教育理念融入学前教育课程已成为必然趋势。开发幼儿园可持续发展生态教育课程不仅有利于帮助幼儿树立正确的生态观和价值观，而且有利于促进幼儿身心全面和谐发展。纵观我国的教育现状，在学前教育的发展方向上我国一直致力于发展普惠、安全、优质的学前教育，逐步在学前领域融入可持续发展理念，但已有的相关研究以理论分析和经验介绍类为主，可持续视角下生态课程构建的研究较少。对此，本研究致力于在可持续发展教育背景下，构建幼儿园生态课程，以实现可持续发展教育目标。在可持续发展教育观的引领下，园所要让幼儿在活动参与中主动探究、学习和思考，使课程不再局限于传授课本知识及实践技能，而是帮助提高教师、儿童及其家长的社会责任意识，培养他们采取行动促进可持续社会发展的能力，重视儿童思维能力的培养，以进一步推动园所课程的深化改革。

一、研究意义

（一）促进幼儿可持续能力的发展

在可持续发展教育观的引领下，园所强调以幼儿为主，鼓励幼儿跨领域学习，在活动参与中主动探究、学习和思考，建立相互尊重的关系，引导幼儿树立正确的生态观、人生观、价值观，促进幼儿在德、智、体、美等方面的可持续健康成长。

（二）促进幼儿教师专业成长

通过行动研究，使教师参与教研中来，以提升其教研及教学能力。幼儿园初期进行可持续发展理念、生态教育的培训，让参与的每位教师理解可持续发展理念的内涵及其与生态课程间的内在联系。中期形成由理论到实践，再由实践到理论双向互动的主题课程开发与实践的研究模式，在不断行动—反思—再行动—再反思的过程中，形成优秀的案例集，最终构建可持续发展的生态课程体系，带动幼儿园教师专业发展，为我们带来了推进幼儿园教师发展的新思路。

（三）为幼儿园实施基于可持续发展理念的课程提供实践参照

在生态课程的设计与实施中，一方面以可持续发展理念具体内涵作为主题，围绕可持续发展理念设计课程，另一方面依据生态教育的内容：人与自然、人与自我、人与社会实施课程，在教育工作中整合、协调、渗透可持续发展理念，从而为可持续发展理念在学前教育中的应用提供范例、具体策略和方法。

二、概念界定

（一）可持续发展教育

可持续发展教育的概念是从环境教育发展、演变而来的。可持续发展教育注重实践，是个终身的学习过程，需要教育者同参与教育的幼儿家长、社区、自然以及政府进行合作。可持续发展教育有狭义和广义之分，在本研究中主要参考可持续发展教育的广义界定。

广义的可持续发展教育是指为了可持续发展而进行的教育，以可持续发展为导向，以体现可持续发展要求的教育理念为指导，对受教育者传播可持续发展的认识、技术和技能，最终实现人的身心健康发展、人际和谐、人与自然平衡等的均衡发展。在本研究中从可持续发展教育视角出发，构建幼儿园生态课程，以实现幼儿可持续发展。

1.生态教育

生态式教育是指用生态的原理和方式来思考和解释复杂的教育问题的理念和策略，它是一种模仿自然的教育系统。在人与自然、人与自我、人与社会之间建立一种互补共生、交叉融合、持续发展的生态关系，以达到"知行合一"的理想状态。幼儿时期是人一生成长与发展过程中最迅速的时期，对幼儿的终身学习与健康发展有重大作用。《3~6岁儿童学习与发展指南》（以下简称《指南》）指出："幼儿的学习是以直接经验为基础，在游戏和日常生活中进行的。"大自然是生活中重要的一部分，也是幼儿教育的"活教材"。因此，园所以幼儿可持续发展为目标，将生态教育理念融入到园本课程的构建中，以人与自然为主线，有机融合人与自我、人与社会的发展开展相关主题活动。

（1）人与自然

人源于自然，自然造就了人类，人同自然共同发展，人与自然休戚与共。不可否认的是，如今的儿童与自然的联系日益微弱，对自然中事物之间的联系也越来越模糊，尤其是在城市化的当代社会中。幼儿看到桌子、椅子，知道是木头做的，但并不知道是怎么做成的；知道垃圾要扔进垃圾桶，但不知道垃圾去了哪儿；并不清楚每天要吃的米饭、面条是从哪里来的。所以，在幼儿园日常生活中，应引导幼儿注意自身与自然的关系，让幼儿感知世界万物千丝万缕的联系。幼儿园的种植区、饲养区是很好的联结儿童与自然的地方。

（2）人与自我

生态课程融入儿童的视角，以促进儿童发展为目标。查尔斯·威廉·艾略特指出：应允许儿童对环境进行创造、改变和个性化处理，提供机会让儿童接触并表达对自然世界的想法。赫克尔发现，以一种有意义的方式参与规划自然环境的儿童，往往比成人为其规划或仅是表面参与的儿童更愿意亲近和保护这些地方。因此，在一日生活教育中有意识地引导幼儿认识自我，发现自我。

（3）人与社会

人与社会是生态课程重要的部分。幼儿从入园离园，每天都会接触不同的人与事物，生态课程的社会教育旨在培养幼儿良好的社会性。通过各种活动使得幼儿初步了解社会，掌握社会行为规范和行为技能，发展起对自己和他人的积极态度，以帮助幼儿适应社会生活。幼儿社会性发展水平往往决定她们将来能否积极地适应各种社会环境，对幼儿的一生都有重要影响。

2.生态课程

生态课程注重探究过程，使课堂各要素积极互动，并不断生成新目标。在问题导向下，生态课程活动应由点出发，不断发现问题，不断解决问题。在本研究中，教师以可持续发展为理论依据，围绕生态教育中人与自然、人与自我和人与社会的内容，开展探究活动。在探究过程中，教师以生成性的视角去调整和设计教育活动，鼓励幼儿大胆探索，不断提升幼儿解决问题的能力。

三、幼儿园生态课程的理论基础

（一）幼儿园生态课程构建的理论基础

理论基础是指能够为研究内容提供一般规律、为研究方法提供科学指引、为研究结果提供分析框架、为研究建议提供合理依据的基础性理论。研究幼儿园可持续发展视角下生态课程建构，不仅需要综合考虑幼儿园发展的人口、经济、社会、环境和资源要素，还需要着重关注幼儿园发展的空间联系和时间变迁。因此，本研究以可持续发展理论、人类发展生态系统理论和"生活化、游戏化"课程理论为理论基础。其中，可持续发展理论为本研究提供了理念指引，让研究的出发点和落脚点都紧紧围绕着人与自我、人与自然、人与社会的和谐共生，其余理论则为本研究指明了课程建构的原则以及案例分析的方向，使研究具有全面性和条理性。

1.可持续发展理论

（1）可持续发展思想的演变

在我国，可持续发展思想最早可追溯至先秦时期。在人与社会关系方面，老子的"道法自然"思想最有代表性，他以"道"为本源，将宇宙万物看作有机统一的整体，强调以自然为法，尊重万物的属性，蕴含了朴素的辩证主义。在人与自我方面，孔子所说的"三十而立，四十不惑，五十而知天命"等即是将人生划分为一个个循序渐进的阶段，在其时做其事，"不逾矩"，从而成为"成大事者"。在西方，古希腊时期的色诺芬和柏拉图都探讨了人与自然的关系，如柏拉图在其《理想国》中指出人地关系的适度是判断一个城邦理想程度的标准。这些思想虽然仅考虑到了朴素的人地适应问题，但为近现代更为和谐、公平的人地关系发展奠定了基础。从东西方先哲的思想主张可以看出，尽管当时生产水平相对落后，但已有了可持续发展的思想萌芽。在诸多学者和国际组织的共同努力下，人类展开了广泛地讨论，可持续发展思想也逐渐走向成熟与科学，并从环境领域延伸至经济、社会、政治等多个领域，成为主流的发展观和发展战略。当前，可持续发展已经完成了可持续发展思想—可持续发展观—可持续发展系统观的理论跨越。

（2）可持续发展理论的概述

发展是一种事实，也是一种价值。从不同的角度出发，对"发展"有不同的理解，如发展是指向未来世界的理性进步，是事物的不断演进与进化，是经济的增长与物质的积累等。一方面，可持续性是指某一事物可以持久地维持或支持下去的能力，根据发展的二维性，即发展的时间性和空间性，可持续性一方面要求人类在发展过程中不能对环境和资源地开发造成不可逆地破坏而影响到未来的发展所需；另一方面，不同地区和人口群体地发展应该是和谐的、公平的。也就是说，可持续发展不是发展和可持续性的单纯叠加，发展是核心，可持续性在时间尺度和空间尺度上对发展的本质进行界定。总之，可持续发展要紧紧围绕三条发展主线：一是人与自然关系的平衡；二是人与人关系的和谐；三是人与社会关系的稳定。通过有效协同人与自然的关系，正确处理人与人的关系，协调人与社会的关系，保障人类可持续发展的基础，实现发展的全面、协调和可持续。

2.人类发展生态系统理论

布朗芬布伦纳的人类发展生态学理论，在20世纪90年代以后得到广泛传播，强调整体的儿童观、整合的教育观、经验或活动的课程观。幼儿园生态课程，是学前教育的一个重要组成部分，在幼儿园的课程和幼儿的成长发展中起着不可替代的重要作用。它并不是独立存在的，就发生在活生生的种养殖环境中，与幼儿园的其他课程，与幼儿的一日生活，与幼儿家庭、社区、大自然有着非常密切的关联，通过它们之间的相互联系、相互影响、相互制约构成一个生态系统。而且幼儿园生态课程的开展也需要从真实情景出发，从时令和季节出发，从幼儿的兴趣和实际需要出发，融入幼儿园的整个课程中，融入由幼儿、教师、家长、幼儿园、社区、社会、文化组成的整个生态大环境中，并用整体、联系、动态、可持续的生态学思维方式去研究、去探索、去开发、去实践。只有这样，幼儿作为其中的生态主体，他们才能在与各种因素的相互作用下，获得稳定、可持续发展。

（1）陶行知的"生活教育"与陈鹤琴的"活教育"理论

陶行知的生活教育理论主张"生活即教育，社会即学校，教学做合一"，强调幼儿的主体地位，提倡教育要跟随幼儿脚步，发现幼儿兴趣，创造教育契机，引发幼儿与环境和材料互动，从而获得情感、技能、知识等多维度的全面发展。陈鹤琴的教育思想明确"做人、做中国人、做现代中国人"的教育目的，为中华民族的独立而努力，从爱国、爱人类、爱真理开始，进一步做世界人，现代世界人。他结合中国社会和教育实际情况，建立"活教育"学前教育理论体系，强调幼儿教师要充分利用周围的物质环境，从大自然中、大社会中寻找活教材、活教具，有助于保持幼儿园课程建设与中国传统文化同源性，彰显趋于本土化特色课程内容。

（2）"课程游戏化"与"游戏课程化"

《幼儿园工作规程》《幼儿园教育指导纲要》均提出应"以游戏为基本活动""寓教育于生活、游戏之中"，游戏对儿童来说是真正的生活，早在福禄贝尔时期，游戏被看作为儿童成长的必需，"课程游戏化"与"游戏课程化"成为学前教育研究的重要模式。儿童会将学习活动还原为游戏，将接触到的事物情景化、游戏化，我国学前教育课程将游戏作为重要载体和内容，并越来越重视其价值和作用。"幼儿园课程游戏化"并非新模式，倡导理念与实践，幼儿园课程与游戏融通，坚持游戏精神，让幼儿园课程真正成为幼儿的活动。华东师大的王振宇教授认为，游戏课程化的意义在于最大限度地发挥幼儿在游戏中的主动性和创造性，利用教师发挥的专业力量，通过游戏的力量和方式，促进幼儿学习、发展。对于学前儿童来讲，游戏是他们的天性，游戏课程化出发点是儿童，目标也是儿童的一种实践探索与思考，"生活化课程"则成为"游戏课程化"的重要呈现方式。

（3）卢梭的"归于自然"理论

18世纪的法国正处在变革时期，这种影响蔓延到了教育上，当时的学校教授内容受到宗教势力地影响，儿童受到的教育主要为宗教神学，针对这一教育问题，卢梭在《爱弥儿》中提出了自己的教育理论。卢梭认为在教育时应遵循儿童生长的自然规律，遵循大自然规律就可以找到人生前进的方向，最终的教育目的是将儿童培养成自然人，并认为自然人重要的是能否融入社会当中的关系。卢梭将教育类型分为三种：分别为"自然的教育""人的教育""事物的教育"。在这三者当中，主要以自然教育为中心，这三种教育相互联系，相互影响的，当三种教育方向一致时人就可以得到最佳的教育，卢梭认为这三点中最重要的便是自然教育，以自然教育为中心，事务教育与人的教育相辅助，顺应自然法则，顺从自然秩序地发展。卢梭将人的教育时期分为四个阶段：分别是婴儿期、儿童期、少年期、青年期，每一时期对应不同的教育内容，只有顺应自然规律，对儿童进行自然教育，才能让儿童更好地成长。同时也要利用自然环境调动儿童感官，调动儿童自主学习兴趣。

（二）幼儿园生态课程资源的开发与利用

课程资源的开发是指探寻任何有机会进入幼儿园课程，并能融入幼儿园教学活动中，与教学内容相联系的课程资源。课程资源的利用以园本课程资源开发为基础，对课程资源进行创造性利用，将幼儿园课程资源通过各种方式形成课程内容。可持续发展视角下的幼儿园生态课程资源开发利用就是要将生态思维融入课程资源开发利用的路径中，把握生态思维的特性，清晰课程资源开发利用的脉络。

1.以整体性为基础的课程目标制定

一个整体的课程体系架构首先是系统的目标体系地搭建，其次是将整体目标落实到具体的每一个教育教学活动中。在课程建构过程中，教师与儿童、儿童与儿童、家庭与儿童、资源与环境之间相互影响，形成一个有序的结构，一个有机的整体，力求达到和谐平衡和动态发展。课程资源的开发与利用是基于一系列的课程目标。具体目标反映了对儿童的技能和知识要求，没有具体目标的实现，就不可能有总体目标的实现。生态课程资源开发和利用的目标主要包括两个方面。首先，要注重幼儿生态意识的培养。《指南》指出：儿童应

"了解常见的动植物，探索和发现动植物对环境的适应性以及动植物与人类生活的关系，了解人类生活与自然环境之间的密切关系，尊重和珍惜生命，知道如何保护环境"。因此，资源开发的首要目标就是要培养幼儿的生态意识，根据3~6岁幼儿直观形象性的思维特点，创设真实自然、生机勃勃、丰富多彩的生态环境中，自由自主地去探索、去发现、去认知。其次，要促进幼儿全面整体性发展。生态课程资源地开发与利用应以顺应自然规律和幼儿的不同特点为目标，提出一系列要求，使幼儿形成并充分展示良好的学习品质和习惯。根据幼儿身心发展规律，尊重幼儿的学习方式，让幼儿通过直接体验、直接感知、直接操作，真实自然地探索生态环境，促进幼儿的全面发展。

2.以多样性为基础的课程资源选择

课程资源是课程的组成部分，是实施课程的必要和直接条件，有多种存在形式。它不仅仅存在教材之上，也不局限于幼儿园之内，而是一种多学科的资源，有助于课程的实施和标准与目标地实现，它存在于幼儿园内外的所有环境中，也就是儿童学习和生活的环境中。幼儿园目前的室外资源有坡地、沙地、果树、触摸墙、小鸟喂食器、堆肥箱。在自然的环境里，自由活动时间、游戏时间，孩子们可以自主、自由地探索，里面都蕴藏着无限的探究可能，也蕴含着无限的教育契机。班级的自然资源有养殖区域、种植区域、植物观赏区。班级的游戏区域和材料都可以成为生态课程建设的资源，尤其是美工区，投放了许多从大自然中获取的材料，像松果、树枝、小木片等，可以直接衔接生态主题活动，实现资源的整合。家庭资源方面，家长对生态课程建构的协助，除了日常配合班级工作以外，家长带着幼儿亲近自然、了解自然，也是一种隐性的资源。同时鼓励家庭与家庭之间的互动。也可以在周末游玩的时候，关注身边的动植物，丰富幼儿的生态知识和情感经验。在社区资源方面，幼儿园旁边也有较为丰富的社区资源，都可以成为幼儿的小课堂。

3.以关联性及动态平衡性为基础的课程资源利用

生态思维视角下的课程资源利用以活动间的关联性为基础，注重课程资源开发利用与各种活动的有机融合。

第一，幼儿园课程资源的开发与利用应与区域活动有机地结合起来。区域活动以班级幼儿的发展特点和兴趣为基础，充分利用幼儿园、家庭和社会资源，创造一个局部环境，并根据幼儿的个人发展需要提供适当的材料。课程资源的开发利用对区域活动的顺利开展具有很大地影响，将课程资源用于区角环境创设和材料投放，构成将集体教学活动、生活活动与区域活动相关联的桥梁，使幼儿的学习与发展具有联系性与一致性。

第二，幼儿园课程资源的开发利用与游戏活动有机融合。游戏产生于幼儿的内在需求，是自发的、积极的和主动的，幼儿从中获得快乐和满足，并在智力、情感和社会性方面得到发展。将课程资源以游戏活动的形式呈现，让幼儿在快乐的游戏中发挥课程资源的价值。

第三，幼儿园课程资源的开发利用与生活活动有机融合。生活活动是儿童的潜在课程，可以对他们产生潜移默化地影响。教师可以利用参观幼儿园和散步的机会，引导幼儿在自然环境中观察更多的植物，以及利用报菜名的时间，引导幼儿们谈论他们所吃的蔬菜、水果和谷物的特点、味道和营养，帮助挑食的幼儿养成健康的饮食习惯。

（三）幼儿园生态课程目标的确定

幼儿园课程目标是幼儿园课程的核心，决定了幼儿园课程内容的选定、实施策略的选择和评价方式地确定。高质量的幼儿园课程目标拟定需要全面考虑与幼儿教育质量相关的多方面要素。政策方面，幼儿园自然生态课程的目标构建受有关教育政策的规约，学前教育领域的多项重要政策体现了对学前教育自然化、生态化方面的要求。《纲要》明确规定："环境是重要的教育资源，应通过环境的创设和利用，有效地促进幼儿的发展""要让幼儿爱护动植物，关心周围环境，亲近大自然，珍惜自然资源，有初步的环境意识。"《指南》强调关注幼儿发展的整体性、个体差异性，要珍视游戏和生活的独特价值，创设丰富的教育环境，最大限度地支持和满足幼儿通过直接感知、实际操作和亲身体验获取经验的需要。理论研究方面，在幼儿园生态课程的研究成果中，有研究认为，幼儿园自然课程应该具有以下价值追求："引导儿童主动探究的活动观、促进幼儿自由发展的价值观、符合儿童'最近发展区'的知识观，亦即强调幼儿园生态课程应当追求培养儿童主动探究精神、实现儿童自由发展和适应儿童发展需要。"另有研究指出："幼儿园生态课程应当注意培养儿童的探索兴趣、审美情趣、环保意识和环保行为，强调幼儿园自然生态课程的情意、行为目标的实现。"在实践经验方面，实践经验有助于我们把握课程实践逻辑，提高课程目标乃至整个课程的实践性。通过丰富的自然教育实施经验，陆续开展"小动物主题课程""海棠果主题课程""二十四节气主题课程""鼹鼠先生进校园活动"等，同时注重打造丰富的自然环境，增添多种多样的环境小设施，如小鸟喂食器、堆肥箱、围绕二十四节气设计触摸墙等。

1.总体目标

依据《纲要》中"幼儿园教育的内容是广泛的、启蒙性的""各方面的内容都应包含知识技能、情感态度、活动方式方法等多方面的学习"，以及我们对幼儿园自然生态课程的理解和认识，同时参考已有研究成果，我们从"情感与态度""知识与技能"两个维度梳理了我们的课程目标，具体如表1。

表1　幼儿园自然生态课程总体目标

维度	内容
情感与态度	萌发热爱自然、珍惜生命、珍视生态环境的积极情感，形成爱护生活环境、保护生态环境的良好意愿和简单的生态道德。延续亲近自然的天性，保持喜爱自然的情感和在其中活动的意愿，获得丰富的情感体验，形成对自然的感性认识，并欣赏、发现自然的美与神奇，产生敬畏之情与探索欲望。幼儿对所处的群体、环境有亲切感和归属感。对同伴热情友好，与父母相处融洽。具有同情心、自尊心、自信心，懂得尊重他人、遵守规范。
知识与技能	初步了解粗浅的生态环境知识，生态环境中的各种因素及其相互制约性，自然、人与社会三者的平衡性，人类生存对环境的依赖性。了解人口、资源、能源和污染等问题，能关注环境保护问题，理解环境保护的重要性。获得人类与环境、动植物与环境的关系的基本知识。获取与环境相关的一些常识。 具备一定的环境适应能力。能适应变化的自然环境和社会环境，能顺利参与群体活动，具有与自然环境和社会环境融洽相处的基本能力，初步形成环境保护的行为习惯。在亲近自然环境的活动中养成良好的生活、卫生习惯以及基本的生活自理能力，具备与同伴友好相处的能力，形成对自然的好奇心和求知欲，具有观察能力。 具备创新精神和初步的创新能力。幼儿对日常环境中危险因素有一定的了解，具有一定程度的安全意识和自我保护能力。幼儿通过亲自然的幼儿园环境和丰富的自然资源，获得多样化的语言环境，提高语言能力。 具备对自然初步的理性认识，环境认知能力得到提高。在自然的学习资源中形成数学兴趣和空间知觉兴趣，具备基本的数理能力和空间能力。能形成发现、欣赏并用相应形式表现自然美和生态美的能力。

2.领域目标

领域目标是对课程总目标的细化，是根据不同的领域提出幼儿发展的要求，将幼儿学习活动的范畴相对划分为健康、社会、科学、语言、艺术五个方面，该目标是幼儿教育领域公认的标准，亦是幼儿教育领域的两份权威性指导文件《纲要》和《指南》对幼儿学习活动划分的提法。因而本研究将从健康、社会、科学、语言、艺术五个领域提出自然生态课程的领域目标。本研究中的自然生态课程作为幼儿园的整体课程来构建，与传统园内活动方式相比，主要寻求通过课程实施方式的转变来凸显幼儿园课程的自然化、生态化。

表2　生态课程健康领域目标

核心目标	3—4岁	4—5岁	5—6岁
具有良好的生活与卫生习惯	在提醒下，不随手扔垃圾，爱护环境	能够自觉爱护自然环境	爱护自然环境，并能提醒和帮助身边的人保护自然环境
具备基本的安全知识和自我保护能力	指导自然界也存在危险，不随意吃自然界中的植物，能够远离危险动物	能够在成人帮助下辨别危险的动植物，远离危险	指导自然界中的某些食物、现象是有危险的，了解一些基本的防御与自我保护知识

表3　生态课程语言领域目标

核心目标	3—4岁	4—5岁	5—6岁
具有初步的阅读理解能力	认识自然环境中的地图、路标	能读懂自然环境中的简单地图和路标	能看懂自然环境中的事物简介

表4　生态课程社会领域目标

核心目标	3—4岁	4—5岁	5—6岁
具有初步的归属感	喜欢过自己民族的传统节日，使其能感知并喜爱典型的乡土文化	1.在传统节日中体验传统文化，并感受节日内涵 2.知道人也是一种动物，是地球的一员，要保护地球	1.喜爱美好的传统文化，初步懂得欣赏传统文化 2.知道人是自然的一部分，应该与自然和谐相处

表5　生态课程科学领域目标

核心目标	3—4岁	4—5岁	5—6岁
亲近自然，喜欢探究	能感受到自然界的明显变化。	能对自然界的变化感兴趣，并有探究意愿。	关注自然界的变化，能在成人帮助下主动探究，并对自然环境有一定认识。
在探究中认识周围事物和现象	在成人的指导下，喜欢品玩自然物、安全的废旧物品。	能对自然物、安全的废弃物品加以利用。	乐于收集废弃物品，利用安全的废弃物品和丰富的自然物，进行创造性活动。

表6　生态课程艺术领域目标

核心目标	3—4岁	4—5岁	5—6岁
喜欢自然界与生活中美的事物		喜欢自然环境中的美好事物	懂得欣赏自然美、感受生物多样化环境的美好
具有初步的艺术表现与创造能力	在成人的帮助下，能尝试利用自然物和废旧物品进行简单制作	喜欢对自然物、废旧物品进行改造、加工、制作	喜欢利用自然物、废旧物品进行初步的艺术创造

（四）幼儿园生态课程的内容

1.幼儿园生态课程内容的特点

在选择生态课程内容时，内容与目标往往不是一一对应的，一个内容可以同时实现多个目标。为达成一个目标，可能需要多个内容的组合。在选择生态教育课程内容时，需要考虑各方面之间的关系。

一是开放性。首先，生态课程把课程范围扩大到自然领域、社会环境领域和社会个体（特别是教师和幼儿）领域，生态课程注重幼儿生活世界和科学世界的统一，注重把自然、社会和师幼个体作为课程的重要来源，这就意味着课程向自然开放，课程向生活开放，课程向幼儿与教师的个体经验开放等；其次，生态课程体现的是关注幼儿自然的、生命本质的和谐与终生发展这一教学价值观，这就决定了生态课程必须向所有的幼儿个体开放，关注到每个自然生命个体的差异性，同时，生态课程还要向幼儿的终生发展开放，体现促进每个幼儿个体的可持续发展和终生发展的思想。

二是发展性。发展是指事物由低级到高级、由简单到复杂的运动，是新事物的产生和旧事物的消亡的过程。生态课程的发展性特征，表现在它以遵循事物发展的规律为手段，以达到推动事物的发展为目的。生态课程以推动自然、社会、和幼儿个体的发展为目的，即它致力于推动自然生态的良性演化发展、社会的可持续发展和幼儿个体的和谐发展。

2.幼儿园生态课程主题的选择

课程的主题选择，遵循幼儿园生态课程内容建构的基本原则，对内容进行构想。结合五大领域的发展要求，幼儿园生态课程的内容整合为人与自然、人与自我、人与社会的相互作用三个方面。

表7　生态课程结构表

生态课程维度	系列/主题活动	课程实践内容（举例）	活动实施途径
人与自然	小动物系列活动	《呀，小蜗牛》《花园里的小动物》《蚕宝宝成长记》《蚂蚁，蚂蚁》《动物的小聪明》	集体教学活动、日常生活活动、区域游戏、家庭延伸活动结合社区体验活动，同时将师幼探究过程用照片、文字、视频、绘画、记录与表征作品的形式呈现出来，形成探究过程可见的主题墙
	植物系列活动	《草地调查员》《植物寻根》《花开花谢》《种子大探索》	
	自然现象系列活动	《云雨虹》《光影大师》《神秘的空气与风》	
	环保系列活动	《垃圾制造家》《熊家兄弟护林队》《拯救地球妈妈》	
人与自我	身体健康活动	《我的身体》《保护牙齿》《我的自画像》《身体音阶歌》	
	心理健康活动	《认识我自己》《我真棒》《我长大了》《我的梦想》《我不怕黑》《好心情与坏心情》结合品格课程开展的活动	
人与社会	爱人教育活动	《五一劳动节》《老师的本领》《母亲节》《爸爸的故事》	
	爱集体教育活动	《拉钩钩》《班级劳动日》《默契大考验》	
	爱社会教育活动	《我会排好队》《对不起，没关系》《交通标记》《珍惜粮食》《二十四节气》	
	爱祖国教育活动	《我爱我的祖国》《红旗红旗真美丽》《我是中国娃》，并结合二十四节气开展活动	

（五）幼儿园生态课程的组织与实施

1.课程实施原则

融合性原则。生态教育活动可以结合一日活动中的区角游戏，个别化学习、小组活动、家园活动，同时自由活动也可以满足幼儿在生命科学活动中的个性化需求，一方面，这样既能使活动有效结合，又充分的保证了时间的有效性。另一方面，课程领域的融合。生态课程实施当中并非指向单一的科学领域的经验获得和能力提升，在实践过程中往往整合了语言、健康、艺术、社会等多领域的活动，促进了幼儿的多元化发展。

主体性原则。主体性原则是师幼互为主体的关系。生态课程的建构是师幼共构的过程，教师和幼儿互为主体，和谐、有效的师幼互动能使活动效果更为突出。真正幼儿的活动是幼儿有权利决定探究的材料、时间、场所、方法等因素，但是幼儿受年龄特点的影响，探究过程中会遇到很多问题，或者受早期经验的影响，会存在有偏差或者刻板的观点，教师的角色就是引导者、支持者。

2.以生命体验为实施的主要手段

体验性与表现性的儿童活动是儿童生命力的内在体现。生态课程的抽象性和生命事物的具象性，结合幼儿学习科学的年龄特点，实施生态教育活动需要以体验为主要手段。

课程的实施要注意处理预设与生成的关系。生成的动态性和随机性要求预设必须具有一定的包容度和自由度，预设的计划性和目的性要求生成必须具有一定的灵活性和开放性；教学过程应该基于预设，但又能突破预设的羁绊，从"预设"走向"生成"，在"生成"中超越"预设"。

生态课程的具体实践当中，为确保课程的整体性和逻辑性，教师课程设计一部分内容是必然的，但是教师有在此基础上自主建构课程的权利，可以根据自己班级幼儿的经验、班级资源、幼儿的兴趣和需要，共构生成课程，以增加其课程的新颖性和生命力。

（六）幼儿园生态课程的评价

"'评价'可以简单定义为决定某一事物的价值。"教师课程的实施评价，能够帮助教师在行动前、行动中不断完善方案的设计，实施方式与反思。幼儿园生态课程评价是指对幼儿园生态课程进行考察和分析，了解生态课程的适宜性、有效性，以便调整、完善。课程评价的内容分为以下几个方面：对课程活动设计的评价、对课程实施的评价、对课程效果的评价。评价主体可以是教师、幼儿，也可以是家长。评价标准依据《指南》中从健康、社会、科学、语言、艺术五个领域提出的自然生态课程的核心目标。

教师课程的实施评价，不仅涉及活动的设计、预设的实施效果，同时还要关注教师对生成活动的处理，对幼儿的评价。教师对幼儿生态课程活动的观察与评价是生态课程活动必不可少的组成部分。为此，教师必须成为幼儿探究的观察者和记录者。以过程性评价为主，关注幼儿的个体差异和经验。教师需要知道幼儿的经验，观察幼儿的行为，教师可以对幼儿个体或者小组进行记录。分析是什么活动吸引着幼儿，什么游戏不吸引他们，其背后又蕴含着什么可能的含义，这也必然需要教师去付出更多的时间去整理观察收集来的这些资料。

—————— 【案例二：北京市朝阳区京通幼儿园】 ——————

针对幼儿开展生态文化课程的设计方法

京通幼儿园作为北京市市级示范幼儿园，多年来秉承"以人为本、开放互动，促幼儿、教师及幼儿园可持续发展"的办园理念，在"精进 厚德"的园所文化引领下，通过构建生态文化课程，挖掘传统文化资源为幼儿园五大领域活动的开展注入新鲜活力，将"求真向善，尚美崇德"的文化理念渗透于幼儿一日生活，渗透于幼儿园文化建设的精神、物质、制度、行为等层面，并在这一课程理念的引领下，秉持系统性、实际性、可操作性、经济性和多样性原则进行课程设计。

生态文化课程的设计原则

1.系统性原则：课程设计以系统性为原则，内容成体系，既有总体目标做指引，又有分阶段目标指导具体实施，从"生态文化课程总目标—各年龄段目标—各领域教学目标—活动教学目标"线索进行衔接分析，形成一个多层级的目标体系。

2.实际性原则：课程设计以丰富和经典的理论作为背景和支撑，通过理论支撑，借鉴其思考和解决问题的方式，指导课程建设。结合本园的实际情况和目标需求，从现实出发，构建符合本园的生态课程内容。

3.可操作性原则：课程设计把握可操作性原则，首先是教学内容应难易适中，使得幼儿易接受、教师可推广；教学设计应实操性强，考虑教育需求，课程设计围绕教育目标的实现，促进教学效果的最大化。

4.经济性原则：课程设计讲求因地制宜，以经济环保为主要原则，注重课程内容和展现形式的趣味性、生动性，多采用废旧材料和低结构材料为活动材料，贴近幼儿生活，使幼儿乐于接受，使形式便于推广。

5.多样性原则：课程设计注重拓宽视野，重视但不限于传统的幼儿园课程体系建设，开发多渠道的幼儿园课程形式，综合利用幼儿园课程和网络平台，以多样化的课程形式适应新时代的发展。

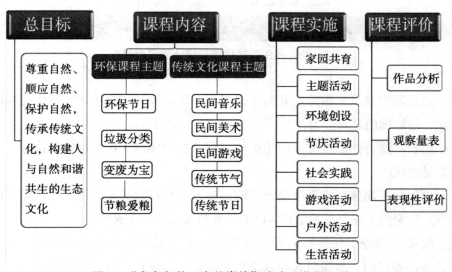

图1 "求真向善，尚美崇德"生态文化课程体系

生态文化课程的设计目标

该园的生态文化课程"以美育人"为理念，以绿色生态环保课程和传

统文化课程为主要内容，借助于幼儿园活动和实践，形成尊重自然、顺应自然、保护自然，传承传统文化的新风尚，构建以人与自然和谐为中心的生态文化。园所在构建生态课程从幼儿、教师、园所层面出发，顾及三个层面不同的需求和目标，具体如下图：

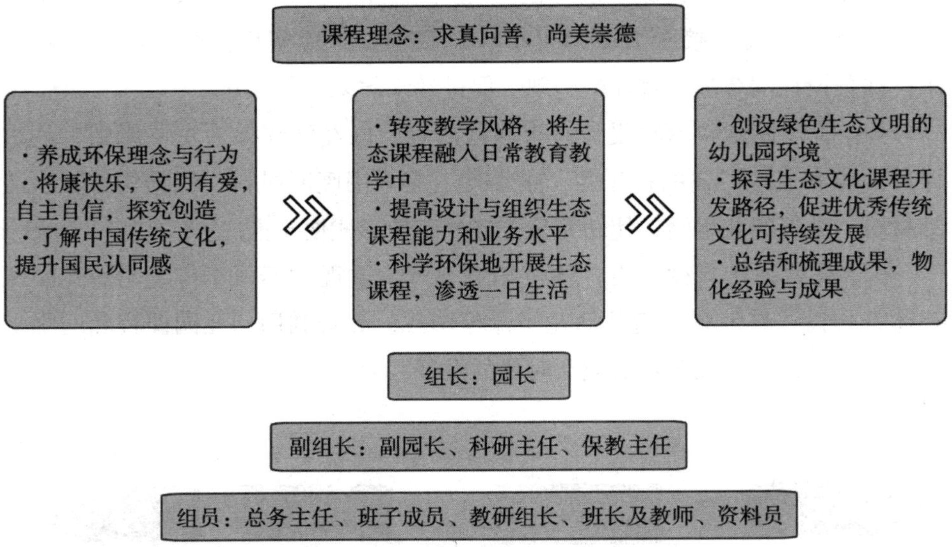

课程理念：求真向善，尚美崇德

·养成环保理念与行为
·将康快乐，文明有爱，自主自信，探究创造
·了解中国传统文化，提升国民认同感

·转变教学风格，将生态课程融入日常教育教学中
·提高设计与组织生态课程能力和业务水平
·科学环保地开展生态课程，渗透一日生活

·创设绿色生态文明的幼儿园环境
·探寻生态文化课程开发路径，促进优秀传统文化可持续发展
·总结和梳理成果，物化经验与成果

组长：园长

副组长：副园长、科研主任、保教主任

组员：总务主任、班子成员、教研组长、班长及教师、资料员

图2 幼儿园生态文化课程设计需求和目标

通过制度建设来保障幼儿园生态文化课程设计需要，构建园所生态制度文化，增加部门之间合力。

组长：进行生态课程全面组织与引领，指导项目方案的制定与执行，给出意见建议。

副组长：制定每学期生态课程的实施方案并有效落实，组织、指导实践研究，定期向工作组汇报项目实施的过程与成效并形成成果。

组员：总务主任做好后勤保障工作，班子成员监督生态课程执行与落实，协调各部门，教研组长积极执行和落实生态课程计划，班长及教师开展生态课程教育实践活动，资料员收集整理生态课程过程性资料。

生态文化课程的设计策略

在"求真向善，尚美崇德"课程理念引领下，生态文化课程设计倡导

"德美并重""以美育人"并躬身力行，付诸教育实践活动，以激发情感的活动来实现教育目的，"寓教于乐"，以情趣娱乐人，采用整体性、实践性、多元性策略进行课程设计。

1.整体性策略：开展跨领域的整合课程教育，对不同领域内容进行归纳、引导，以主题推进课程建设，将生态课程融入幼儿一日生活，渗透五大领域，从而形成各领域活动与环境教育互动共生的课程设计。

2.实践性策略：在实践中培养出足以影响幼儿行为的理念和价值观，引导幼儿把它融入日常生活中，使其成为日常活动的一部分，要求课程具体生动可操作性强，兼顾游戏性和趣味性，避免简单的说教式。

3.多元化策略：扩充生态文化课程的基础内容，扩宽教育的渠道，创新生态文化课程的基本方式。实施绿色教育、生命教育、低碳教育等，结合主题活动、区域游戏、家园共育等，以多元化方式组织策划主题教育活动。

一、学前生态文化课程的开展

（一）学前生态文化课程的素养

生态课程素养以美育为核心，注重与幼儿五大领域的有机整合与融合，培养幼儿的良好品德和文明意识，引导幼儿树立正确的文明观，在实践活动中遵循幼儿心理及认知发展规律，促进幼儿德、智、体、美、劳全面可持续发展。

表8 生态文化课程核心素养

类别	主题	五大领域				
		健康	语言	社会	科学	艺术
环保教育课程	环保节日	有健康的体态；亲近大自然，珍惜自然资源；具有一定的适应能力	讲话礼貌，注意倾听，能理解日常用语	能主动地参与环保节日活动；理解并遵守环保节日中基本的社会行为规则	爱护动植物，关心周围环境，亲近大自然；珍惜自然资源，有初步的环保意识	对自然中的事物现象感兴趣；感受并喜爱环境和生活中的美

续表

类别	主题	五大领域				
		健康	语言	社会	科学	艺术
环保教育课程	垃圾分类	能在生活中有垃圾分类的习惯；能够爱护公物，不随地扔垃圾，有初步的环保意识	主动向他人宣传垃圾分类知识	知道尊重环卫工作者，对他们有关心关怀的情感；对垃圾分类产生理解与认同	对垃圾分类知识有好奇心和求知欲；认识并能够正确进行垃圾分类	喜欢参加垃圾分类游戏活动；大胆地表达自己的情感与体验
	变废为宝	知道必要的安全常识，有良好的工具操作常规；不浪费材料，有节约意识	愿意与他人分享自己的发现	乐意与人交往，学习互助、合作和分享；能努力做好力所能及的事，不怕困难	能运用各种感官动手动脑探究；感受事物的数量关系并体验到数学的重要和有趣	喜欢参加创意美劳，并能大胆地表现自己。能够欣赏自然物创作的美
	节粮爱粮	有良好的进餐习惯，践行"光盘行动"	能用语言表达交流探索的过程和结果	尊重劳动人民，有同情心，有初步的责任感；知道关心关爱身边为我们服务的人	认识农作物，知道粮食对人类生活的重要性；认识身边为我们服务的职业	愿意用语言、舞蹈、图画等多种方式宣传节粮爱粮，并乐在其中
传统文化课程	民间音乐	喜欢参加音乐活动，并感到愉快；促进幼儿良好性格地形成，热爱劳动，行为习惯良好	能用语言创编歌词和动作，表达自己的感受和体验，分享自己的情感和想象	爱家乡、爱民族、爱中国的传统文化	促进音乐智能发展；发展思维和审美能力，知道音乐蕴含的文化含义	感受并体验民间音乐的特点和情趣；喜爱、传承民间音乐
	民间美术	产生情感愉悦、丰富的审美体验和情绪体验	愿意表达自己的所感所见、所知和所想；语言表达流畅，倾听他人想法	尊重他人对美的感受和表达；培养对民族文化的亲近认同感，为自己是中国人而骄傲	从民间美术作品中能获得经验；知道民间美术的造型、色彩、构图、地域文化等特色	萌发对美的感受和体验；丰富想象力和创造力，学会用心灵去感受发现美

类别	主题	五大领域				
		健康	语言	社会	科学	艺术
传统文化课程	民间游戏	喜欢参加民间游戏，有平衡能力；具有一定的力量和耐力，动作协调灵活	能够边说儿歌边开展民间游戏；愿意游戏中与同伴交流，表达自己的感受	培养幼儿的合作能力，并体验与同伴合作游戏的快乐；能遵守游戏规则，胜不骄败不馁	主动利用多种途径收集、整理信息的意识能力，尝试创编游戏	喜欢感知、欣赏周围民间游戏，并从中获得美的感受
	传统节气	季节交替时知道要增减衣物，感受天气的变化；户外寒冷时能坚持体育锻炼	愿意表达自己对传统节气的认识和发现，向周围人分享自己的心情	通过探索传承民俗文化，建立对家乡浓厚的感情，培养对传统文化的认同感与自信心	初步了解关于二十四节气的相关知识，探索节气的历史渊源与独特情趣	体会传统二十四节气之美，愿意亲近自然，感受自然
	传统节日	喜欢并感受传统节气的气氛，珍视和热爱生活	能用语言描述过节时的特点，分享自己的情感和发现	热爱中国传统节日，爱家乡爱祖国，对自己的身份感到认同和骄傲	知道传统节日的起源、习俗及丰富多彩的活动形式	能用多种形式进行节日创作，感受浓厚的节气气氛

（二）生态文化课程的内容

园所生态文化课程内容在遵循美育的基础上，通过尊重自然、敬畏自然、顺应自然、保护自然，结合中国优秀传统文化，引导幼儿了解非物质文化遗产，提升民族自豪感和认同感，构建内容丰富的生态文化课程体系，具体课程内容如下图：

环保节日	垃圾分类	变废为宝	节粮爱粮	传统文化
·地球一小时	·垃圾宝宝找家	·亲子制作变废为宝	·"光盘行动"倡议书	·民间音乐
·全国低碳日	·垃圾分类知识竞赛	·自制玩具教具	·不当漏嘴巴	·民间美术
·世界地球日	·拯救海洋	·低结构材料巧利用	·尊重劳动人	·民间游戏
·世界粮食日	·垃圾分类从我做起	·废旧图书旅行记	·"光盘"小卫士	·二十四节气
·国际生物多样性日	·垃圾分类小卫士		·节约粮食小故事	·传统节日
	·垃圾分类宣传员			

图3　园所生态文化课程内容

1.环保节日系列主题课程

抓住每年的环保节日契机，结合"地球一小时""全国低碳日""世界地球日"等节日，利用节日契机，积极开展线上线下活动。在环保节日主题的呼吁和宣传下，各班开展丰富多样的活动，如"不当漏嘴巴""我是垃圾分类小能手""我会节约用水"等活动，通过环保节日契机，形成专题课程活动方案，形成课程材料。

2.垃圾分类系列主题课程

通过儿歌、故事、表演、游戏等形式，发挥一日生活教育的整体性，聚焦垃圾分类、环保等主题开展实践活动，探索将正确理念和知识落实到幼儿园一日生活之中的教育方式，活动主题如下：

表9　班级垃圾分类专题活动

班级	活动名称	活动内容
小一	垃圾宝宝找家	垃圾分类游戏，帮助垃圾宝宝找家
小二	我是垃圾分类小能手	请哥哥姐姐大带小，了解垃圾分类
小三	垃圾分类我最棒	垃圾分类知识普及竞赛游戏
中一	拯救海洋	垃圾分类户外体育游戏
中二	今天你分了吗	自制垃圾分类图书宣传
大一	垃圾分类从我做起	情景剧宣传表演
大二	垃圾分类小卫士	国旗下讲话　垃圾分类宣传
大三	垃圾分类宣传员	制作垃圾分类宣传海报宣传动员

3.变废为宝系列主题课程

每学期制定"变废为宝活动月"主题，按月开展环保教育实践，内容包括环境创设、材料投放、玩教具制作、教育活动设计等，各班投放低结构材料及自然物，利用废旧材料和自然物丰富游戏材料，将环保活动在教学计划上有所体现，持续进行，示例如下：

表10　每月活动主题

月	名称	内容
9	中秋月儿圆	结合中秋节节日教育活动，发动各班幼儿及家长收集月饼盒，挖掘废旧物教育价值，共同布置班级环境和公共环境
10	低结构材料巧利用	开展"低结构材料巧利用"活动，创新将低结构材料运用到户外体育游戏活动中，形成户外体育游戏集锦
11	废旧图书旅行记	开展"废旧图书旅行记"，结合新年主题，有效利用各班废旧图书，开展活动装饰班级和楼道环境
12	自制玩教具展示	各班展示本学期制作的自制玩教具，评选出优秀高质量的玩具内容，互相交流借鉴

4.节粮爱粮系列课程

通过微信群、视频、链接、图片、文件等形式，普及"光盘行动"知识和方法。通过微信群进行宣传，组织班级开展丰富多样的光盘行动教育活动，鼓励幼儿养成良好的进餐习惯，不断提高幼儿的节约粮食意识，推动幼儿家庭进行光盘行动和资源节约意识。

5.传统文化系列主题课程

园所在弘扬中国传统文化的背景下，着眼于挖掘适合幼儿园可以利用的中国传统文化的教育资源，开展幼儿园传统文化课程实践活动，促进幼儿对传统文化的兴趣与初步了解，提升幼儿公民认同感，促进中华优秀传统文化的可持续发展。

表11 幼儿园传统文化课程具体内容及实施

形式	实施安排
民间音乐	1.在表演区节目单中体现民间音乐相关节目 2.了解并喜爱民间音乐，能够富有感情、并运用与民间音乐相符的动作、情绪表达与表现歌曲或乐曲 3.表演区有与节目单中民间音乐相匹配的服饰道具
民间美术	1.在美劳区提供民间美术相关操作材料，引导幼儿自主创作美术作品 2.在图书区提供民间美术相关的书籍 3.运用民间美术的形式装饰班级环境
传统节日	1.深入开展重阳节、元宵节、新年等传统节日教育，环境中渗透传统节日习俗 2.引导幼儿了解中国传统文化、传统节日的意义，重视家园共育，运用美育篇、视频、图片等形式进行活动宣传
传统节气	1.引导幼儿了解传统二十四节气，通过儿歌、游戏等方式了解立秋、处暑、秋分、小雪、大雪等节气与人们生活的关系 2.依据节气开展相应的教育教学活动，通过微信群向家长宣传
民间游戏	1.益智区投放"翻绳""七巧板""找东西南北"和各种民间游戏棋类 2.科学探索区投放"挑棍""陀螺""跟头虫"等游戏材料 3.角色区创设"民间玩具店""民间玩具体验馆" 4.户外活动中，如：跳绳、跳房子、跳竹竿、老鹰抓小鸡、跳皮筋等游戏

（三）生态文化课程的实施策略

1.巧设美好情境，丰富幼儿的生态知识经验

教师在了解幼儿性格特点、学习需要后，进行游戏情景创设，创设美好的游戏情境，将点点滴滴的知识渗透到游戏情景中，将促使幼儿保持浓厚的兴趣探索生态环境所隐藏的奥秘，在不知不觉中产生对知识的兴趣性体验。引导幼儿通过主动的探索和思考，达到生态文化课程的目标。

2.身临真实情境，激发生态保护的美好意识

创设真实的情境，注重幼儿美好的真实体验，在游戏中让幼儿成为生态系统中的一员，让幼儿在游戏中通过角色职责体验，体验到生态问题的严重性，成为生态循环的一个环节，这样才能促使幼儿通过角色代入而身临其境，从而激发出他们真实的美好情感。

3.触景生发情感，培养美好生态道德情感

通过游戏，促使意识和情感的结合也将是推动生态道德教育在幼儿中普及的关键。通过一系列人与环境交互作用的游戏，能让幼儿体会到人和自然之间相互联系，感受人与自然相互依存的美好关系，培养幼儿热爱大自然的情感及保护大自然的情感，自觉保护起自己所热爱的东西也将是理所当然的。

4.以真情促真行，落实生态文明美好行为

幼儿文明行为习惯的养成是生态道德教育的最终目标，通过游戏引导幼儿亲自动手，参与实践，引导幼儿追求美好的行为规范，鼓励幼儿从身边力所能及的事情做起。通过这种游戏的实践经历，让幼儿明白保护生态的责任，促使他们在一系列有趣的活动中感受传统文化的美好，从而真正让幼儿把认识和行为统一起来。

5.家园携手共育，共同营造绿色育儿环境

在生态教育的实施过程中，仅靠教师的力量远远不够，这就要求教师和家长必须构建起"家园共育"的桥梁，共同以美育人，以美促情。通过"家长宣传栏""线上家长会"等多种渠道向家长宣传生态文化，积极鼓励家长参与相关活动，用其言传身教去影响幼儿，充分发挥家园共育作用，引导和帮助幼儿从小养成良好的环保习惯和创造能力。

6.梳理总结经验，推动生态教育高效实施

梳理课程实施策略，以美育贯穿课程实施，从而使课程更具有效性，切实促进幼儿发展。以垃圾分类主题活动为例，将垃圾分类目标、内容及方法等有益经验进行梳理，成为垃圾分类专题方法汇总，方法示例如下：

表12 垃圾分类方法汇总表

方法名称	方法释义	举例
知识竞赛法	通过开展垃圾分类知识竞赛，奖励获得"环保小卫士"称号的孩子，引导幼儿了解垃圾分类知识，知道正确的垃圾分类方法	《垃圾分类知识竞赛》《我是环保小卫士》
角色扮演法	通过创设"垃圾分类小标兵"，站岗督促他人正确垃圾分类，强化幼儿的垃圾分类意识，增强责任意识	《垃圾分类小卫士》《我是环保小标兵》

续表

方法名称	方法释义	举例
环境熏陶法	通过创设班级垃圾分类墙饰，投放相关游戏材料，营造要正确垃圾分类的方法，从而激发幼儿垃圾分类行为习惯	垃圾分类墙、垃圾分类小游戏
宣传动员法	通过国旗下讲话，自制图书，情景表演等方法进行宣传垃圾分类的方法，向周围人宣传垃圾分类的重要性	《垃圾分类宣传手册》《今天你分类了吗》
情感共鸣法	通过出示堆成山的垃圾图片，受污染的河流等环境污染图片，引导幼儿重视、保护、爱护环境	《地球妈妈哭了》《放错地方的资源》
动画宣传法	选择垃圾分类宣传动画视频，利用离园或过渡环节，开展教学活动时播放，激发幼儿垃圾分类的良好行为	《垃圾分类动画片》
家园宣传法	利用网络平台，通过视频、美育篇、公众号等，在幼儿园、家长群、朋友圈宣传垃圾分类，形成家园合力	《垃圾分类你知道吗？》北京市《垃圾分类宣传片》
游戏体验法	结合班级角色区域游戏内容，运用游戏方法和同伴示范方法帮助垃圾宝宝找家，了解垃圾分类	《"垃圾宝宝"找家》
强化激励法	通过语言表扬或物质奖励小贴画的方式鼓励幼儿养成良好的垃圾分类习惯	《环保小卫士》《垃圾分类小榜样》
榜样激励法	通过教师以身作则，大班哥哥姐姐大带小的方式，引导幼儿了解垃圾分类，养成垃圾分类好习惯	《我会垃圾分类》《向哥哥姐姐学习》

在传统文化课程建设方面，将方法按照"寻找与发现""感受与欣赏""操作与探索""实践与应用"四大维度进行划分，不断探索生态课程的有效方法，具体如下表：

表13　传统文化课程建设四大维度

维度	寻找与发现	感受与欣赏	操作与探索	实践与应用
方法	1.材料探索法 2.故事讲述法 3.情境感受法 4.布置展览法 5.传统文化线索指引法 6.实地探究法	1.多媒体导入法 2.环境渲染法 3.故事导入法 4.参观体验法 5.问题导入法 6.传统文化环境熏陶法	1.材料探究操作法 2.戏剧表演法 3.传统文化元素联想法 4.传统节日渗透法 5.传统民俗体验法 6.传统工艺体验法	1.情境创设实践法 2.艺术形象体验法 3.作品元素应用法 4.多文化融合法 5.民艺综合展示法 6.多元材料应用法

通过以上汇总方法策略，促进幼儿在情感、认知、能力等方面的发展，引导幼儿了解本民族文化，增进幼儿公民认同感，促使幼儿将中国优秀传统文化继承与弘扬理念深植其心，从而推动生态课程的建设发展。

二、生态文化课程的评价方法

（一）生态文化课程的评价目标

生态文化课程评价以美育人为价值导向，结合课程目标，从幼儿发展、教师发展和园所发展三方面明确评价目标。

幼儿层面：幼儿是否通过生态文化课程养成了环保理念与行为，促进幼儿健康快乐、文明友爱、自主自信、探究创造，了解中国传统文化，提升幼儿国民认同感。

教师层面：教师是否通过生态文化课程转变传统教学风格，将生态课程融入日常教育教学中，是否提高了设计与组织生态课程的能力和教师业务水平。

园所层面：园所是否创设绿色生态文明的幼儿园环境，探寻出了传统文化园本课程开发的路径，促优秀传统文化可持续发展，并能够总结和梳理成果，物化经验与成果，形成园所生态课程，促进经验推广。

（二）生态文化课程的评价内容

生态文化课程评价从评价内容上来说，包括对生态课程环境创设地评价，对生态课程目标地评价，对生态课程内容的评价和对生态课程实施的评价。评价课程环境地创设是否具有生态性，是否具有美育价值，是否与幼儿园的整体环境、社区的环境、大自然的环境进行有效整合。

评价课程的总目标是否关注幼儿和教师生态意识地培养，是否在美的教育中关注幼儿全面可持续地发展；阶段目标地制定是否符合幼儿不同年龄阶段的特点和身心发展水平；具体目标地制定是否合理、全面。

评价课程内容地选择是否具有审美价值、多样性、趣味性和游戏性。活动开展结合集体活动、区域活动、游戏活动等进行有效地整合。捕捉幼儿发展信息，如审美、好奇心、学习兴趣、积极主动、认真专注、国民认同感等方面进行记录，结合教师自制的评价量表，不断地反思与改进活动，提升活动质量，促幼儿更好地进行发展。

（三）生态文化课程的评价方法

生态文化课程注重采用多种方式结合的综合性评价，通过查找资料、实地观摩和小组研讨等途径，采用作品分析法，各班教师为每名幼儿建立作品夹，鼓励幼儿将自己创作的作品收集在作品夹中，教师对幼儿的作品进行分析，评价的过程体现个体差异性，促进每名幼儿在原有水平上有所提高，通过作品评估幼儿的艺术表现力，为教师指导幼儿和反思活动作依据。以传统文化课程评价为例，通过观察记录表，结合幼儿作品档案，分析记录幼儿的发展情况，为改善提高课程质量提供依据。

表14　民间艺术活动促幼儿发展情况观察记录表

日期：　　　　　　班级：　　　　　　教师：

幼儿姓名		幼儿性别		幼儿年龄	
活动背景					
幼儿表现					
表现分析	幼儿获得的发展：				
	民间艺术的价值：				
	教师的支持策略：				
改进措施					

综上所述，生态文化课程蕴含丰富的课程资源，通过挖掘环保教育和传统文化活动资源为幼儿园五大领域活动的开展注入新鲜活力，可以有效提升

幼儿园课程的质量，通过课程构建将文化传承的内涵与价值进行放大，在幼儿幼小的心灵中播下了可持续发展的种子。园所将继续总结和梳理课程构建的相关经验，物化经验与成果，不断提高课程质量，发挥园所的辐射作用。

──────【案例三：北京市朝阳区白家庄小学】──────

生态文化视域下小学跨学科融合课程的开发与实施

探索基于教育生态文化视域下的小学跨学科融合的开发与实施，强调课程与生产劳动、社会实践的结合，加强知行合一、学思结合，倡导"做中学""用中学""创中学"。因此，生态文化视域下小学跨学科融合课程的开发与实施的路径，应以学校整体规划为主线，以学科教师的设计与组织为主体。在学校整体规划的指导下，强化同年级不同学科之间的横向联系，重视同一学科不同年级之间的纵向发展。

一、课程开发背景

背景一：是国家新时代发展与"美丽中国"建设的高位需要

党的十七大提出"建设生态文明建设"的目标，标志着生态文化的诞生。党的十八大报告提出"将生态文明建设放在突出地位，融入经济建设、政治建设、文化建设、社会建设各方面和全过程"，为生态文化的大发展、大繁荣做出了新的部署。党的十九大将生态文化的核心价值观念"坚持人与自然和谐共生"作为新时代坚持和发展中国特色社会主义的基本方略。党的二十大对生态文化建设提出了一系列新目标、新要求和新部署，为建设美丽中国提供了行动指南，回应了生态文化对实现人民未来美好生活的重要价值与作用，这也就决定了作为社会文化子系统的学校文化也将处于变革和重构的关键时期。

背景二：是全面落实党的教育方针、贯彻立德树人根本任务的需要

2022版中华人民共和国教育部制定的《义务教育课程方案》已明确将生态文化主题课程教育目标列入各学科育人总目标中，并明确提出："热爱自然、保护环境、爱护动物、珍爱生命，树立公共卫生意识与生态文明观念。"《科学课程标准》总目标中的第四个目标（树立基本的科学态度，具有正确的价值观和社会责任感）中明确提出："热爱自然、珍爱生命，具有保护环境、节约资源、推动生态文明建设和可持续发展的责任感。"

《北京市实施教育部〈义务教育课程设置实验方案〉的课程计划（修订）》中第十二条明确提出："各学科平均有不低于10%的学时用于开设综合实践活动课程，在内容上可以某一学科内容为主开设学科实践活动，也可综合多个学科内容开设跨学科综合实践活动。"这就为学生开展生态文化主题课程教育提供了强有力的支撑与充足的课时保障。

背景三：是发展学校特色和解决现实问题的需要

白家庄小学教育集团以"尊重"为核心办学理念，构建了"尊重环境""尊重文化""尊重规律"和"尊重人人"四个领域的跨学科课程。学校在落实党和国家的教育方针政策、落实新课程改革精神，在进一步完善课程结构的基础上落实新课程实施，为学生提供多元而丰富的课程供给，满足日益增长的学生发展需求。目前遇到的主要问题集中在：一是小学阶段的生态文明教育缺乏低、中、高一体化的梯度提升；二是当前跨学科主题学习缺乏学科概念关联和深度思维培养。我们进一步将生态文化主题教育课程融入到丰富的课程供给中，学科落位实现纵向贯通（低中高）和横向联接（学科落点），即让尊重环境领域的课程在生态课程实施过程中落地生根，又在扎实推进生态文化主题教育课程的同时进一步凸显尊重品牌特色。

背景四：是新时代教师发展与学生成长的实际需要

在《义务教育课程方案》（2022版）实施要求中提到："优化了课程内容结构，增强课程内容与育人目标的联系，优化内容组织形式。设立跨学科主题学习活动，加强学科间相互关联，带动课程综合化实施，强化实践性要求。"在基本原则中提到：变革育人方式，突出实践：加强课程与生产劳动、社会实践地结合，充分发挥实践的独特育人功能。学生如何突出学科思想方法和探究方式的学习，加强知行合一、学思结合，老师如何有效提升学生"做中学""用中学""创中学"的学科素养和能力，这是新时代对教师发展和学生成长的新挑战。

二、课程实施过程

（一）生态文化课程的指导思想

1.形成生态文化价值取向

价值取向决定价值标准和价值选择，是该理念的重要组成部分。什么是生态文化价值取向？就是从人统治自然的文化过渡到人与自然和谐的文化，使人类与自然的关系达到一种和谐的、可持续发展的状态。

"绿水青山就是金山银山"理念，强调优美的生态环境就是生产力，就是社会财富，凸显了生态环境在经济社会发展中的重要价值。"既要金山银山，又要绿水青山"，强调生态环境和经济社会发展相辅相成、不可偏废，要把生态优美和经济增长"双赢"作为科学发展的重要价值标准。"宁要绿水青山，不要金山银山"，强调绿水青山是比金山银山更基础，更宝贵的财富；当生态环境保护与经济社会发展产生冲突时，必须把保护生态环境作为优先选择，绝不以牺牲生态环境为代价换取一时的经济增长。

2.形成生态文化思维方式

思维方式是理念的延伸和具体化，直接影响人们对事物的认识、分析和判断，影响人们认识和实践的成效。树立和践行生态发展理念，要求我们形成生态文化思维方式。具体说来，应形成"生态"问题思维，坚持问题导向，抓住影响生态文化发展的关键问题深入分析思考，着力解决生态保护和环境治理中的一系列突出问题；形成"生态"创新思维，用新方法处理生态文明建设中的新问题，克服先污染后治理，注重末端治理的旧思维、老路子；形成生态底线思维，推动经济社会发展既考虑满足当代人的需要，又顾及子孙后代的需要，不突破环境承载能力底线；形成生态法治思维，用法治思维和法治方式谋划绿色发展，以科学立法、严格执法、公正司法、全民守法引领、规范、促进、保障生态文明建设；形成生态系统思维，把生态文明建设放到中国特色社会主义"五位一体"总布局中来把握，把绿色发展作为系统工程科学谋划、统筹推进，避免顾此失彼、单兵突进。

3.形成绿色低碳生活方式

推动和形成低碳生活方式，需要我们坚持节约优先，强化集约意识，在衣、食、住、行、游等方面形成节约、集约的行动自觉；倡导环境友好型消费，推广绿色服装、提倡绿色饮食、鼓励绿色居住、普及绿色出行、发展绿色旅游，抵制和反对各种形式的奢侈浪费、不合理消费。促进生活方式绿色化，时时可做、处处可为。大到购买节能与新能源汽车、高效能家电、节水型器具等节能环保产品，小到减少塑料购物袋、餐盒等一次性用品使用，以至随手关灯、拧紧水龙头，都是在践行绿色生活方式和消费理念，都是在为绿色发展作贡献。

（二）生态文化一体化课程的发展历程

在学校尊重核心理念的引领下，结合课程目标体系的总体框架，实施生态文化课程经历了三个阶段：

第一阶段（2009—2012），精品校本课程形成期。生态文化主题课程教育孕育学校精品课程。围绕"环境教育"主题，在各学科课堂教学中进行渗透。同时，以道德与法治学科为重点突破，开展专题课例研究，结合研究，教师指导学生参加社会实践活动，逐渐发展、形成了《变废为宝》等12门系列精品课程。

第二阶段（2013—2015），跨学科课程的开始实施期。以生态文明教育议题为结合点，研究开发国家、地方、校本三级联动课程。基于三级课程之间的内容交叉和重复，以生态文化教育议题为结合点，进行三级课程之间整合与融合的探究，形成学生在真实问题情境中主动探究的课程体系，开发创生了《我是蓝天护卫者》《我是社区规划师》《我是地球小主人》《只有一个地球》等8组跨学科主题课程。

第三阶段（2015—今），生态文化课程的优化期。随着课程的不断创生与完善，跨学科课程逐渐走向成熟，全校各年级的主题课程均列入课表，形成了常态化的课程实施机制。在主题选择和内容实施方面不断优化，以学科核心素养为融合点，尊重学生学情聚焦研究问题，找准课标依据，说清知识结构及思维脉络，制定"靶子"目标，重视成果导向。如《低碳生活我能行》的"一三八"开发模式：

学科及融合	课标要求	核心素养	大单元、大主题、大概念内容	本节课涉及知识内容
道法	关爱自然保护生态环保习惯相互依存	公共参与	第二单元：爱护地球，共同责任	循环经济清洁能源
综实	问题解决	问题解决社会责任	社会服务活动单元：我做环保宣传员	节约调查与行动生活垃圾的研究
美术	设计应用体验制作改善环境	美术表现	设计应用领域：改善环境与生活	从日常废旧物品中选取材料
英语	语言技能	语言能力学习能力	第三单元：保护环境包括：世界地球日、低碳生活、新能源等内容	世界地球日、低碳生活、新能源等词语短句
语文	口语交际	语言结构与运用	第四单元：即兴发言	环保语言积累，为简单发言做准备
融合后			低碳生活	聚焦低碳生活进行探究表达

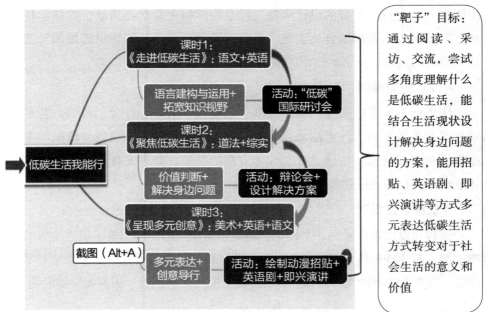

图4　《低碳生活我能行》课程融合建构路径及思维脉络

（三）生态文化课程的设计原则

1.素养导向原则

聚焦《中国学生发展核心素养》和《2022版新课标》中的学科素养，培养学生适应未来发展的正确价值观、必备品格及关键能力，将党的生态文化观具体化细化为课程应着力培养的核心素养，细化为学校核心理念及育人目标的落点，走向儿童深度学习，促进学生核心素养发展。

2.学术启蒙原则

充分发挥学生主体性，激发学习的好奇心和主动性，顺应儿童天性，掌握多元的学术方法，形成善于发现和提问的思维品质，养成从"问题"出发的良好习惯，学会在探究和实践中完成小课题研究，从小培养孩子"求真、求实"的学术精神。

3.结构优化原则

在课程内容和设置方面，聚焦大情景、大概念、大主题进行建构，从知识面的狭窄转变为知识的复合，增强课程内容与育人目标的联系，优化内容组织形式，进行任务群的设计实施。设立跨学科主题学习活动，加强学科间相互关联，带动课程综合化实施，强化实践性要求。从知识量的增加转变为知识结构的优化，从书本知识的灌输转变为发展学生的能力。

4.学段进阶原则

注重低中高学段衔接，基于对学生在健康、语言、社会、科学、艺术领域发展水平的评估，注重活动化、游戏化、生活化的学习设计。依据学生从小学到初中在认知、情感、社会性等方面的发展，合理安排不同学段内容，体现学习目标的连续性和进阶性。

5.尊重个性原则

课程建设注意多样化、个性化，满足不同学生的不同需要，促进学生的兴趣爱好、专业特长得到充分发挥。学生的基础、素质、爱好、要求等是不尽相同的，在教学中必须充分兼顾到各个方面，坚持因材施教、因人而异的原则。

（四）生态文化课程的设计目标

1. 素养目标：进一步形成生态文化观，自觉践行"两山"理论，构建和谐共生的社会形态，为建设美丽中国贡献力量。

2. 知识目标：知道什么是低碳生活方式、绿色能源、碳中和、碳达峰等，并能结合生活实际理解和运用。

3. 能力目标：学会运用规律，科学解决身边环境、国内环境和国际环境的生态问题，提高学生的生态文明参与度和生态文化实施技能。

（五）生态文化课程的结构框架

1. 白家庄小学"基础+主题"课程总体框架

"基础+主题"课程结构既保证了国家教育方针、素质教育战略主题与学校育人目标之间具有内在的一致性，又将相关内容具体化、精细化转化为具体的品格和能力要求，进而融合到各类课程当中。"基础+主题"课程结构包括面向全体学生的"基础课程"和面向全体与面向差异并存的"主题课程"，具有基础性、开放性、选择性、挑战性，为学生提供丰富多元的课程供给。

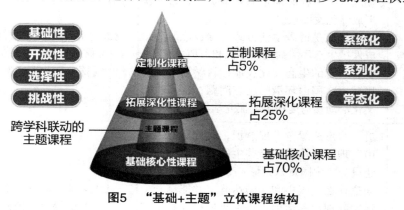

图5　"基础+主题"立体课程结构

2.生态文化课程学段目标和结构框架

表15　生态文化课程学段目标和结构框架

年级	目标	跨学科课程内容
一年级	1.知道人类生存必须依赖环境资源 2.知道什么是低碳生活方式，初步形成保护生态环境的责任意识和习惯 3.能发现身边环境的生态问题，参与生态文化课程主题探究学习	《走进叶世界》 《苔草种植》 《不一样的兔爷》
二年级	1.知道人类生存必须依赖环境资源 2.知道什么是低碳生活方式，初步形成保护生态环境的责任意识和习惯 3.通过观察规律，主动发现身边环境的生态问题，参与生态文化课程主题探究学习	《植物变色之谜》 《我的家乡"名片"》 《家庭垃圾分类现状的调查与建议》

续表

年级	目标	跨学科课程内容
三年级	1.知道人类生存必须依赖环境资源，进一步形成绿色发展意识 2.知道什么是低碳生活方式、绿色能源，形成保护生态环境的责任意识和习惯 3.学会一定的生态文化技能，科学地解决身边环境的生态问题，提高生态文化活动参与度和主题探究学习的能力	《社区垃圾分类现状的调查与建议》 《生态社区桌游》
四年级	1.知道人类生存必须依赖环境资源，进一步形成绿色发展意识 2.知道什么是低碳生活方式、绿色能源，形成保护生态环境的责任意识和习惯 3.学会一定的生态文化技能，科学地解决身边环境、国内环境的生态问题，提高生态文化活动参与度和主题探究学习的能力	《家庭生活消费的调查情况》 《我是蓝天护卫者》 《探秘文化遗产》
五年级	1.进一步形成绿色发展意识，自觉践行"两山"理论，构建和谐共生的社会形态，为建设美丽中国贡献力量 2.知道什么是碳中和、碳达峰，并能结合生活实际理解和运用，进一步形成保护生态环境的责任意识和习惯 3.学会运用规律，科学解决身边环境、国内环境的生态问题，提高生态文化活动参与度、生态文化参与技能和主题探究学习的能力	《太阳能的前世今生》 《我的绿色学校》 《我是社区规划师》 《电子垃圾去向的调查研究》
六年级	1.进一步形成绿色发展意识，自觉践行"两山"理论，构建和谐共生的社会形态，为建设美丽中国贡献力量 2.知道什么是碳中和、碳达峰，并能结合生活实际理解和运用，进一步形成保护生态环境的责任意识和习惯 3.学会运用规律，科学解决身边环境、国内环境和国外环境的生态问题，提高生态文化活动参与度、生态文化技能和主题探究学习的能力	《探秘北京中轴线的空间布局》 《智慧农业》 《互联网的可持续性研究》 《低碳生活我能行》 《只有一个地球》

3.跨学科融合的生态文化课程及维度分布

表16　跨学科融合的生态文化课程及维度分布

跨学科融合主题课程	融合学科			生态文化维度
	基础核心课程（国家课程）	基础拓展课程	基础定制课程	
《走进叶世界》《苔草种植》《不一样的兔爷》	语文科学道德与法治	国画草编绘画	佛甲草种植花草研究	生态环境
《植物变色之谜》《我的家乡"名片"》《家庭垃圾分类现状的调查与建议》	数学美术道德与法治	趣味桌游剪纸	创意DIY创意泥工	空间格局
《社区垃圾分类现状的调查与建议》《生态社区桌游》	数学道德与法治综合实践	垃圾分类经济与我财商生涯规划我的超市	新能源有效利用3D打印	生态经济
《家庭生活消费的调查情况》《我是蓝天护卫者》《探秘文化遗产》	语文美术音乐英语	民族舞蹈国画泥塑剪纸	文化讲解创意泥工	生态文化

（六）生态文化课程的实施流程

　　课程实施是为了实现学校对教育本源的追求，最大价值在于努力促进学生个体成长，让每一个生命都绽放精彩。生态文化主题课程的最终落脚点是课堂。课堂是根植社会主义核心价值、培育新时代生态文化观，促进学生生态文明素养全面提升的关键场所。

　　主题课程的实施分为四个流程：问题驱动、实践探究、反思提升和总结创新，并细化为选题、制订计划、校内外探究等八个环节，以及人人提问、小组整合、全班聚焦等十七个要点，保证主题课程的科学有效实施，让学生真正浸入参与主题课程学习中，提高课程实施效果。

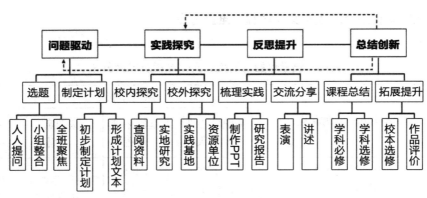

图6　主题课程探究实施流程图

1.问题驱动流程：重视基于学生问题的选题，并创新开题答辩课型

问题驱动流程包括选题与制订计划两个环节，而选题环节经历"人人提问、小组整合，全班聚焦"形成研究问题，从"提出问题"到"提出好问题"转变。

制订计划环节由小组讨论中达成共识、初步制订计划，依托《主题课程综合实践活动手册》，形成计划文本。

（1）问题驱动从兴趣出发向以海量阅读提升认知为基础的转变

主题探究的第一流程"问题驱动"，改变之前单纯由学生兴趣出发的状态，为以海量阅读促进认知提升，在此基础上再展开问题驱动，加深问题的可探究性。如：《低碳生活我能行》跨学科融合课程，第一个活动是"低碳国际研讨会"，学生要结合《只有一个地球》的语文课文学习，进行同主题的海量中英文阅读，并且提炼出自己的观点辅以证据支撑。主题阅读能够拓展学生视野，通过主题探究引导学生将目光投向人类命运的未来。

（2）创新开题答辩课新课型

学生结合要研究的小课题，以及研究的计划文本，梳理出"为什么要做这个研究""打算怎么研究""用什么方式呈现"等方面，以开题答辩的形式向同学和老师介绍。开题答辩课上，小组成员分工合作，分别用以上问题进行讲述，其他小组代表、班主任、学科老师或班主任进行提问，小组成员做回应与解答。最后，在班主任指导下完善小课题研究。

学生在开题答辩课上，学会汇总梳理、要点提炼、规范表达，以及在提问互答中加深对小课题研究的理解，在"答"与"辩"中发展学生的系统思维与多元表达，启蒙儿童学术素养。

2.实践探究环节：根据研究小课题，展开校内和校外探究

在学生明白"为什么要做这个研究"，知道"怎么开展研究"，结合小组分工，在校内主要是结合查找的资料、展开调研、采访等实地研究，或结合校内已有资源，如：在学校内的校园文化、学生植物园探究《生态文化》《多彩的植物世界》等。在校外，主要是结合实践基地或资源单位，带着学习探究单，展开实地探究。如：在华新绿源环保股份有限公司、北京中轴线等探究《电子垃圾的去向》《北京中轴线的空间布局》。

3.反思提升环节：梳理成探究结果，并与同伴交流分享

学生带着探"究学习单"，梳理前期的探究成果，形成PPT和研究报告（低年级以字配画的形式呈现发现），结合讲述或表演，进行小组间的交流分享。各小组在分享交流的过程中，不断完善自己的研究，进一步反思提升。

4.总结创新环节：以成果为导向，创新结题答辩新课型

总结创新环节是教师在做课程总结的同时，展示学生的作品，同时对小组探究进行"自主探究""坦诚交往"等星级评价。近年来，在此环节也做了创新探索，学生成果由单一文本输出转变为多元作品输出，同时创新结题答辩课新课型。

（1）重视成果导向，学生课程成果由单一文本输出转变为多元作品输出

十年前，白小的学生已经在用小论文表达自己的研究成果。现在，学生延续了"重文本表达"，并走向多元成果表达：用科学创作和文化创意的创新性劳动成果，表达自己对主题探究的理解和产出，由单一文本输出向多元作品成果转变。

学生亲历了将自己的学习成果变成作品，再到可以营销的产品的过程，既能培养财商，又能大大提升对学习的积极性和兴趣。在展销会上，学生介绍起自己的作品时头头是道，还能结合人流量制定"满减"促销策略。据不完全统计，"走进生态 触摸未来"主题课程共有3000多件科创、文创作品，彰显了德智体美劳全面培育的成果，受到广泛赞誉。

（2）创新结题答辩这一课程总结新课型

结题答辩课与开题答辩课，让学生经历了完整的科学研究之路，满足了孩子们"成为真正的研究者"的心理需求，重点在"辩"中培养孩子思辨能力，凸显"理性思维、质疑思辨"的培养，让课程充满了儿童学术启蒙的味道。

在结题答辩课上，每个研究组都要对自己的研究进行梳理汇报，小组的每一位成员都要进行陈述。以《只有一个地球》课题为例，学生分别负责选题缘由、研究内容、研究过程、研究结论和研究成果中一部分的讲解，外聘专家、学生代表为评委，对答辩进行打分，其他组同学对答辩组进行投票评分，然后综合得分选出优秀课题并颁发证书。

学校主题课程一直重视实施效果，不断创新出新课程，如：结题展示课、答辩课、开题选课题、答辩课等；重视基于学生问题的选题，从学生人人提问到"提出好问题"转变；重视成果导向，从而使学生的课程成果延续了"重文本表达"，并由此走向多元成果的表达，展示了"五育并举"的育人成绩。

三、生态文化主题课程的多维评价

（一）课程探究评价：以分层评价促进学生全面发展与差异发展

按照学生的认知规律、年龄特点和能力特征，结合学生在主题课程实践中的表现，分低、中、高年级三个学段，从"提出问题、学习方式、研究方法和解决问题"四个维度，制定主题课程探究学习的各学段目标。以梯度目标引领学生螺旋式上升，促进学生探究、合作、研究、质疑等方面能力地提升，最终能回归生活，解决实际问题。

表17　生态文化主题课程中探究式学习的学段目标

	提出问题	学习方式	研究方法	解决问题
低年级	围绕主题，尝试提出自己感兴趣的问题	初步运用小组合作学习方式	学会用一两种研究方法进行实践探究	
中年级	围绕主题，提出自己感兴趣的问题	合理运用小组合作学习方式	会用一两种研究方法进行实践探究	初步尝试解决问题
高年级	围绕主题，提出核心问题	有效运用小组合作学习方式	合理选择多种研究方法进行实践探究	能回归生活，解决实际问题

积极尝试改进课程评价机制，设计主题学习评价单，围绕主题学习的"提问、实践、合作"等环节设置评价指标，用"达到、基本达到、加油"三个量级评价学生的表现，着力改变单纯以分数评价学生学习的方式。学生在参与实践过程中，不仅要关注知识技能的获得和结果，还要关注"是否能围绕主题，提出自己想要探究的问题""能否围绕问题参与讨论，确定探究的目标、方法、分工等""能选择适合自己完成的任务"等，促使学生学会听取、包容不同意见，表达自己的观点、友善互助、共同提升。

（二）对学生的行为进行评价：利用星级评价对学生看得见的生态文化行为进行引导性评价

积极建构生态文化主题课程行为评价体系，利用学生喜爱的星级，对"节能环保星""知恩感恩星"等培养目标的确立，与年段目标的细化、进阶式培养学生的生态文明素养相联系，以看得见的行为表现，扎扎实实推进生态文化主题课程教育。

表18　白家庄小学"节能环保星"星级学生培养目标及评价标准

培养目标	低年级	中年级	高年级
1.爱劳动：尊重劳动者，以劳动为荣，学习劳动技能，养成良好劳动习惯 2.爱护公物：自觉维护公共环境 3.善于节约："节水、节电、节粮"等，养成健康文明的生活方式	1.学会做值日和家务，尊重他人的劳动成果 2.爱护公共财物，节约用纸 3.保持教室和校园整洁，不乱扔、乱画，甩好六下文明手 4.做到"三节"：随手关灯，关紧水龙头，不挑食、不剩饭	1.尊重劳动者，学会并实践一到两项劳动技能 2.爱护公共财物，节约用纸 3.自觉维护公共环境，逐步养成节约的好习惯	1.以劳动为荣，尊重劳动者，坚持实践至少两项劳动技能 2.爱护公共财物，节约用纸，树立主人翁意识 3.养成自觉环保的意识，主动宣传并践行

四、课程实践效果

（一）系统性地构建了学校生态文化课程体系

目前关于生态文化主题课程教育具体该教什么、如何教，并不十分清楚，缺乏一个系统性的认识。而构建生态文化主题教育课程，就是思考这一问题。把所有与生态文化主题课程教育相关的知识进行系统性地梳理，根据学生的认知发展心理进行合理地编排整合，有利于帮助学生形成关于生态文化主题课程的完整的知识体系。

作为联合国教科文组织可持续发展教育国家实验室学校，在市区政府及教委的引领与扶植下，祖雪媛校长带领白小团队在可持续发展和生态文化主题课程教育方面进行了长达十九年的坚守与传承，以尊重教育为核心办学理念，在尊重环境、尊重规律、尊重文化、尊重人人四个领域深入推进，形成了比较完善的尊重课程体系，生态文化主题教育课程是学校尊重课程体系中的特色课程。

在四个课程领域中的"尊重规律"和"尊重环境"两个领域，帮助学生运用学习到的生态文化主题课程知识，在探究规律、认知规律的基础上端正生态文化态度，学会运用规律科学解决身边环境、国内环境和国际环境的生态问题，身体力行地提高生态文化活动参与度和生态文化技能。在落实党和国家的方针政策、落实新课程改革精神，在完善课程结构的基础上落实新课程实施方面，为学生提供多元而丰富的课程供给，以便满足日益增长的学生发展需求。

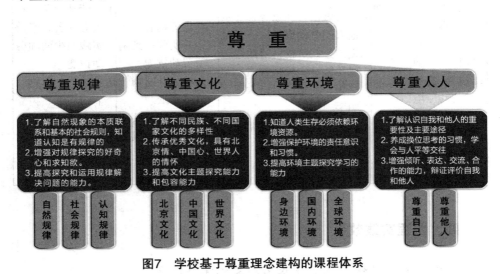

图7　学校基于尊重理念建构的课程体系

（二）有效地提升了教师实施生态文化主题课程教育的专业化水平

通过科学的生态文化主题教育课程设置，把原先渗透在各个学科的生态教育知识进行专门化地编排，提升了教师生态文化主题课程教育的专业性，帮助教师实施循序渐进、系统规范的课堂教育和实践活动。

教师理解教材和课标的能力明显提升。通过对接国家课程课标和教材，梳理和挖掘小学10个学科中的生态文化教育内容及要素，各学科均有生态文化主题课程教育内容及资源。如：《道德与法治》课程标准第6页"（三）知识第3点：初步理解人与自然、环境的相互依存关系，了解人口、资源和环境问题"。第16页"六—6：初步了解全球环境恶化、人口急剧增长、资源匮乏等状况，以及各个国家和地区采取的相关对策，体会"人类只有一个地球"的含义"。《英语课程标准》课第14页"语言技能—二级第4点：能就日常生活话题做简短叙述；写第3点能根据图片、词语或例句的提示，写出简短的语句"。第22页"学习策略—二级第9点：积极运用所学英语进行表达和交流"。《语文课程标准》第13页"阅读第5点：阅读说明性文章，能抓住要点，了解文章的基本说明方法"。《语文课程标准》第14页，《口语交际》第四点："表达有条理，语气、语调适当"。第5点："能根据对象和场合，稍做准备，作简单的发言"。《综合实践活动》课标第4页"（3）问题解决：能在教师的引导下，结合学校、家庭生活中的现象，发现并提出自己感兴趣的问题。能将问题转化为研究小课题，体验课题研究的过程与方法，提出自己的想法，形成对问题的初步解释"。《美术课程标准》第7页"（二）'设计·应用'学习领域中的第一点：'了解设计与工艺的知识、意义、特征与价值，以及"物以致用"的设计思想，知道设计与工艺的基本程序，学会设计创意与工艺制作的基本方法，逐步发展关注身边事情，善于发现问题和解决问题的能力'"。

教师创生跨学科课程的能力明显提升。尊重核心理念包括尊重人人、尊重环境、尊重文化、尊重规律四个领域，其中尊重环境领域，包括身边环境、国内环境和国际环境三个模块，贯穿着生态文化主题课程教育的意旨，教师带领学生们先后参与了《我是社区规划师》《我是蓝天护卫者》《我是地球小主人》《只有一个地球》等主题课程。这些课程以跨学科主题课程的方式推进和实施，确保了活动的持续性、规范性和实效性，学生们运用学习到的生态文化知识，在探究规律、认知规律的基础上端正生态观态度，学会运用规律科学解决身边环境、国内环境和国际环境的生态问题，身体力行地提高其参与度和技能。

如五年级学生在参与《只有一个地球》的主题课程中，综合实践、语文、科学、美术、计算机多学科教师联动，按照"梳理实践、深化认识、呈现个例和应用迁移"四个模块进行长课时学习。

在课堂上教师首先引导学生围绕主题提出了自己最感兴趣的问题；其次引导学生将问题分类，最后聚焦到3个主问题上：即"为什么只有地球适合人类生存？""适宜人类生存的最基本条件有哪些？""现阶段我们能为保护地球做些什么？"然后，学生分组选择自己最想解决的问题，分组制订解决问题的计划方案：在组长组织下，依据个人优势进行分工：有的负责撰写家长邀请函、有的负责设计考察点和路线、有的负责研制调查问卷、有的负责查阅信息、有的负责整理统计提炼观点、制作PPT演讲稿等。之后所有学生在教师的带领下走进天文馆开始基于问题的小组实践探究。开展校外实践后回到课堂中按小组进行进一步梳理、讨论或对一些没搞明白的问题二次走进天文馆。最后，教师组织各个小组将基于问题的学习感悟及调研分析后形成的结论进行分享；不同学科的教师指导学生用自己喜爱的、擅长的方式把前期的学习研究思考，用"绘画、诗歌、微视频制作、方案设计"四种形式表达出来。值得欣慰的是在"我们能为保护地球做些什么？"的问题导向学习中，学生提出了包括防治雾霾、新型材料在建筑中的创新使用、发展太阳能与风能等多个可持续发展问题解决方案。得到中材国际研究院、北京地质大学、北京市科技创新学院、区环保局等专家的高度评价。

六年级的学生们开启了《低碳生活我能行》的跨学科主题课程的学习，学生们在教师地带领下，整理了四个方面的研究问题：1.什么是低碳生活；2.为什么要低碳生活；3.怎样低碳生活；4.低碳行为的利与弊。四个问题指引着学生们开始了线上、线下的海量阅读，学生们在问题的带领下从概念开始，走进生活的实例，走进科学的数据，进行辩证地思考，并通过清晰、有条理的中英文的表达参与"低碳生活国际研讨会"知低碳，展视野的讨论中；运用实证分析参与"低碳行为利与弊"的"辩低碳、导言行"辩论赛中；发挥创新精神参与我的低碳创意"的"倡低碳、善表达"的招贴画创作中。

表19　白家庄小学"低碳生活我能行"跨学科主题课程

教学步骤	课堂流程	学习活动	活动规则
第一环节　知低碳　展视野	1.创设情境，舒缓情绪，观看视频《只有一个地球》 2.明确目标，专题阅读 3.低碳生活国际研究会 4.会议综述	**活动1：** **"低碳"国际研讨会** 1.线下学习。自主海量阅读，阅读范围：什么是低碳生活；我们为什么要低碳生活；怎样做到低碳生活；低碳行为的利与弊海量阅读内容来源：教师推荐和学生自主查询（视频、文档、网页、书籍等） 2.线上学习。每组选派一个代表进行学习交流，交流主题：什么是低碳生活？我们为什么要低碳生活？怎样做到低碳生活	**国际研讨会规则：** 1.借助PPT、思维图、视频等形式进行问题研究地汇报，每组汇报时间为3—4分钟 2.用中文汇报前两个问题，声音响亮，语句通顺、层次清晰地概括出自己的观点，同时要说清信息的来源 3.汇报第三个问题时，从recycle，reduce，reuse，save选择至少一个方面介绍，分享一个国家的低碳做法，引发深入思考
第二环节　辩低碳　导言行	1.看一日生活视频 2.从视频中找到一个你认为存在问题的行为 3.围绕此行为阐述你的观点，辩论低碳生活的利与弊，并设计解决方案	**活动2：** **辩论会及方案设计** 1.尝试在辩论中多角度理解低碳生活对于社会生活的意义和价值 2.围绕课堂辩论中最感兴趣的低碳行为设计推广方案。	**辩论会规则：** 1.以"低碳行为的利与弊"为题展开辩论 2.选择正方或反方，正反方各4名选手。其他同学作为场下观众对自己支持一方的观点进行辩论补充 3.一辩主要是阐述本方观点，要有开门见山的技巧和深入探究的能力，可以能把观众带入一种论辩的氛围中。所以要有演讲力和感染力；二、三辩主要是针对本方观点与对方辩手展开激烈角逐，要具有较强的逻辑思维能力和非凡的反应能力，要能抓住对方纰漏，加以揭露并反为己用，灵活善动，幽默诙谐，带动场上气氛；四辩要能很好总结本方观点并能加以发挥和升华，要求有激情，把气氛引入另一高潮 4.请基于科学事实来阐述你的观点。每位成员表述时间不超过2分钟 5.陈述过程中注意情绪的表达及礼貌用语 **方案设计规则：** 1.解决一个低碳生活方式中的问题 2.成果能面向全校或社区进行推广

续表

教学步骤	课堂流程	学习活动	活动规则
第三环节 倡低碳 善表达	1.介绍目标规则 2.分小组合作 3.宣传低碳理念	**活动3:** **我的低碳创意** 1.欣赏几张招贴画,找特点 2.废旧物品制作招贴画 3.跨文化表达:小组合作撰写英语剧剧本,用英文表达自己对低碳生活方式的倡导 4.即兴表达:每个小组拟定一个低碳演讲题目,进行中文即兴演讲	**低碳创意规则:** 1.找出这些作品的相同点和不同点 2.找出我们可以利用的废旧物品有哪些 3.招贴画要主题突出,图案简洁,标题醒目,色彩鲜艳,材料不限 **英文戏剧规则:** 1.依据组内招贴画,创作英语剧本 2.小组成员人人有角色,语言流畅、语气语调适当、语法基本正确、适时借助肢体语言让表达更加生动、形象,富有画面感 **中文演讲规则:** 1.依据组内创作的招贴画,进行低碳生活倡议的即性演讲 2.表达有条理,语气、语调适当,能够唤起人们低碳生活的意愿,并乐于去实践

线上、线下的探究活动使同学们进行思维地碰撞、智慧地分享,课程结束后,学生有着这样的感言:

学生1:这学期我们主题课程研究的课题是《低碳生活我能行》,通过线上和线下研究、汇报,我有许多的收获,比如在低碳生活和保护环境方面:1.低碳生活和保护环境的重要性和意义。2.学习到了更多的在生活中可以运用的低碳生活方式。我们学习小组还对地球生态系统和人类生活的关系比较感兴趣。在课余时间我们会继续研究下去。

学生2:这次学习我从海量阅读中知道了什么是低碳生活,知道了低碳生活方式的好处与坏处,最终从辩论中知道了低碳生活方式现在做起来有困难,但是为了我们今后更好地生活在地球上,我们还是要努力做起来,让低碳生活成为一种习惯。现在我还要继续去学习,因为我还想知道到"低碳生活的发起者是谁,发源地等"。

（二）有利于提升学生的生态文明素养

中小学生是我国未来进行生态文化建设的主力军，他们的生态文化意识和素养，直接关系着我国经济社会的可持续发展。在中小学设置生态文化主题教育课程，把握好中小学生身心发展的可塑期和关键期，进行系统性和专业性的生态文化主题课程教育，既是进行生态文化建设的时代要求，也是促进青少年全面发展的客观要求。

随着生态文化主题课程的不断深入，校本课程和定制化课程也成果凸显，孩子们经历了从单纯的重视水、电等资源的节约研究，到开展丰富多彩的课程实践活动，再到基于尊重环境理念参与课程创新，最终到立项研究，用生态文明观的思想与理论去考虑和看待环境和教育问题这样四个发展阶段。学生们到南海子麋鹿苑调研，到天文馆探究、分层次进行"地球与环境的关系"的小课题的研究、进行雾霾数据的分析、了解空气质量形成原因等专题研究，学生们带着课题走进实践基地，不再是参观者，而是研究者。

仅以《一串红耐高温抗性中外品种大PK》为例，学生通过资料查找，了解到我国当前的一串红生产水平较低，混栽混种和品种退化问题十分严重，并且实际生产中普遍存在结实率、发芽率低，种子生产主要是靠进口等问题。但有时并不是"外国的月亮比较圆"，许多一串红"洋种子"在北京的适应性并不强，表现为品种的耐热性差。于是学生们在崔博士和朱玲老师地指导下，走进北京市园林科学研究院花卉研究所的高端实验室，将自育一串红品种"奥运圣火"和自育新品种"世纪红""奇迹"，国外品种"太阳神""展望"等作为对照，以上试验材料分别种植于北京市园林科学研究院玻璃温室和苗圃示范地中，以不同编号代表，盲评盲测。实验表明，通过杂交育种等传统手段国内已经培养出许多一串红优良品种，例如北京市园林科学研究院培育的"奥运圣火"系列品种等，它具有适应性强、花色艳丽、耐高温等优良特点。比国外进口的品种更适合北京的环境气候。学生们经历了"提出想研究的问题—将问题分类筛选—转化为研究主题—制定开题报告"的整个研究过程，经历通过多种方法聚焦问题，找到最终具有研究价值的问题的过程，在真问题、真思维、真经历中，悄然形成着儿童学术素养的启蒙，凸显学生思维品质的系统培养，从而提升学术创新能力。

五、课程成果特色与创新

（一）生态文化课程"八步实践法"（以《制作节水装置》一课为例）

生态文化跨学科课程的实施分为四个流程：问题驱动、实践探究、反思提升和总结创新，其中的实践探究阶段又细化为八个步骤，简称"八步实践法"，主要包括：1.提出问题；2.调查现状；3.构思解决方案；4.设计；5.制作；6.测试；7.改进方案；8.成果展示。

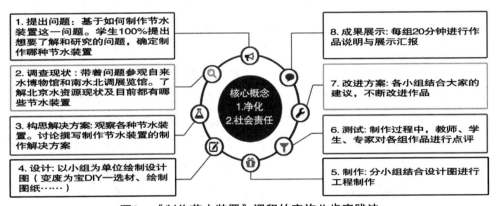

图8 《制作节水装置》课程的实施八步实践法

（二）生态文化课程探究与行为改变同步评价

生态文化主题课程的探究学习成果，不仅包括学生关于生态文化问题的"自主提问"，对形成研究小课题进行实践，更重要的是落实在每一个学生在每一天的生态文化行为中。因此，生态文化主题课程的评价，就是创新性地对课程探究与行为进行改变，同步评价，将生态文化主题课程的实施效果进行具体化、可见化、进阶化，扎扎实实地促进每一个学生的实际行动改变。

（三）生态文化"四大课程群"

依据国家标准委组织编制的《生态文化建设标准体系发展行动指南（2018—2020 年）》，结合学校的新能源教育基地和两个校外生态文化实践基地，将所有课程构建为生态环境、空间布局、生态经济、生态文化四大课程群。

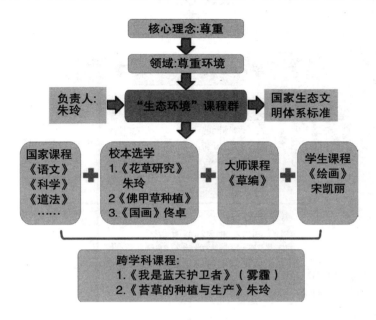

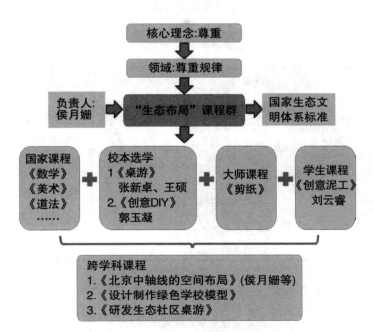

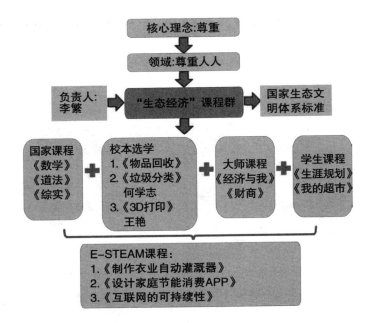

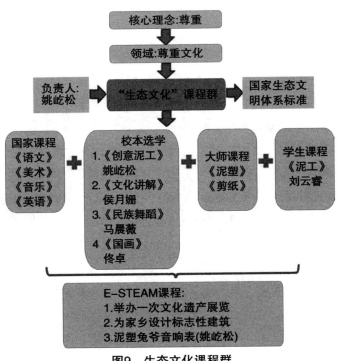

图9 生态文化课程群

二十年来，白家庄小学持续深耕在尊重环境的教育实践中，对生态文化主题课程的内涵和目标的理解不断深化，持续沿着学校的尊重核心办学理念这条主线，通过生态文化主题课程的开发与实施，为"建设美丽中国"培育更多的新生力量，也让课程在二十年的积淀与传承的基础上，不断焕发新的活力！

————【案例四：北京第二外国语学院附属中学】————

二外附中"生态文化一体化"可持续发展教育课程建设的探索

北京第二外国语学院附属中学始建于1956年，位于朝阳区东部管庄地区，紧邻通惠河，是一所一校四址办学的十二年一体化的学校，学校现有教学班78个（小学42个、初中24个、高中12个），师生2700余人。学校一直以来秉承着"承载希望、构筑幸福、奠基人生"的办学理念和"明德、乐学、勤思、善行"的校训，着力于整体建设生态文化教育、外语、民族和体育四大特色，培养健康、自信、友善、担当的，具有家国情怀、国际视野的现代学子。

党的十八大将生态文化一体化纳入"五位一体"中国特色社会主义总体布局。为此，二外附中以生态文化主题课程为核心，贯通学段做好探索实践；通过其生态课程教育，促进生态与相关学科教育的深度融合，进而形成"生态文化一体化"可持续发展教育课程建设的特色与特点。

一、"生态文化一体化"可持续发展教育课程建设的背景

学校是一个生态文化系统，学校管理者要统筹各种生态因子，建立健康的生态系统，为学生健康发展提供滋养。而"生态文化一体化"可持续发展教育课程，则是我们实现校园生态化建设的需要与学生健康成长的诉求。

（一）时代诉求

当前生态危机正以前所未有的破坏速度，影响着人类生存和社会的可持续发展。发达国家一百多年前出现的环境问题，在我国三十多年的快速发展中集中显现，成为阻碍我国社会、经济、文化等发展领域的重要影响因素。

党的十七大报告首次提出"生态文明建设",党的十八大报告中进一步提出"建设生态文明",倡导美丽中国的建设和对永续发展的追求,生态文明建设已成为基本国策和发展战略。生态文化主题课程教育作为生态文明建设的推进基础,是指导人们科学地认识并实现人与自然、社会、他人以及自我和谐关系的实践活动,其开展的主体和根基恰恰在于学校这一场域。

(二)办学需求

2000年,二外附中由119中学东校、管庄二中、杨闸中学合并成为一所完全中学。学校一度出现学校管理文化冲突、优质生源流失严重、社会认可度降低等问题。如何提升生源质量、改善师生关系、提升学生、家长和教师幸福感,成为学校摆脱困境的第一要务。

如何激发学校办学活力,为师生提供良好的学习、生活、工作和文化环境,成为学校发展必须思考的问题。经过全校教职员工的群策群力,系统总结学校既有的实践经验,同时借鉴可持续发展理念,确定了"走生态文化一体化教育、提升学校办学质量"的特色之路。

二、生态文化一体化教育课程建设历程

从2004年开始,二外附中依据中央有关精神、结合《中小学环境教育专题纲要》和《北京市中小学可持续发展教育指导纲要》的要求,先后开展环境教育(EE)、可持续发展(EPD)等系列教育活动,并逐步探索出一条生态文化一体化教育实践的特色之路。

历经十三年的探索实践,学校经历了从"课题引领+特色定位""课程引领+系统构建"到"品牌引领+内涵发展"的三个阶段,为师生提供了丰富的教育资源和展示舞台,逐步形成较为全面的生态文化校本课程体系(见图10)。

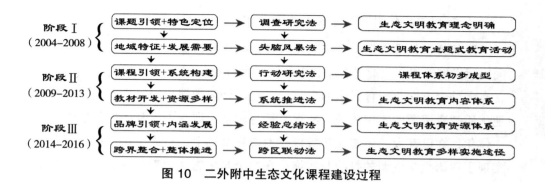

图 10　二外附中生态文化课程建设过程

（一）"课题引领+特色定位"阶段（2004—2008年）

在市区级系列课题引领下，通过调查研究法，对教师、学生进行调研，了解家长对学校的期盼；运用SWOT分析法，总结了学校在生态文化教育探索中的成功经验，进一步定位学校发展方向，即走生态文化一体化教育特色发展之路，形成适合××中学办学实际的生态文明教育理念。通过教研组研究课程标准、充分挖掘各学科生态文化教育内涵、提炼生态文化教育内容、优化教学设计、植入式实施生态文化教育，同时借助"留住一桶水""通惠河采风"等环保特色项目，使学生通过课堂教学和课外实践活动得到系统的生态文化教育。

关键事件： 2008年国家林业局、教育部、共青团中央三部委联合授予学校"国家生态文化教育基地"的称号。

（二）"课程引领+系统构建"阶段（2009—2013年）

响应2007年北京市课程改革关于鼓励积极开发校本课程的精神，学校将生态文化教育活动与课程相结合，加强多学科整合，开发个性化独立课型，以学科渗透等教育方式，贯彻"四个和谐"理念（与自然、社会、他人及自我和谐相处），开发系列特色校本教材，逐渐建成目标明确、结构完善、内容系统、途径有效的生态文化教育课程体系。在行动研究的基础上，梳理出生态文化教育课程实施经验，逐步完善生态文化一体化教育内容及实践体系。

关键事件： 学校系列生态文化教育校本教材陆续出版；学校被评为"北京市基础教育课程建设先进单位"。

（三）"品牌引领+内涵发展"（2014—2016年）

以品牌引领推进学校生态文化教育精品资源打造，实现学校由特色发展向内涵发展升级。在此过程中，形成了三大教育品牌：2014年2月投入使用的含有多种生态文化教育元素的教学楼，是二外附中深化国家生态文化教育基地优质教育资源的集中体现，实现了教育教学、课程资源及研学基地整合与一体化；在已开发的生态文化教育校本课程基础上，形成了10门精品课程，实现了双语教学资源的打造与实施；在24个与生态文化教育有关的社团基础上，形成了"绿色蒲公英""模拟联合国气候大会"等5大精品社团，先后在北京教育委员会、朝阳区教育委员会等组织的评选中获得市区奖项20余次。在逐步的实践中，生态文化教育主体由教师向学生转化。同时，学校生态文化一体化教育实践探索获得了其他学校和社会的广泛认可，在国内外发挥了较强的辐射与示范效应。

关键事件： 生态文化教育大楼启用，学校师生连续五届受邀在"联合国气候大会"做主题发言。

三、生态文化一体化教育课程理念

（一）生态文化一体化内涵探寻

生态文化是人类文明发展的最高形态，从其基本含义上讲，"生态文化一体化课程就是人类在改造自然以造福自身的过程中，为实现人与自然之间的和谐所做的全部努力和所取得的全部成果"。

（二）生态文化一体化教育内容解析

我们认为："生态文化一体化教育就是传播有关生态文化的知识和理论，促进学生生态文化价值观念地形成，提高学生生态文化的认识和实施技能及实践能力的有目的的、有计划的、有组织的教育活动。"

（三）生态文化一体化教育课程理念

生态文化一体化教育课程设计的理念是："配合国家课程达成培养目标，更加注重学生理想信念和核心素养的培养，坚持学生的全面发展，倡导学生的个性发展，促进学生的可持续发展；课程的开发与实施要紧密结合社会发展和生活实践，增加课程的综合性和选择性；以激发学生兴趣与探究愿望为基准，倡导'体验、合作、实践、探究'的学习方式。"

四、生态文化一体化教育课程性质与目标

（一）课程目标

通过生态文化教育系列课程建构与实施，学生具有正确的人生观、价值观及生态观，关注生态热点问题，正确认识个人、社会与自然之间的相互关系；养成爱护生态、保护环境的行为习惯，具有生态文化一体化的基本知识，传播生态文化理念的能力，能够探索保护生态的方法；成为一名与自然、社会、他人、自我和谐相处的个体。

（二）课程结构

学校充分发挥"国家生态文化教育基地"资源优势，实施与社会资源联合育人培养方式，依据学生成长规律，构建"必修+选修+研修"三位一体的中学生态文化一体化教育课程体系（见图11）。

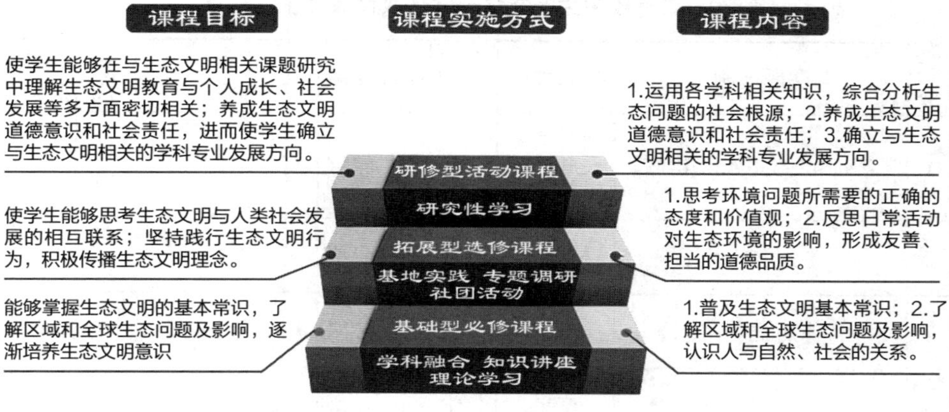

图11 生态文化一体化教育课程结构图

五、生态文化一体化教育课程实施与评价

（一）课程的实施

1.课程实施的保障

首先以打造一流的教师队伍为保障。课程实施效果的保障重在教师队伍的建设。学校向国家林业局、北京市水务局、北京林业大学等相关单位聘请20多位专家组成兼职专家团队；打造以正高级教师为首，具有多名区级骨干教师和研究生学历的青年教师为主的专业指导教师团队；邀请国际学者作为学校生态文化一体化教育课程特聘专家。

其次是固化时间、空间，以严格的课程计划保障课程顺利实施。在"开足、开齐国家课程，个性化实施选修课程"工作思路指导下，学校确定每周四下午为生态文化主一体化教育课程之选修理论课上课时间，每周五下午为其教育之选修实践课活动时间。每学期开展两项课题研究，每学年两次"生态文化之旅"考察，每学年一次游学。

表20 二外附中生态文化一体化教育课程授课一览

序号	课题名称	授课教师	教师专业	授课年级	授课地点	授课时间	授课时数
1	《系列生态文化知识讲座》	林业局、水务局等教师	综合	高一年级	高一（1）班	周四第7节	16
2	《生态与人生》	林美钦	语文	高一年级	高一（2）班	周四第7节	16
3	《音像历史与生态》	冯空	历史	高一年级	高一（3）班	周四第7节	16
4	《数学与生态》	李果	数学	高一年级	高一（4）班	周四第7节	16
5	《理花齐放》	黎红建	物理	高一年级	物理实验室	周四第7节	16
6	《化学与生态》	胡尚生	化学	高一年级	化学实验室	周四第7节	16
7	《生态 生命 生活》	徐艺君	生物	高一年级	生物实验室	周四第7节	16

序号	课题名称	授课教师	教师专业	授课年级	授课地点	授课时间	授课时数
8	《大运河采风》	刘保明	历史	高一年级	史地专用教室	周四第7节	16
9	《生态文化常识》	杨彪	历史	高一年级	史地专用教室	周四第7节	16
10	《每天学点经济学》	刘嘉一娇	数学	高一年级	生态教室	周四第7节	16
11	《保护生命之水　建设绿色北京》	赵红梅	生物	高二年级	高二（1）班	周四第8节	16
12	《中国湿地》（双语）	张颖	生物	高二年级	生物实验室	周四第8节	16
13	《美术生态画》	赵越	美术	高二年级	美术专用教室	周四第8节	16
14	《中国古建欣赏》	高亚丽	美术	高二年级	美术专用教室	周四第8节	16
15	《灭绝动物的挽歌》	薛唱	生物	高二年级	史地专用教室	周四第8节	16
16	《中国沙漠化防治》（双语）	黄英玉	生物	高二年级	高二（2）班	周四第8节	16
17	《林业与碳汇》（双语）	郭莉	外语	高二年级	高二（3）班	周四第8节	16
18	《中国野生动物保护》（双语）	周丽红	生物	高二年级	高二（4）班	周四第8节	16

2.与德育课程融合，形成主题鲜明的综合实践活动

依据生态文化一体化教育课程理念，通过整合资源，分主题形成四项精品活动课程，即"保护生命之水建设绿色北京"主题教育活动、"应对气候变化"主题教育活动、"保护生物的多样性"主题教育活动、"节约粮食"主题教育活动，并依托生态特色校园全方位突出校园物化环境的教育功能。通过学校太阳能利用展示系统、微风利用展示系统、光导照明系统、LED光环境的利用、太阳能锅炉系统等先进的生态环保设施设备开展研究性学习活动、社团活动等。

表21 综合实践活动课程实施

序号	主题	活动	年级
（一）	保护生命之水 建设绿色北京	水土保持进课堂	高一、高二
		水土保持进学校	高一、高二
		水土保持进社区	高一、高二
		水土保持进流域	高一、高二
		水土保持进园区	高一、高二
（二）	保护森林资源 应对气候变化	地球一小时	绿色蒲公英环保社团
		模拟气候大会	高一
		碳汇科普林	绿色风帆社团
（三）	保护生物的多样性	生命之美生命之危保护华南虎活动	高一、高二
（四）	节约粮食	爱米行动	高一、高二

3.学科课程的渗透与整合

学校本着"开齐开足国家课程"与"开拓创新特色课程"并重的思路，在各学段基础课程中渗透生态文化理念，确立跨学科整合课程资源的原则，通过整体设计、开发与管理，保证学生在体验中学习，在体验中接受教育，为学生的自主学习、研究性学习、实践性学习方式的改进和能力的提升提供了多元地选择和尝试的机会。

以学校坚持八年之久的"大运河采风"实践活动为例，本活动努力探索在历史、政治、生物、地理等学科内渗透与学科间整合生态文化知识，规范学生的生态行为。

（1）理论依据：社会科学中历史是时间，地理是空间，政治是意识，它们构成三维社会科学的基本框架。生物作为探究生命与自然的学科是科学学科的重要组成部分，是社会科学开展实践活动的环境基础。历史、地理学科为政治理论提供论据，政治理论为学习历史、地理提供科学的世界观和方法论。四科自成体系又共为体系、互相渗透兼容，为多角度、全方位培养学生的知识运用能力和思维创新能力提供了可能性。

（2）整合设计思路："感知文明生活圈——青海、甘肃丝绸之路生态文化之旅"就是采用跨学科教学的方式，加强学生与现实社会、与实际生活的联系，以多元文化、综合的文化视野和思维方式，培养学生在各种不同的知识体系间建立联系的意识和能力，传承优秀文化，促进交流和沟通，从而促进学生具有可持续发展的世界观。

（3）植入式生态文化理念的渗透

通过生态文化主题知识竞赛、环保活动方案比赛、学科教学情境创设等方式扩大学生生态文化知识容量，开阔其视野。

表22　学科渗透与整合示意图

项目	内容举例
综合实践活动主题	"弘扬运河生态文明"——大运河采风综合实践活动
整合国家课程的门类	历史、政治、地理、生物、化学、语文学科综合实践活动
实践国家课程教材出处	历史："开凿大运河"专题学习 生物："生物与环境"专题知识 地理："自然与地理环境"专题知识 政治：政治对经济、文化的推动作用 语文：语言的应用和写作 化学：化学元素专题
参与教研组	历史、地理、政治、生物、语文、化学教研组

（二）生态文化一体化教育课程的评价

1.基础性评价和发展性评价相结合：对学生的评价分层次进行，基础性是指所有学生必需达到的水平，发展性评价是进一步提升能力，开展相关的研究性学习，能以一定的形式呈现学习的结果，比如展览、演出、成果汇报等。

2.自我评价和他人评价相结合：对学生的评价主要是自评、互评、师评（或家长评）相结合的方式，充分发挥学生的自主性，自评占总评价的30%，互评占30%，师评占40%。

3.过程性评价和终结性评价相结合：（1）一看学生在学习过程中的表现，如态度、积极性、参与状况等，可分为"优秀、良好、一般、不合格"等形式记录在案，作为"优秀学生"评比条件，但要以正面评价为主；二看学生学习的成果，如，考试成绩、生态行为表现等，学生成果（可通过实践操作、作品鉴定、竞赛、评比、情景模拟测试等形式）展示，成绩优秀者可将其成果记入学生学籍档案内；（2）相关处室通过听课、查阅资料、与老师座谈等形式，对教师进行考核，并记录。通过"四看"方式来反映教学效果：一看学生实际接受的效果；二看领导与教师听课后的反映；三看学生问卷调查的结果；四看教师过程性管理。学校根据"四看"方式对教师进行综合评价后，对优秀老师实施奖励。

4.定性评价与定量评价相结合：一看学生学习该课程的学时总量，作好考勤记录；二看学生的考试成绩、创新性成果获奖情况。

六、课程的创新与效果

（一）课程的创新

1.课程开发的创新

（1）课程设计理念的创新

尝试提出生态文化校本课程设计的理念：配合国家课程达成培养目标，更加注重学生理想信念和核心素养的培养，坚持学生的全面发展，倡导学生的个性发展，促进学生的可持续发展；课程的开发与实施要紧密结合社会发展和生活实践，增加课程的综合性和选择性；以激发学生兴趣与探究愿望为基准，倡导"体验、合作、实践、探究"的学习方式。

（2）课程资源整合的创新

第一，学校资源整合：①挖掘隐形课程的教育价值，突出校园物化环境的教育功能。利用学校太阳能系统、微风系统、光导照明系统、LED光环境的利用、太阳能锅炉系统等先进的生态环保设备开展研究性学习、社团活动等。②学校始终坚持课堂作为学生发展的主阵地，教师逐渐形成以生态文明素养为底蕴的人格魅力和教学风格，以学生综合素质提升为主要内容，让课堂成为学生生态文化意识培养、习惯养成、知识学习及能力形成的重要场所。

第二，社会资源整合：学校与国家林业局，国家绿色碳汇基金会、北京市水务局、北京林业大学合作，由以上单位定期选派专家为学生开设校本课程及专家讲座；选派部分专家带领学校教师团队进行生态文化校本课程开发；参与学校开学典礼、综合实践活动课程开发；为学校开发试验室、科技创新基地平台等。

2.课程内容的创新

（1）系列校本教材

通过本实验研究，我们探索出学校生态特色校本课程建设与实施的方案，建设一批科学、规范的校本课程及其资源，目前正式出版发行的校本课程教材5本，校内正式印刷教材14本，开发校本课程49门；构建生态特色校本课程实施模式，并探索出生态文化教育进校园的有效实施途径和模式。

（2）主题鲜明的综合活动

依据生态文化校本课程理念，分主题将生态文化综合实践活动设置为研究性学习类、志愿服务类、社团活动类、实践活动类等四类活动课程体例，形成四项精品活动课程，即"保护生命之水建设绿色北京"主题教育活动、"应对气候变化"主题教育活动、"保护生物的多样性"主题教育活动、"节约粮食"主题教育活动。

3.实施途径的创新

（1）跨界合作：学校生态文化校本课程指导教师团队与国家林业局，国家绿色碳汇基金会、北京市水务局等单位的专家团队合作，开展以"生态文化"为主线的课题研究活动，成为学生强化学习兴趣、深入掌握生态文化之师、提高实践能力、培养专业发展志向的有效载体。学生根据兴趣，形成研究小组，提出生态文化方面的研究课题。根据课题的方向，选择适合的指导教师给予指导。对外出实践考察的学生的课题进行选题论证。论证后，各研究小组利用周末走进相关单位进行学习，或在专家指导下开展课题研究。

（2）跨文化合作：在国家林业局、北京第二外国语学院、朝阳区教委的大力支持下，学校每学年组织一次海外游学活动。学生以游学城市的生态环境为主题选择研究课题，在教师指导下以将课题研究贯穿整个游学过程，在跨文化背景下学习、理解、应用。

4.课程新的增长点

（1）十二年一贯制促进课程建设向纵深发展

十二年一贯制意味着一所学校要以各学段教育规律为基础，课程内容的设计要从小学到高中，着眼于学生终生发展。其具体化到生态文化校本课程建设中，要求不同学段的教师从社会对人才的需求这一终极目标着眼，认真思考各学段生态文化校本课程标准要求、学生能力需求、学业评价导向、知识体系等问题，开发的课程要体现课程的主要要素：有目标、有内容、有教学安排、有评价。

（2）10%学科内综合实践活动课程助课程走向宽域

应北京市义务教育课程改革要求，学校在小学段到初中学段的国家课程内开设10%综合实践活动课程，结合生态文化校本课程建设规划，设计具体内容为：将学科10%的综合实践课程和生态文化校本课程建设融合，以教研组为单位，将各学科10%的综合实践活动主题定为："人与自然""人与社会""人与自我""人与他人"。各教研组依据主题，结合自身学科性质和学习要求，梳理出本学科适用于综合实践活动课程教学的内容，进行课程实施。

（二）课程的效果

1.学生与教师的发展

（1）学生学习能力和综合素质的提升

学校将生态文明教育理念融入到学校办学理念、教育教学的全过程。学生在多途径生态文化一体化教育课程建设实施过程中，不仅在生态文化领域获得了丰富的知识技能、养成了爱护生态的行为习惯，也形成了健康自信的精神风貌，使其综合素养获得极大提升。在朝阳区教委满意度调查中，学生良好行为习惯培养满意度、综合素养培养满意度连年大幅提升。在开展生态文化一体化教育的13年间，二外附中累计培养数千名生态环保文明礼仪标兵，两名学生获"朝阳区十佳中学生"称号，三名学生获"朝阳区十佳中学生提名"称号；由学生开发的智能淋浴系统，获得"全国中学生水科技发明比赛二等奖""北京市青少年科技创新大赛一等奖"；由学生完成的生态环保研学报告，先后获得市、区奖项20余次。

（2）教师专业能力的提升

生态文化一体化教育课程建设对二外附中教师的师德风貌、专业知识及专业能力提升，均具有显著的促进作用。教师摒弃了"唯分数论"的教育观念及灌输式教学模式，在融洽的师生关系中培养学生的兴趣、关注学生实际的学习获得和成长体验，不但使其教育教学水平获得显著提升，而且得到了学生、家长及社会的高度认可。

经过十年的发展，教师的年龄结构、职称结构有较大好转，学校现有教职工150人，青年教师45人，占30%，高级教师40人、中级教师51人，中级、高级职称人数占60.7%。特级教师4人，省市级骨干2人，区级学带、骨干、优青教师15人。现有教师队伍教育理念先进，专业化水平较高，团结协作、锐意进取。

2.学校与社会的共赢

学校在"承载希望、构筑幸福、奠基人生"为办学理念的指引下，思考办学定位、探索教育教学模式、坚持"师生共同发展"，在生态文化一体化课程建设过程中以一定的课程资源统合能力，开发能力、实施能力不断推动二外附中办学质量步步提升，从而使蕴含办学业绩逐步受到各级认可，产生了良好的品牌效应，2013年学校被评为"区级示范校"。

表23　2008年至今，学校获得的有关生态文化教育的奖项

级别		获奖名称
国家级	1	国家生态文明教育基地
	2	"青少年爱水行动项目"示范学校
	3	荣获"全国特色学校"称号
	4	中国可持续发展教育（ESD）项目创新奖
	5	联合国教科文组织环境人口与可持续发展教育实验学校
	6	绿色小记者站
	7	节能减排与可持续发展学校——社会行动项目示范学校
	8	北京市文明礼仪示范校
市级	1	北京市水土保持教育示范学校
	2	北京市基础教育学生综合素质评价工作先进单位
	3	2011年度北京市教科研先进单位
	4	北京市节约型示范学校
	5	2014年北京市节能减排教育示范基地
	6	北京市课程先进单位

七、二外附中"生态文化"可持续发展教育课程的探索与实践

（一）逐步完善学校环境，创建学校文化特色

1.形成以"生态文化"可持续发展教育为底蕴的办学文化

（1）办学理念和育人目标

基于与自我、与他人、与自然、与社会和谐的生态文明教育理念（简称"四个和谐"），学校将原有的办学理念"一切为了学生成长成功奠基，让教师体验成功的幸福"发展为"承载希望 构筑幸福 奠基人生"，以突出人的可持续发展及永续幸福的生态文明教育理念。新理念从师、生两个主体出发，体现师生平等、教学相长，形成"明德、乐学、勤思、善行"的校训，凸显学校办学理念对师生生命生长的引领作用。

"四个和谐"理念及把学生培养为健康、自信、友善、担当，具有"家国情怀、国际视野"的现代学子这一育人目标，是对学校"承载希望、构筑幸福、奠基人生"办学理念的精准诠释与集中体现。（见图12）

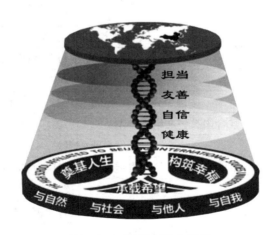

图12 二外附中育人目标

（2）课堂文化

学校提出生态文明教育理念下的课程观，让学生学会做人、学会学习、学会生存，并形成了以生态文化教育为底蕴的课堂文化：快乐、平等、尊

重、宽容、批判（见图13）。

快乐 Happiness	平等 Equality	尊重 Respect	宽容 Tolerance	批判 Critique
让师生能在课堂体验到教与学的愉悦，教得愉快、学的满意	在课堂教学的起点，包括师生人格上的平等、师生之间生生之间在课堂体验中参与的权利，教师是"平等中的首席"	师生互相尊重，学生尊重老师传授知识的辛苦和付出，老师尊重学生犯错的权利，双方共同营造和谐愉悦的课堂氛围	包括人格上的宽容和学术上的宽容，主要是老师要宽容学生的不足和无心之失，学生之间要相互宽容，悦纳对方的长处和不足	培养学生不唯上不唯书只唯实的批判精神。教师不照本宣科，学生不盲目跟从

图13 以"生态文化"可持续发展教育为底蕴的课堂文化

（3）管理文化

依托"四个和谐"理念，学校逐步形成"多元参与、良性互动、和谐共生"的管理文化，建立起一个综合性的生态文化一体化教育管理系统，整合校内外管理资源，让生态文明理念有机融入学校日常管理和教育教学过程当中，使生态文明素养成为学校文化基因的有机组成部分。

（二）学校"生态文化"可持续发展教育课程与实践活动的探索与成果

1.形成以"生态文化"可持续发展教育为内涵的主题课程体系

（1）课程目标

建构与实施生态文化一体化教育系列课程，让学生具有正确的人生观、价值观及生态观；养成爱护生态、保护环境的习惯，具有生态文明的基本知识，传播生态文明理念的能力，探索保护生态的方法；成为四位一体和谐相处的个体。

（2）课程结构

逐步构建起"A必修课程+B选修课程+C研修课程"三位一体的生态文化

主题课程体系。在实施层面将内容细化为理论课程、实践课程，在不同年级实施。

A.必修课程：

目标：生态文化课程的基本要求：知识、能力、意志、习惯。

完成方式：在国家课程中渗透生态文化知识，整合实施途经，在全员参与的实践活动中坪养生态文明意识、能力、习惯，达到传承生态文化的目的。

B.选修课程：

目标：广泛学习生态文化知识，坚持践行生态文明行为，积极传播生态文明理念。

完成方式：选修课程、专家讲座、生态文化特色社团

时间分配：小学12课时／学期；初一、初二各24课时／学期；高一、高二各36课时／学期

C.研修课程：

目标：能够在与生态文化相关的学科专业上开展课题研究，有相关学科专业发展方向。

完成形式：理论学习、实践考察

时间安排：每学期两项课题研究，每学年两次"生态文化之旅"考察，每学年一次游学。

表24　生态文化主题课程结构图

	理论内容	实践内容	标准	对象
必修	《城市生态与环境保护》 《美术生态课》 《动物之美　动物之危》 《野生动物的多样性》 《生态文化常识》	《水土保持进课堂》 《水土保持进校园》 《水土保持进社区》 《水土保持进园区》 《水土保持进流域》 《植树与碳汇》 《绿色风帆》 《蒲公英社团》 《一米花园》 《开心农场》 《"光盘"行动》 《垃圾分类》 《废品回收公司》	生态文化一体化课程的基本要求：知识、能力、意志、习惯	全体学生
选修	《系列生态文化知识讲座》 《生态与人生》 《生态 生命 生活》 《每天学点儿经济学》 《理花齐放》 《与绿同行》 《数学与生态》 《化学与生态》 《音像历史与生态》	《灭绝动物的挽歌》 《地球熄灯一小时》 《留住一桶水》 《大运河采风》	广泛学习生态文化知识，践行生态明行为，传播生态文明理念	基于兴趣选择的学生
研修	《保护生命之水　建设绿色北京》 《中国沙漠化防治》 《中国湿地》 《林业与碳汇》 《中国野生动物保护》 《中国古建欣赏》	《模拟联合国气候大会》	能在与生态文化相关的学科专业上开展课题研究，有相关的专业发展方向	有职业规划需要的学生

2.以"生态文化"可持续发展教育为内涵的主题课程的实施

（1）"生态文化"可持续发展教育主题课程实施

学校聘请国家林业局、北京市水务局等单位20多位专家组成专家团队；打造以正高级教师为首、骨干教师和研究生学历的青年教师为主的专业指导教师团队；特聘国外学者为生态文化课程专家。

在"开足、开齐国家课程，个性化实施主题课程"的前提下，固定时间、空间，以严格的课程计划保障课程顺利实施。

表25 生态文化主题课程授课一览

序号	课题名称	授课教师	教师专业	授课年级	授课地点	授课时间	授课时数
1	《让我认识你——校园里的花儿》	××	生物	一、二年级	校园	周四第7节	12
2	《美术生态画》	外教	美术	三年级	美术专用教室	周四第7节	12
3	《大运河采风》	××	地理	四年级	史地专用教室	周四第7节	12
4	《生态文化常识》	××	历史	五年级	史地专用教室	周四第7节	12
5	《系列生态文化知识讲座》	林业局、水务局等教师	综合	七年级	高一（1）班	周四第7节	12
6	《音像历史与生态》	××	历史	七年级	高一（3）班	周四第7节	12
7	《数学与生态》	××	数学	七年级	高一（4）班	周四第7节	12
8	《保护生命之水 建设绿色北京》	××	生物	七年级	高二（1）班	周四第8节	12
9	《生态 生命 生活》	××	生物	八年级	生物实验室	周四第7节	12
10	《每天学点经济学》	××	数学	八年级	生态教室	周四第7节	12
11	《美术生态画》	××	美术	八年级	美术专用教室	周四第8节	12
12	《中国古建欣赏》	××	美术	八年级	美术专用教室	周四第8节	12
13	《生态与人生》	××	语文	高一年级	高一（2）班	周四第7节	18
14	《中国湿地》（双语）	××	生物	高一年级	生物实验室	周四第8节	18

序号	课题名称	授课教师	教师专业	授课年级	授课地点	授课时间	授课时数
15	《理花齐放》	××	物理	高一年级	物理实验室	周四第7节	18
16	《化学与生态》	××	化学	高一年级	化学实验室	周四第7节	18
17	《灭绝动物的挽歌》	××	生物	高二年级	史地专用教室	周四第8节	18
18	《中国沙漠化防治》（双语）	××	生物	高二年级	高二（2）班	周四第8节	18
19	《林业与碳汇》（双语）	××	外语	高二年级	高二（3）班	周四第8节	18
20	《中国野生动物保护》（双语）	××	生物	高二年级	高二（4）班	周四第8节	18

（2）学科课程的渗透与整合

学校在各学段基础课程中渗透生态文明理念。坚持18年之久的"大运河采风"活动，在史、地、政、生等学科内渗透与学科间整合生态文化知识，规范了学生的生态文明行为。

表26　学科渗透与整合示意图

项目	内容举例
综合实践活动主题	"感知文明生活圈"——青海、甘肃丝绸之路生态文化之旅
整合国家课程的门类	史、政、地、生学科综合实践活动
实践国家课程教材出处	历史，"中华文明"主题学习 生物："生物与环境"主题知识 地理："自然与地理环境"专题知识 政治：政治对经济的推动作用
整合地方课程的门类	朝阳　生态　生命　生活
整合主题课程的门类	学校主题课程"大运河采风"实践活动
参与教研组	史、地、政、生教研组
学科综合实践课时	各参与学科的10学时

3.以"生态文化"可持续发展教育为主题的系列实践活动

学校通过"生态文化"可持续发展教育主题活动进课堂、进校园、进社区、进园区、进流域的"五进"方式,形成"以水、碳、动物、气候、自然生态、人文生态等六大项目并举"的德育活动体系,并传承下来。

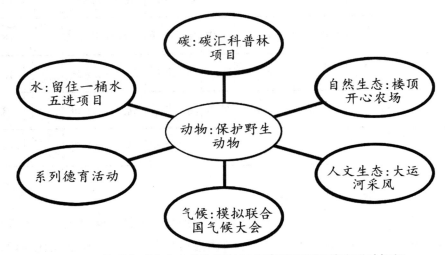

图14 二外附中"生态文化"可持续发展教育系列德育活动框架

留住一桶水活动:作为"留住一桶水"项目实验校,针对常营公园的灌溉方式费水的问题建言献策,启动了"常营公园漫灌改造"项目,并提出使用二次水灌溉的方法和措施。

碳汇科普林活动:学校开辟位于常营公园的碳汇科普林,宣传碳汇知识;通过碳汇林的建设,用实际行动保护环境。此活动得到林业部造林司领导和常营公园领导的大力支持,央视"焦点访谈"对此作了专题报道。

创建楼顶微型生态基地:含有多种生态文化教育元素的教学楼,其楼顶设置了"开心农场""气象观测站""太阳能发电""太阳能集热"等功能区,在这里,使学生生态理念、生态知识都得到深化。以"开心农场"为例,学生在师、长的指导下翻地、播种、栽种、浇水、施肥,逐步掌握劳动技能与种植方法,感受大自然孕育生命的神奇与博大,领悟到"一分耕耘,一分收获"的真谛。

大运河采风活动：我校地处通惠河畔，人文、生态资源非常丰富。学校开展"通惠河采风"等社会实践活动，学生通过参观通州运河沿岸名胜及高碑店污水处理厂，收集大量资料，采集水样，分析通惠河水质和两岸生态环境状况。2009年2月，组团对大运河的苏杭段进行考察，并给苏州市市长写信，表达对京杭大运河的关切之情。

模拟联合国气候大会：2012年11月26日，我校应邀出席联合国气候大会。学校模拟联合国气候大会的活动由此拉开帷幕，学生们围绕气候、粮食等环保热点问题展开激烈讨论。学生们参照联合国会议的规则和程序进行发言，并按照联合国的表决程序进行投票表决……这项极富教育意义提升学生综合素质的活动，深受每一届学生追捧。

保护野生动物活动：2012年2月29日，学校特邀"拯救中国虎国际基金会"创始人全莉女士为学生做了一场以"保护中国虎"为主题的生态教育讲座。当年世界环境日，学校举行了以"动物之美　动物之危——二外附中在行动"为主题的生态教育活动，师生认养新生华南虎千金并为其命名的行为感动着在场的人，此活动一直延续至今。

4.形成多样有效的"生态文化"可持续发展教育资源体系

学校构建了丰富多元、纵深贯通、开放整合的"1+10+19+N"的生态文化教育资源体系。

（1）学校集"环保、宣教、体验、研究"四位一体的生态教学大楼。生态教学大楼突破了一般教学楼的功用，成为开展研究学习的场所，能源的产出和课程资源开发的基地；学校将楼宇打造成为全方位立体的宣教平台（见图15）。

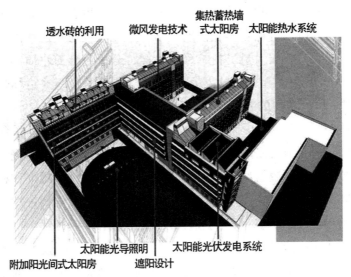

透水砖的利用　微风发电技术　集热蓄热墙式太阳房　太阳能热水系统

附加阳光间式太阳房　太阳能光导照明　遮阳设计　太阳能光伏发电系统

图15　集"环保、宣教、体验、研究"四位一体的生态教学大楼

（2）学校重点建设了10个生态文化教育资源基地。充分开发地域资源，挖掘跨界教育资源，实现书本知识与校内外体验的深度结合，让学生从书本世界走向现实世界（见表27）。

表27　二外附中重点建设的生态文化教育资源基地

序号	基地名称	基地所在地	建成时间	功能
1	大运河公园	北京通州大运河公园	2006年	大运河采风实践基地，弘扬运河文明
2	二外附中碳汇科普林	北京朝阳常营公园	2011年	碳汇知识通识教育、学生生态志愿服务基地
3	白浮泉湿地遗址	北京市昌平区	2012年	树立生态危机意识，提升生态文明的行为
4	汉石桥湿地自然保护区	北京市顺义区	2013年	生态审美观的培养，培养湿地保护的意识
5	南海子麋鹿苑	北京市大兴南苑	2014年	认识野生动物濒临灭绝的现状，提升生态危机意识
6	北京野鸭湖国家湿地公园	北京市延庆区	2015年	树立学生保护生态的责任感，培养生态法制意识

序号	基地名称	基地所在地	建成时间	功能
7	北京国际鲜花港	北京杨镇鲜花港	2015年	生态审美观的培养，生态文明意识的养成养成
8	中华民族园	北京市亚运村	2015年	生态文明习惯，生态审美观的培养
9	广西白头叶猴国家自然保护区	广西崇左	2015年	提升保护生物多样性的意识，培养生态文明行为
10	成都大熊猫保护基地	成都都江堰	2016年	提升保护生物多样性的意识，培养生态文明行为

（3）建设19个门类的主题课程及资源。学校开发生态文化教育主题课程19门，正式出版主题课程教材5种，校本教材及指导手册17种，形成了生态文化教育课程核心资源。

图16 建设科学、规范的生态文化教育主题课程及资源

（4）"N"即为支持即时性课程开发的资源。学校依据学生需求，提供契合度高的课程资源，形成即时性全方位合作机制。与国家林业局、国家气候战略中心、国家发改委、北京林业大学等单位共同开发生态文化教育资源。

（三）"生态文化"可持续发展教育与传统文化教育相结合

经过16年的实践探索和成果检验，学校系统落实国家战略对生态文化教育的要求，通过全员育人、特色课程育人、特色活动育人，形成了以生态文化教育为底蕴的育人文化、建设了系统全面的生态文化教育内容体系、形成了多样有效的生态文化教育实施途径，总结出了一条宜于基础教育领域借鉴和应用的生态文化教育实践之路。

在增加学生获得感方面，学校秉承着"与自然和谐相处、与社会和谐相处、与他人和谐相处、与自我和谐相处"的生态德育理念，依托国家生态文化教育基地，发挥学生的主体作用，搭建起"自主教育、自主体验、自主成长"的学校德育活动平台。学校结合习惯养成课程的要求，围绕"水、空气、阳光"的自然要素，开展以"生命之美"为主题德育活动，如大运河采风、碳汇科普林、地球一小时、模拟气候会、光盘行动等。学生在一年一度的生态科技节、体育健康节、艺术文化节、经典诵读节中，践行着"明德 乐学 勤思 善行"的校训，以班级、社团为阵地，探索"多元、适合、优质"的生长场，让学生在丰富多彩的活动中，发展潜能，彰显个性。学校组织开展MODLEAPEC（亚太青年模拟APEC大会）、模拟气候大会、话剧《茶馆》《四世同堂》等课程，培养了一批又一批健康、自信、友善、担当，具有家国情怀、国际视野的现代学子。学校秉持"爱是陪伴 亦是塑造 更是欣赏"理念，坚持活动贴近学生，从学生的需求出发，设计学生喜爱的活动。学校坚持德育管理主体化、坚持德育活动系列化、坚持德育方法多样化、坚持德育内容层次化，使校园因生态文化充满了活力与生机。

在学生综合素养提升方面，学校将生态文明教育融入到学校办学理念、教育教学的全过程，教师在"快乐、平等、尊重、宽容、批判"的课堂文化中服务学生成长发展。同时，学生在多途径生态文化教育实施过程中，不仅在生态文化领域获得了丰富的知识技能，养成了爱护生态的行为习惯，也形成了健康自信的精神风貌，使其综合素养获得极大提升。在朝阳区教委满意度调查中，学生良好行为习惯培养满意度、综合素养培养满意度连年大幅提升。在开展生态文化一体化教育的16年间，二外附中累计培养数千名"生态环保文明礼仪标兵"，三名学生获"朝阳区十佳中学生"称号，三名学生获"朝阳区十佳中学生提名"称号；学生开发的智能淋浴系统，获得"全国中学生水科技发明比赛二等奖""北京市青少年科技创新大赛一等奖"；由学生完成的生态环保研学报告，先后获得市、区奖项20余次。

（四）积极探索"生态文化"可持续发展教育课程在多学科之中的应用

以生态文明教育理念构建生态课程观：在强调知识、技能掌握的基础上，更加追求人的素质的多元性与精神世界的完满。学校将人才培养目标确定为：培养学生在与自己、与他人、与世界和谐相处中培养其健康、自信、友善、担当之美德与素养，从而使其成为具有家国情怀和国际视野的现代学子；以生态教育的理论方法为指导，学校有机整合课程，构建多样性和生态性并举的课程体系，落实培养目标。

通过整体设计、开发与管理，学校着手构建生态文化特色课程，采用国家课程、地方课程、校本课程的必修、必选、任选等学习方式，并以生态特色校本课程为着力点形成生态教育校本课程和市、区级课程研究的精品系列，使"生态文化教育"为特色的多学科整合的课程建设成为学校新课程改革和课程建设的主要阵地。

表28　二外附中生态特色课程设置表

课程 学段	必修 课程	基础性课程	拓展性课程	实践性课程
		必选课程	任选课程	活动课程
高一	历史	《朝阳》	《通惠河采风》	大运河采风活动
	政治	＼	《生态文化常识》 《每天学点经济学》	《废品回收公司》
	地理	《环境与可持续发展》	《保护生命之水》 《保护湿地》	《地球熄灯一小时》 碳汇植树日 《留住一桶水》 《水土保持五进》
高二	历史	＼	＼	《地球熄灯一小时》 《留住一桶水》
	地理	＼	＼	《水土保持五进》 《爱水爱粮活动》
	生物	《预防艾滋病》	《林业与碳汇》 《保护中国野生动物》	环保日活动 碳汇植树日

　　由于生态文化教育"全员性、全程性、终身性"的基本特征，是学校生态文化教育"学科渗透"客观必然要求，又由于在学科课程目标中，都蕴含有"和谐可持续、人与自然、社会、他人及自我关系"的课程内容和标准。学校在16年的生态文化一体化教育实践中，形成了植入式学科渗透方式，即学科教学以课堂为主阵地、以人文生态为主体、以学生为中心、以开放为经，以个性发展为纬，纵横交织精心植入生态文化教育的教学目标、运用生态理解指导下教学方式、结合学科内容，在潜移默化中实现生态文化一体化教育目标。

表29　生态文化一体化教育植入式学科渗透

序号	学科	教材版本	内容	学段	整合方式
1	语文	新课标人教版	古诗词中的自然景观	初中	学科教学
2	艺术	新课标北京版	苏州园林	初中	艺术鉴赏课
3	数学	新课标人教版	"从数据谈节水"学法指导	初中	活动探究
4	历史	新课标人教版	从古代江南的开发看可持续发展	初中	学科教学 活动探究
5	地理	新课标人教版	北京市的水资源	高中	学科教学
6	物理	新课标人教版 必修一、二	会考专题复习——能量	高中	学科教学
7	地理	新课标人教版 必修一、二	中国的可持续发展	高中	学科教学
8	数学	人教版	概率在生活中的应用	高中	学科教学 活动探究

　　依托"四个和谐"的生态文明教育理念，学校逐步形成"多元参与、良性互动、和谐共生"的以生态文化教育为底蕴的管理文化，尤其关注多元主体参与的有效性、运行机制的科学性、人与组织发展的可持续性。为此，学校建立起一个综合性的生态文化一体化教育管理系统，整合校内外管理资源，与国家林业草原局、北京林业大学、中国野生动植物保护协会等社会资源合作，从而使学校的德育活动各方参与度高，务实求效，让生态文明理念

有机融入学校的日常管理和教育教学过程中，使生态文明素养成为全校师生文化基因不可或缺的组成元素。

第二节 生态文化课程一体化实施案例

一、世界地球日活动方案

世界地球日活动方案，旨在提高民众对于现有环境问题的认识，并动员民众参与到环保运动中，通过绿色低碳生活，改善地球的整体环境。并唤起人类爱护地球、保护家园的责任感。让每个人携手改善地球的整体环境，守护我们共同的家园。

———————【低年级】———————

活动目标

1.了解世界地球日的由来和历年主题。

2.认识污染及破坏活动带给人类和地球的影响，关注地球物种的生存环境，保护动植物，使人类和大自然和谐共处。

3.通过观察身边破坏环境、浪费资源的现象，树立正确积极的环保意识，学习垃圾分类，养成保护环境、珍惜资源的良好习惯。

4.了解世界各地的环保事件或人物，成为具备国际视野的全球化公民，身体力行地参与环保活动，争做学习和生活中的"环保小榜样"。

活动方案

活动一：世界地球日知多少

1.世界地球日的由来

同学们，请以3人为小组，为大家分享你所知道的与世界地球日有关的故事，形式可以采用TED演讲、情景演绎、影视剧赏析等。

资料卡

世界地球日（The World Earth Day）由盖洛德·尼尔森和丹尼斯·海斯于1970年4月22日发起，后定于每年的4月22日举行。

这是一个专门为世界环境保护而设立的节日，希望提高民众对于现有环境问题的认识，并动员民众参与环保运动中，通过绿色低碳生活，改善地球的整体环境。

现今，世界地球日活动已发展至全球192个国家，每年有超过10亿人参与，是世界上最大的民间环保节日。

那么，今年是第几个世界地球日？ _____

2.设计活动主题

每年，中国为庆祝世界地球日都要确定一个主题。

资料卡

2001年 世间万物，生命之网

2008年 善待地球——从身边的小事做起

2010年 珍惜地球资源，转变发展方式，倡导低碳生活

2016年 节约利用资源，倡导绿色简约生活

2022年 珍爱地球 人与自然和谐共生

请同学们参考世界地球日历年主题，以个人形式为今年的活动拟定主题，通过文字、图片、声音、动画、视频等形式为大家阐述主题的设计灵感及立意。

我拟定的活动主题是： _____

活动二：我们只有一个地球

1.生活实践活动

资料卡

环境污染指自然的或人为地破坏，向环境中添加某种物质而超过环境的自净能力而产生危害的行为。

环境污染按环境要素可分为大气污染、水体污染、土壤污染、噪(音)声污染、农药污染、辐射污染、热污染。

同学们，一起来找找我们日常生活中有哪些常见的环境污染。它们是怎样产生的？会对人类、其他生物乃至地球产生怎样的不良影响？请以3人为小组，通过观察、收集（照片/音频/视频/样本等）、查阅资料、记录等方式进行了解，并在班级活动主题日进行分享展示。

污染类型	产生原因	不良影响

2.环保小实验

资料卡

酸碱污染是指酸性或碱性物质进入环境，使环境PH值过高或过低，从而影响生物的生长与发展或腐蚀建筑物的现象。

环境酸碱度直接影响细胞酶活性，水体PH<5或>9时大部分水生生物不能生存。

什么是酸性？什么是碱性？同学们，让我们一起通过下面的小实验来一探究竟吧。

下面几种生活日用品，请大家根据自己的经验填写对它们酸碱性的预测，之后通过PH试纸测试它们的数值，并根据数值准确了解它们的实际酸碱性，看看你的预测是否正确。

物品名称	酸碱性（预测）	pH数值	酸碱性（实际）
染发剂			
洗涤灵			
洗发水			
小苏打			
肥皂			
洗衣粉			

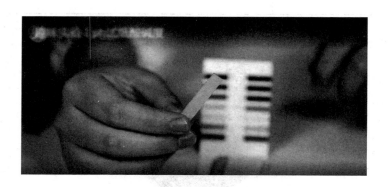

3.画出心中的地球

资料卡

空气污染和水体污染降低了森林、河流、湖泊等动植物重要栖息地的质量，自然的警钟已经敲响。目前生物多样性正在遭受前所未有的破坏，过去300年物种灭绝速度提高了1000倍，每小时就有1个物种从地球上消失。物种灭绝速度是形成速度的100万倍，因此物种一旦灭绝，便不可能再生。

我们的地球有青山绿水，有花草虫鸣……同学们，一起拿起我们手中的画笔，共同完成《美丽的地球》这幅画作吧。把它当作礼物，送给亲爱的地球母亲，祝愿她节日快乐。

活动三：节能环保从我做起

1.垃圾分类"对对碰"

资料卡

中国是最早提出垃圾分类收集的国家之一。

目前，我国将垃圾分为可回收垃圾、厨余垃圾、有害垃圾、其他垃圾四类。

同学们，让我们一起做游戏吧！请以3人为一组，在120秒内合作完成垃圾分类小游戏。游戏规则如下：组内3人轮流从箱中随机抽取写有不同垃圾的纸条，之后将纸条准确放置对应的垃圾分类箱内，每答对1题为小组加1分，答错不加分、不扣分，最终获得分数最高的一组获胜，组内4人全部获得"环保好少年"称号。

2."节"尽所"能"全知道

资料卡

良好的生态环境是人和社会持续发展的根本基础，保护环境和节约资源是我国的基本国策。

同学们，请通过亲身实践或者所见所闻的形式，了解一日生活中我们可以怎样节约资源？这些节约资源的好办法可否用于我们的日常班级生活中？请以5人为小组，利用多媒体形式在班级中进行分享宣传，由全班进行投票，获得票数最高的一组将获得"4·22世界地球日班级主题活动优秀奖"。

生活行为	节约妙招

活动四：争做环保小榜样

资料卡

2019年，第26届联合国气候变化大会在西班牙马德里顺利召开。9岁中国女孩黎子琳以"青年的力量·青年的责任"为主题发表了全英文演讲。

她以熊猫保护作为切入点，将气候问题和大熊猫关联起来，让大家意识到气候变暖会对大熊猫的生存造成威胁，号召大家"珍爱熊猫，珍爱地球"。

同学们，请以3~5人为小组，通过采访、查阅资料、观看影视作品等形式了解世界各地的环保故事，并采用创意表演、情景演绎等方式进行分享，号召大家一起向他们学习，争做学习和生活中的"环保小榜样"。

活动五：我和地球手牵手

让地球远离污染，让绿色走进家园，保护地球是你我的责任。

同学们，通过世界地球日的学习交流和实践活动，你一定有了很多的感悟。现在，请你将自己的收获或反思在"地球，我们共同的家园"年级征文比赛中表达出来，呼吁大家一起爱护环境、珍爱地球。每个年级评比前10名的同学将获得"环保小标兵"荣誉称号。

──────【高年级】──────

活动目标

1.了解威胁如今人类生存的主要环境问题，认识环境污染和破坏对人类和地球产生的重要影响，明白可持续发展的深远意义，健全个人环保意识。

2.初步了解环境保护相关的法律法规，培养法律意识，以身作则地加入环保队伍中去，并通过自身的行动影响周围更多的人。

3.从辩证的角度认识不同环保行为的利弊，拓展思维，勇敢挑战，形成自己的环保理念，积极付诸实践。

4.正确认识人类活动对地球环境的影响，探究现代科技对环保产生的积极作用，尝试对绿色经济进行思考，树立运用未来所学服务环保事业的意识。

5.通过对国际环保行为的学习，培养国际视野，知行合一，学以致用，为全球环保贡献一份力量。

活动方案

活动一：环境问题在身边

1.节日知识大盘点

资料卡

1970年4月22日在美国发生的第一届地球日活动，由盖洛德·尼尔森和丹尼斯·海斯发起，是世界上最早的大规模群众性环境保护运动。

这次运动催化了人类现代环境保护运动的发展，促进了已开发国家环境保护立法的进程，并且直接催生了1972年联合国第一次人类环境会议。

2000年，丹尼斯·海斯被《时代周刊》（Time Magazine）提名为100个"地球英雄"之一。

那么，丹尼斯·海斯也被人们称作：＿＿＿＿＿＿＿＿＿＿＿＿＿

2.影视资料赏析

资料卡

当前，威胁人类生存的十大环境问题是全球气候变暖、臭氧层的耗损与破坏、生物多样性减少、酸雨蔓延、森林锐减、土地荒漠化、大气污染、水污染、海洋污染、危险性废物越境转移。

同学们，为了更好地了解地球现状，了解保护地球环境的重要性，请大家从以下几部或其他纪录片中挑选一部你最喜欢的，并结合你的亲身经历或他人经验在班级分享你的心得感受。

推荐名单：《地球上的一段生命旅程》《家园》《第十一个小时》《塑料星球》《地球的日子》。

3.生活实践活动

资料卡

从生理学观点来看，凡是干扰人们休息、学习和工作以及对你所要听的声音产生干扰的声音，即不需要的声音，统称为噪声。通常所说的噪声污染是指人为造成的。

噪声不但对人们的生活、工作有所干扰，还会对听力造成损伤，诱发多种致癌致命的疾病。噪声危害已成为继空气污染之后的人类公共健康第二杀手。

目前，噪声污染可分为工业噪声污染、建筑施工噪声污染、交通运输噪声污染和社会生活噪声污染四类。

2022年6月5日，《中华人民共和国噪声污染防治法》正式施行。

同学们，请认真聆听，记录一日生活中有哪些声音？它们是否属于噪声污染？对你或他人产生了哪些影响？有哪些消除方法？

请以3~5人为一组，借助分贝仪等专业测量工具，利用观察、测量、记录（照片/音频/视频等）等方式进行观察探究，并以实践调查报告等形式在班级进行汇报展示。

声音来源	分贝值	是否属于噪声污染	产生影响	消除方法

活动二：垃圾分类我知道

资料卡

垃圾分类（Garbage classification），指按一定规定或标准将垃圾分类投放、分类收集和分类运输、分类处理，从而转变成公共资源的一系列活动的总称。

垃圾分类的目的是提高垃圾的资源价值和经济价值，减少垃圾处理量和处理设备的使用，降低处理成本，减少土地资源的消耗，具有社会、经济、生态等几方面的效益。

2019年，垃圾分类入选"2019年中国媒体十大流行语"。

北京是中国首批46个垃圾分类重点城市之一，新版《北京市生活垃圾管理条例》于2020年5月1日正式实施。

2021年10月，《北京市生活垃圾管理条例》实施以来，昌平区全民垃圾分类参与率达到90%，生活垃圾分类治理体系已基本建成。

同学们，请以5~7人为一组，利用周末时间，完成以下系列活动：

（1）设计一份与垃圾分类有关的调查问卷（题目自拟，建议5~10个），并邀请人们参加问卷调查。

（2）在你居住城市范围内选择并参观一家垃圾处理中心，了解城市目前垃圾处理的处理标准、原理、流程、方法等，明白垃圾分类和垃圾处理的价值和意义。

（3）根据问卷调查结果和垃圾处理中心亲身实践，参考相关资料完成本次活动的调研分析报告，并在班级进行分享交流。

活动三：节能环保有妙招

1.生活实践活动

资料卡

根据工研院的测试统计，待机电力大约占了家庭用电的7.4%，所以将电器开关切掉，或者拔掉插头确实可以有效地节约能源。

但是，这是针对有待机功能的电器而言，譬如有显示时间的微波炉等。

反过来说，像是一般的电风扇，即使没拔掉插头也不会有耗电顾虑。

同学们，请花一周的时间认真观察家中每天的用电情况，并做好记录。一周后，利用你所了解到的各种省电方法亲自实践，每天选择其中一种省电方法，并继续做好记录。两周后，通过两周用电量对比，看看是否真的省电了。有哪些方法有用，哪些方法没用，从而形成自己的省电小妙招，并分享给更多的人。

日期	第一周（用量电）	第二周（用电量）	省电方法	是否有用
星期一				
星期二				
星期三				
星期四				
星期五				
星期六				
星期日				

2.环保行为巧辨别

资料卡

地球一小时（Earth Hour）是世界自然基金会（WWF）应对全球气候变化所提出的一项全球性节能活动，提倡于每年三月最后一个星期六的当地时间晚上20点30分，家庭及商界用户关上不必要的电灯及耗电产品一小时。

但也有人质疑，宣传地球一小时等活动所排放的碳，已经远远大于关灯1小时所节约的碳，作秀成分多于实际意义。

正如一枚硬币有正面和反面，任何事物都有两面性，很多节能环保行为也有利与弊。

同学们，你们知道的日常节能环保行为误区有哪些？请结合自己的所见所闻各抒己见，自由畅谈，通过交流分享帮助大家纠正认知，引导大家了解并践行正确的节能环保行为。

活动四：科技力量助力环保
1.社会实践调查

资料卡1

碳达峰是指全球、国家、城市、企业等主体的碳排放在由升转降的过程中，碳排放的最高值即碳峰值。

资料卡2

碳中和是指国家、企业、产品、活动或个人在一定时间内直接或间接产生的二氧化碳或温室气体排放总量，通过植树造林、节能减排等形式，以抵消自身产生的二氧化碳（狭义）或所有温室气体（广义）排放量，实现正负抵消，达到相对"零排放"。

科技改变生活，科技助力环保。

同学们，请以4~5人为一组，通过查阅资料、采访专业人士、探索博物馆等方式了解我国利用现代科技助力环保的成功举措，并通过音频、短片、调查研究报告等形式进行阐述分享，鼓励更多的人为中国绿色环保的发展做出贡献。

2.动手动脑小实验

资料卡

新能源又称非常规能源，是指传统能源之外的各种能源形式，也指刚开始开发利用或正在积极研究、有待推广的能源，如太阳能、地热能、风能、海洋能、生物质能和核聚变能等。

不用燃料、不用手推，如何不额外添加任何危害环境的动力让小车跑起来？

同学们，请以5人为一组，发挥创意，利用废旧物，通过新能源或其他绿色动力让你的小车跑起来，并在班级上做成果展示。

活动五：保护地球人人有责
1.环保公益行

资料卡

白色污染是对废塑料污染环境现象的一种形象称谓，主要包括塑料袋、塑料包装、一次性聚丙烯快餐盒，塑料餐具杯盘以及电器充填发泡填塞物、塑料饮料瓶、酸奶杯、雪糕皮等。

由于它们难于降解处理，造成长期、深层次的生态环境问题，或者被动物当作食物吞入导致死亡等后果，因此给生态环境、生命安全等造成了严重影响。

中国是世界上十大塑料制品生产和消费国之一。据调查，北京市生活垃圾的3%为废旧塑料包装物，每年总量约为14万吨。

同学们，请以5~7人为一组，利用周末时间，合作完成以下系列活动：

（1）制作有关白色污染的宣传单页，可以采用手绘、手抄报、废旧塑料制品DIY等多种形式，向社区居民分发宣传，号召人们重视白色污染问题，在日常生活中减少使用塑料制品。

（2）在活动现场收集废旧塑料制品，并将它们拿到废品回收站，将收获的钱捐赠给与环保相关的公益组织或基金会，通过实际行动贡献自己的一份力量。

2.模拟联合国气候变化大会

资料卡

联合国气候变化大会（United Nations Climate Change Conference）是联合国主办的会议，该会议于1995年起每年在世界不同地区轮换举行。

1997年，大会上通过的《京都议定书》，对2012年前主要发达国家减排温室气体的种类、减排时间表和额度等作出了具体规定，也是设定强制性减排目标的第一份国际协议。

当地时间2022年11月5日，澳大利亚政府宣布，将与太平洋国家共同申办于2026年举行的《联合国气候变化框架公约》第三十一次缔约方大会（COP31）。

气候变化是人类面临的全球性问题。一方面当今世界气候变化愈演愈烈，严重威胁了人类和其他物种的生存环境；另一方面，国际气候谈判格局日趋复杂，全球气候治理体系的公平性和约束力等方面备受争议。

同学们，我们将在班级举办一场模拟联合国气候变化大会，探讨目前全球气候治理存在哪些问题、各个国家是如何应对的、我们还能为全球气候做出哪些努力。请大家为本次模拟大会的顺利举办出谋献计，群策群力，共同完成本次模拟大会吧！

活动六：我和地球拉个勾

同学们，请结合自己有关世界地球日的所见所学，将自己的收获或反思在"地球，我们共同的家园"年级征文比赛中表达出来，呼吁大家一起爱护环境、珍爱地球，每个年级评比前10名的同学将获得"环保小标兵"荣誉称号。

二、植树节活动方案

植树节活动旨在于宣传森林效益，动员群众参加义务造林，同时通过具体的植树活动，体验劳动的乐趣，感受美化环境的意义，培养环保意识。这一活动不仅是对环境保护的直接贡献，也是提高公众环保意识的重要途径。通过植树节的活动，人们可以亲身体验到劳动的乐趣，感受到通过自己的努力能够美化环境，这种直接的体验对于培养和加强个人的环保意识具有不可替代的作用。

——————【低年级】——————

活动一：快乐的植树节

一棵小草从地下钻出了头，快乐地喊着："春天来啦！春天来啦！"柳树拍了拍手，笑着说："是呀，她来了，美丽的春姑娘来了！"

1. 春姑娘的花园

小朋友，你听过关于春天的古诗或者儿歌吗？如古诗《咏柳》、儿歌《春天在哪里？》等。让我们一起吟诗、唱歌，逛一逛春姑娘的花园，看一看有朝气蓬勃的草、五颜六色的花和各种各样的树。大家还可以试着用手中的画笔画一画春姑娘的花园和她可爱的朋友们。

2. 植树节的由来

阳春三月，草长莺飞，清洁明净，万物生长。同学们，你知道我国的植树节是哪一天吗？为什么要设定在这个时间？让我们一起探究植树节的秘密，并借助节日小报等方式在班级中进行分享。

> **资料卡**
>
> 我国的植树节最初定在每年的清明节，由凌道扬、韩安、裴义理等林学家于1915年倡议设立。1928年，国民政府为纪念孙中山逝世三周年，将植树节改为3月12日。为了倡导人民种植树木，鼓励人民爱护树木，提醒人民重视树木。1979年，在邓小平的提议下，第五届全国人大常委会第六次会议决定将每年的3月12日定为植树节。
>
> 植树节的节徽为树形，表示我国公民人人植树3～5棵。下方"中国植树

节"和"3·12"的字样，既让人们牢记植树节的时间，又蕴含着中国人民年年植树、造福人类的坚定决心。三棵针叶树和两棵阔叶树会意为"森林"围绕着森林的外圈，代表以森林为主体的自然生态体系的良性循环。

3．植树与节气

"惊蛰一过万物醒，植树造林正当时""植树造林，莫过清明"，这些谚语中都蕴含着我国人民自古以来对植树的独特情怀。同学们，请你唱一唱《二十四节气歌》，查一查日历，看一看今年的植树节和哪些节气相近，想一想都有哪些节气适合种树。

树木比我们人类更早生存在地球这个家园，可以说，我们的生活离不开地球上不计其数的树木。

（1）帮助树木量胸围

校园中有许多树，你知道它们有多粗吗？今天请小朋友们帮助树木量一量胸围，办法有很多，比如用软尺测量、用胳膊环抱等。让我们看看谁想到的办法最多，谁的测量更准确。

（2）寻找生活中的树

树木不仅在森林里，也在我们的生活中，而且它们会变身，为我们提供生活所需的物品。请小组合作，找一找你身边的哪些物品是树木变身而成的。

资料卡

同学们，你知道古人怎么刷牙吗？除了用盐水、茶水漱口来清洁口腔，古人较早的"牙刷"便是柳枝。人们把柳枝浸在水里，要用的时候，用牙齿将外面的表皮撕开，反复咀嚼，里面的纤维就会像一把小刷子，可以将口腔中的残留物带走。

4.让树的生命延续

制作150亿双一次性筷子，需要砍伐2500万棵大树；全球每年用纸约3.2亿吨，相当于砍伐13亿棵20年树龄的大树。现在还有大量的树木被做成快递箱。有什么办法可以让树木的生命延续更久呢？比如循环使用纸箱、不使用一次性筷子等。近年来，物流领域还推出了"个人减碳"账单，人们可以将快递纸箱放到驿站进行回收，换取减碳量。

资料卡

世界上有多少棵树呢？这是没有办法确定的问题，因为万物都在生长与消亡中。曾经有科学家预测，世界上大概有3.04万亿棵树，但人类的活动使树木正在以每年100亿棵的速度递减，如果不加保护，可能300年后地球上就看不到树了。植物占地球生物总量的99.7%，可以说地球是一个植物的星球。植物至少比人类早5亿年来到地球，人类离开植物无法生存，但没有人类，植物可能会生长得更好。

活动三：我来学种植

除了变废为宝、低碳生活，种植或许是装扮春姑娘的花园最直接的方法，让我们一起学习栽种、养护植物，让大自然更加美丽。

1.种植前的准备

种植前，请你想一想要种什么，并大致了解它的生长习性及养护方法，另外还要准备好种植需要的各种工具。如果第一次学习种植，可以从生命力强盛的小绿植开始，如果有机会，可以积极参与义务植树活动。

我想种的植物是……
需要的工具有……

2.种植的小技巧

大家可以通过请教家长及老师、查阅相关书籍、上网查询资料等方式，学习种植及养护的小技巧。下面图片中的二维码是扦插绿萝的方法，大家可以在家长或老师的帮助下观看、学习。

3.和植物共成长

植物就像小朋友，随着时间不断成长。同学们可以将所种的植物带到学校和大家一起分享，共同养护，并根据植物的习性（喜阴、喜阳等）在班级为它们找到最合适的家。

资料卡

国家主席习近平多年来身体力行，和群众们一同参加首都义务植树活动。挥锹铲土、培土围堰、提水浇灌……他用实际行动告诉我们要"爱绿、植绿、护绿"，让祖国天更蓝、山更绿、水更清、生态环境更美好；油松、碧桃、白玉兰、海棠……一棵棵他栽种的小树苗，都在呼唤我们共同为建设美丽中国出一份力。愿生态文明的种子播撒在我们每个人的心中，愿新时代的小朋友苗壮成长，努力成长为国之栋梁！

活动四：护绿小分队

树木为我们提供了许多生活必需品，但人类的活动却使树木不断减少。人类每年砍伐树木约150亿棵，只种植约50亿棵。如果人类一味索取，那就是在毁坏我们自己的家园。请你和小组成员组成"护绿小分队"，呼吁大家一起保护树木，并在生活中行动起来吧！

1.传递植物心声

植物虽然不会说话，但它们用极强的生命力维护这个珍贵的星球。请以班级为单位创设一个戏剧节目，将植物的心声告诉身边的人，呼吁大家一起保护它们。

资料卡

树木年轮可以显示树木的年龄，这是众所周知的。但除此之外，被称为"大自然的'活档案'"的年轮还忠实地记录了树木生长时所处的环境信息，不仅可以记录当时当地的气候环境，还可以记录树木本身的健康情况，同时还有指明方向、导航的作用。随着科技的发展，通过CT扫描法等，不需要将树砍倒我们也可以获取准确的年轮，倾听它们用生命诉说的故事。

2.创设活动主题

每年的植树节都会有切合实际且使人印象深刻的主题，以此激发人们爱树造林的热情，让大家认识到保护生态环境的重要性。请小组合作为你们的宣传活动拟定一个主题，制作一张宣传海报。

资料卡

下面是植树节的部分主题，同学们还可以探究更多的主题哦。

2009年：让森林走进城市，让城市拥抱森林

2010年：与大树在一起

2014年：拥抱春天，播种绿色

2018年：履行植树义务，共建美丽中国

……

3.制作植物名片

漫步在校园里，我们会遇见许多植物朋友，但你知道它们的名字吗？你知道它们的特征、喜好吗？让我们一起探究校园中的植物，将主要信息制作成植物名片，帮助更多的师生认识它们。

活动评价

评价项目	评价方式与结果		
	自评	互评	家评
	☆☆☆☆☆	☆☆☆☆☆	☆☆☆☆☆
	☆☆☆☆☆	☆☆☆☆☆	☆☆☆☆☆
	☆☆☆☆☆	☆☆☆☆☆	☆☆☆☆☆

我的收获

植树节只有一天，但爱绿、植绿、护绿需要人类一代代去行动。同学

们，这次的植树节你学到哪些小知识？有什么感受呢？可以和家人一起分享。

———————【高年级】———————

活动目标

1.感受我国深厚的生态文化，具有保护古树名木的意识和责任感。

2.认识树木对人类的重要性，树立家园小主人意识。

3.能持之以恒地参与植树、护绿活动，践行绿色生活方式。

4.能够认识保护野生植物的重要性和森林资源的重要作用，尊重自然、爱护自然，形成人与自然生命共同体的价值观。

活动方案

活动一：植树节故事汇

轻轻抚摸树的皮肤，仿佛穿越历史的长河。中华民族向来热爱自然，追求人与自然和谐共生，这也是我们民族生生不息、不断发展壮大的重要原因之一。

1.古人植树那些事

同学们，你知道哪些关于古人植树的故事？请小组合作，挑选一个最打动你们的故事进行情景演绎，感悟古人的生态智慧和情感。

资料卡

五帝时代，舜帝任命伯益为"虞官"，处理全国的林业事务，包括山、林、川、泽的保护与治理等。"虞"或许是世界上最早的环保部了。

西魏、北周时的将军韦孝宽是我国"路旁植树的第一人"。公元553年，韦孝宽任雍州刺史，之前雍州（今陕西西安及周边地方）境内的每条路旁每隔一里都设置有一个土台用以计算道路的里程，相当于现在的"里程碑"，但土台经过风吹日晒，特别是雨水冲刷，很容易损坏，需要经常维修。自韦孝宽上任后，便下令以种槐树取代土台，既不用反复修复，又能让行人在树下乘凉休息。如今，槐树是西安市的市树。

"新栽杨柳三千里，引得春风度玉关。"清代名将左宗棠率部西征，却随身携带树苗，沿途在适宜的地方栽种柳树、杨树、榆树等，名曰"道柳"，后人称之为"左公柳"。他和部下植树众多，不到几年，从兰州起连绵数千里，绿如帷帐，简直是塞外奇观!这些树木使"丝绸之路"焕发新生，也是收复新疆失地的见证者。

2.身边的古树名木

古树指树龄在100年以上的树木，名木指具有重要历史、文化、科学、景观价值和重要纪念意义的树木。它们历经朝代更迭，一枝一叶都承载着历史的记忆，记录着自然环境的变迁，是有生命的文物。让我们一起寻找身边的古树名木，倾听它们的故事，并小组合作想一想现在以及未来我们可以用什么方式保护它们。

资料卡

北京现有古树名木4万余株，是全世界古树最多的城市。《北京市古树名木保护规划(2021—2035年)》提出：到2035年，实现古树名木健康状况、生长空间和群落生境的全方位保护，打造以古树主题公园、古树村庄、古树社区等构成的古树名木文化景观体系。每棵被发现的古树名木都有自己的"身份证"，同学们参观时可以扫描其二维码了解相关信息哦。

北京树龄最长的树："九搂十八杈"。树龄3000余年，主干至少需要九个人合围才能搂抱得过来，遮阴面积300平方米以上，堪称北京的"古柏之最"。

北京最美古玉兰：颐和园古玉兰。它是颐和园唯一一株古玉兰，极其珍贵。1860年英法联军火烧颐和园时，这棵玉兰的主干被焚毁，但旁边又萌生新枝，使它重获新生，至今依然会盛开洁白的花朵。

3.植树节的邮票史

植树造林不仅可以美化家园，还有扩大山林资源、防止水土流失、保护农田、调节气候、保持生态平衡、促进经济发展等作用。植树的重要意义在饱含人类情愫的邮票中表现得淋漓尽致。请小组合作制作一套邮票并释义。

资料卡

　　1932年，世界上首枚植树节邮票发行。1932年4月22日，美国邮政为庆祝植树节60周年及植树节创始人莫尔顿先生诞生100周年，发行了一枚植树节邮票，画面为两个儿童在植树，被称为"世界上第一枚植树节邮票"。

　　1957年，中国邮政发行的特20《农业合作化》，其中第三枚是"植树"。画面整体呈绿色，一位头系白色头巾的姑娘正在为刚刚种下的小树苗培土，并期望小树苗长大。

　　1958年，中国邮政发行的特27《林业建设》，分别展现了森林资源、保护森林、油锯伐木、绿化祖国等。其中"绿化祖国"展现的是光秃秃的山坡上，成群结队的植树人群手扶树苗，挥锹培土，呈现出一派热烈的劳动场面。

　　1964 年，中国邮政发行的特66《知识青年在农村》，其中第二枚是"种树"。女青年高提水桶给树苗浇水，男青年力挥铁锹培土，大家共同建立起一片希望之林。

1979年，中国邮政发行的T39《人民公社五业兴旺》，其中第二枚是"植树造林"。它以辽阔的山川为背景，描绘了老农和青年农民挥汗栽培果树的情景。

1980年3月12日是我国的第一个植树节，中国邮政当天发行了T48《植树造林，绿化祖国》，全套4枚均呼应了主题。

1990年3月12日是我国第十个植树节，中国邮政发行了T1483《绿化祖国》，从"全民义务植树""城市绿化美化""建设绿色长城""林茂粮丰"四个方面宣传了绿化及植树的重要意义。

1996年，中国邮政发行了1996-12《儿童生活》，其中第四枚"绿化家园"表现了在绿色的山岭下，两位少先队员在种树。男孩挥锹培土，女孩提壶浇水，树苗枝挺叶绿，两只燕子在一旁呢喃飞舞，整个画面生机勃勃。

2019 年，中国邮政发行了2019-4《中国植树节》，画面以绿色为主基调，图案主体为双手托起的绿色家园，手臂代表树干，张开的五指代表树枝，寓意大家动手植树造林，为改善生活环境做出一份贡献，同时也寓意人类是肩负改善地球环境重任的主要力量。树干枝头上方是生机盎然的绿叶，层层绿叶中设计点缀了象征城镇、乡村、河流、山川、蓝天白云、飞鸟的符号化图形，寓意通过全民的植树造林活动，改善生态和生活环境，共同创造绿水青山的美丽中国。

活动二：植物和人类

我们生活中的木制品离不开植物，但人类对植物的依赖可不止于此，我们的生命存在、身体健康、城市建设等都和它们息息相关。

1.关乎我们的生命

我们3秒左右的一呼一吸，会产生二氧化碳，吸入氧气，那有一天地球上会不会都被二氧化碳所充满？氧气会不会用尽呢？经过科学家不懈的努力，人类发现原来植物通过光合作用一直在为我们制造新鲜的氧气。那么，如果有一天地球上的植物都消失了，会怎么样？请同学们思考后小组合作创设情景剧。

2.关乎我们的健康

百草百味，正如人生百态，因中药以植物居多，故有"诸药以草为本"的说法。早在东汉末年，张仲景编纂的《伤寒论》中就记载了草药对传染性疾病的治疗方法及处方。

3.关乎我们的家园

植物除了为人类提供生存必需的氧气，还有助于美丽祖国的建设，有的树木可以防风固沙，有的可以净化空气，有的可以减弱噪音，还有的可以杀菌消毒……不同地区会针对当地环境选择适宜的树木进行种植。在你居住的社区、上学的路上、经常去的公园等地方都种植了哪些树木？是否适合周围的环境吗？请通过观察、查考资料、访谈等方式进行探究，并尝试将探究结

果形成建议书，和有关部门进行沟通，帮助我们的家园更加美好。

活动三：种出美好未来

1982年的植树节，邓小平在北京玉泉山上种下了义务植树运动的第一棵树。作为祖国新时代的接班人，让我们一起加入植树大军，积极参加义务植树活动，在这片我们深爱的土地上种出奇迹，种出美好未来。

1.多样的植树方式

在科学技术不断发展的今天，我们的植树方式也有了更多的选择，既可以加入志愿者队伍，在这个城市需要的地方种下希望的小树苗，还可以通过互联网，在遥远他乡种下爱的小树苗。同学们可以选择多种方式，在这个春天为祖国种下一片绿，为自己种下一同成长的小伙伴。

资料卡

又到了一年一度的植树节，同学们一定都很想亲手种下一棵树吧。但有时因为天气、当地种植现状、疫情防控等原因，我们可能无法参加线下植树活动，怎么办呢？别担心，随着科技的发展，"云端"种植已经越来越多地走进我们的生活。

另外，大家还可以利用绿色出行、网络购票生活缴费等低碳行为积攒能量，在"蚂蚁森林"等平台浇灌树木或公益林，之后转换成实体树木种植在合适的地区。

2.心中的美好未来

"前人栽树，后人乘凉"，美好的未来是可以传承的未来，是持续发展的未来，需要一代代人类共同创造。作为新时代的少年儿童，你希望自己及后代所生活的未来是怎样的？我们怎样做才能拥有美好的未来？请小组讨论，并在班级中进行主题演讲。

资料卡

植树和"双碳"紧密相关，实现碳达峰、碳中和也是建设美好未来是一场硬仗。我国承诺在2030年前，二氧化碳的排放不再增长，达到峰值(约106亿吨)也就是"碳达峰"，同时努力争取2060年前实现碳中和。同学们可以了解更多"双碳"的相关知识，并在生活中实践碳减排，因为实现"双碳"目标需要我们全社会共同行动。

3.神奇的植物世界

美好的未来是人与自然的和谐相处，在种植的同时，同学们还可以通过视频了解神奇且精彩、无言却智慧的植物世界，相信看完后你会发自肺腑地感叹：它，值得我们所有人为之守护！

资料卡

《绿色星球》是一部历时四年制作的纪录片，拍摄地遍布27个国家，由世界自然纪录片之父——大卫·爱登堡爵士担任解说，展现了鲜为人知的植物世界。

《影响世界的中国植物》是中国第一部植物类纪录片，能让我们隔着屏幕嗅到乡土的淡香。中国以3万多种植物的数量位居世界第三，主创团队选取其中的21科28 种植物，走遍了国内27个省和世界7个国家，让植物开口"说话"，用与植物相配套的特殊拍摄方式和巧妙的镜头语言表达植物的情感。

除此之外，还有《植物私生活》《我们的森林》《种出个地球》等精彩视频将带我们进入精彩的植物世界。

活动四：拯救植物星球

人类只有一个地球，地球却不只有人类。唯有和地球上的其他生物和谐共生，在尊重自然的前提下寻求发展，我们才能有幸福美好的生活。

1.濒危的植物

提到濒危动物，我们或许能说出一些名字，但你知道吗，许多植物，特别是野生植物，因人类的过度采伐、环境恶化等原因，正在逐渐消失。同学们可以通过"中国珍稀濒危植物信息系统"等网站或书籍资料了解濒危植物，还可以学习《中华人民共和国森林法》等相关法律，借助"植树节""世界野生动植物日""世界森林日"等机会呼吁更多的人一起保护植物。

> **资料卡**
>
> 　　为提高人们对世界野生动植物的认识，联合国大会于2013年12月20日决定设立"世界野生动植物日"。有的植物具有极高的药用价值，有些人为了利益便恣意挖采。《刑法》第三百四十四条规定：非法采伐、毁坏珍贵树木或者国家重点保护的其他植物的，或者非法收购、运输、加工、出售珍贵树木或者国家重点保护的其他植物及其制品的，处三年以下有期徒刑、拘役或者管制并处罚金；情节严重的，处三年以上七年以下有期徒刑，并处罚金。《中华人民共和国森林法》中提到盗伐森林或者其他林木的，依法赔偿损失；非法采伐、毁坏珍贵树木的，依法追究刑事责任。

2.消失的森林

　　全球森林总面积约40.6亿公顷，占土地面积的31%，森林拥有约80%的全球陆地生物，超过10亿人口直接依靠森林获取食物、住所、能源及收入，但森林却在以每年约1.95亿亩的惊人速度消失，你知道为什么吗？请你和小组成员化身成"森林侦探"，找一找原因吧。

> **资料卡**
>
> 　　人类文明初期，地球陆地的2/3被森林覆盖，约为1140亿亩；19世纪中期减少到840亿亩；20世纪末期又减少到514.5亿亩。也就是说，地球上的森林已减少了一大半。
>
> 　　森林的不断消失降低了森林的固碳能力，对气候造成诸多影响，如"温室效应"，也使数百万类物种失去栖息地，危及了全球的生态安全和生物多样性。以亚马逊热带雨林为例，它每年能够消化20亿吨二氧化碳，并能够释放全球20%的氧气，因此被称为"地球之肺"，然而频繁的大火以及人类的砍伐破坏却使它正在消亡，里面的珍稀树木、动物等也正在灭绝。有人预测亚马逊热带雨林将在2064年消失，如果我们再不拯救它，就是将自己推向了灭亡。

3.拯救行动

只有植物星球恢复"健康"，我们的地球家园才能更加美好。请小组合作探讨拯救森林的方法，并以演讲、公益活动等方式呼吁更多的人加入拯救森林的队伍之中。

资料卡

森林火灾对生态环境造成了灾难性的影响，同时也夺去了许多消防员、护林员的宝贵生命。随着科技的不断发展，人们利用尖端科技更好地保护自然和生命，如"华为"与"恩博"研究团队提出发现更快、识别更准、稳定运行的A1森林防火解决方案，逐步融入森林防护的"北斗"系统，以及植树及巡护的无人机、机器人等。

人类活动对森林消失的影响极大，如使用一次性筷子，追求红木家具等名贵木材制品，砍伐森林作为耕地等。《2022年世界森林状况》报告探讨了三个有助于促进绿色复苏和建设包容、有韧性的可持续经济的森林途径：遏制毁林和维护森林；恢复退化土地和扩大农林业；可持续利用森林和构建绿色价值链。我国也施行了一系列法律保护森林资源，如《中华人民共和国森林法实施条例》《中华人民共和国刑法》《中华人民共和国野生植物保护条例》等。1972年3月21日，首个"世界森林日"的诞生，意味着人类对森林问题的重视。同学们，请自主了解"世界森林日"的相关知识，学习更多拯救森林的方法。

活动评价

评价项目	评价方式与结果		
	自评	互评	家评
	☆☆☆☆☆	☆☆☆☆☆	☆☆☆☆☆
	☆☆☆☆☆	☆☆☆☆☆	☆☆☆☆☆
	☆☆☆☆☆	☆☆☆☆☆	☆☆☆☆☆

我的收获

"斧斤以时入山林，材木不可胜用也。"古人尊重大自然、按照大自然的规律而活动，最终得以和自然和谐共生。为什么我们如今会面对荒漠化、多种物种灭绝、气候失常等诸多"大自然的报复"？怎样做才能改变这种现状？请大家共同思考、讨论，制定"班级生态公约"，从生活的一点一滴开始行动，从我们力所能及之处开始做起，共同改变我们的环境，拯救我们的地球。

班级生态公约

三、世界环境日活动方案

世界环境日活动方案，旨在提醒全世界人民注意地球状况和人类活动对环境的危害。要求联合国系统和各国政府在这一天开展各种活动来强调保护和改善人类环境的重要性。

──────【低年级】──────

活动目标

1.了解世界环境日的节日由来及发展历程。

2.认识现代社会人类活动对环境造成的各种影响，思考环境破坏背后存在的深层原因，正视环境变化对人类及其他物种生存产生的深远意义。

3.树立正确的环保意识，从自身出发，从身边的小事做起，号召大家通过改变日常行为习惯为环境保护贡献一份力量。

4.了解世界上典型的环境灾难，呼吁人们保护环境，爱护环境就是谋求人类的长远福祉。

活动方案

活动一：绿水青山，美丽家园

1.节日来源

> **资料卡**
>
> 20世纪60年代以来，世界范围内的环境污染与生态破坏日益严重，环境问题和环境保护逐渐为国际社会所关注。
>
> 1972年6月5日，联合国在瑞典首都斯德哥尔摩召开了"联合国人类环境会议"，会议通过了《人类环境宣言》，并提出将每年的6月5日定为"世界环境日"。
>
> 世界环境日反映了世界各国人民对环境问题的认识和态度，表达了人类对美好环境的向往和追求。
>
> 同学们，请再列举出2个发生在6月的与环保有关的节日：_____

2.节日主题

> **资料卡**
>
> 自2015年1月1日起施行的《中华人民共和国环境保护法》规定，每年6月5日同样为中国的环境日。
>
> 《中华人民共和国环境保护法》是为保护和改善环境防治污染和其他公害、保障公众健康、推进生态文明建设、促进经济社会可持续发展制定的国家法律。
>
> 每年的"世界环境日"都有一个明确的主题，中国也会为庆祝环境日再确定一个主题，比如：
>
> 2015年：可持续消费和生产
>
> 中国主题：践行绿色生活
>
> 2016年：为生命呐喊
>
> 中国主题：改善环境质量，推动绿色发展
>
> 2017年：人与自然，相联相生

中国主题：绿水青山就是金山银山

2022年：只有一个地球

中国主题：共建清洁美丽世界

中国是2019年"世界环境日"主办国，全球主场活动于浙江省杭州市举办。那么，你知道这一届活动的主题是什么吗？

_____

活动二：健康地球，你我守护

1.全球变暖调查

资料卡

当前，威胁人类生存的"十大环境问题"之首为"全球气候变暖"。

全球气候变暖是一种与自然有关的现象，是由于温室效应不断积累，导致地气系统吸收与发射的能量不平衡，能量不断在地气系统累积，从而导致温度上升，造成全球气候变暖。

全球变暖会使全球降水量重新分配、冰川和冻土消融、海平面上升等，不仅危害自然生态系统的平衡，还影响人类健康，甚至威胁人类的生存。

现代社会中存在哪些加速全球变暖的因素？它们是怎样产生的？我们可以减少或者避免吗？可以采取哪些举措？

同学们，请以5人为小组，通过观察、收集（照片/音频/视频/样本等）、查阅资料、记录等方式进行探究学习，并以调查报告的形式在班级进行分享展示。

影响因素	产生原因	改善措施

2.冰川消融实验

> **资料卡**

美国《科学》杂志网站上的一项研究结果显示：随着气候变暖，到21世纪末，全球或有一半冰川消融，海平面每10年将升高6厘米，一些海岸地区将被淹没。

此外，冰川消融也将导致北极海冰数量显著减少，习惯在浮冰上生活的北极熊失去了厚厚的冰层，难以捕猎食物。很多饥饿的北极熊被迫去村庄觅食，甚至因为没有食物而被饿死。

同学们，让我们一起通过下面的小实验来更好地了解冰川消融产生的原因以及造成的严重影响，并在实验结束后结合相关资料在班级分享自己的感受，与同学们一起探讨如何保护当前地球环境下动植物的生存与发展。

活动三：节能减排，绿色出行

> **资料卡**

全世界交通耗能增长速度居各行业之首，汽车是增长最快的温室气体排放源，还会造成噪声污染，破坏人体健康和生态环境。

绿色出行，又被称作低碳出行，就是采用对环境影响较小的出行方式，既节约能源、提高能效、减少污染，又益于身体健康、兼顾效率。

一辆公共汽车约占用3辆小汽车的道路空间，而高峰期的运载能力是小汽车的数十倍。它既减少了人均乘车排污率，也提高了城市效率。而地铁的运客量更是公交车的7~10倍，耗能和污染更低。

同学们，请利用周末时间，完成以下社会实践系列活动：

（1）随机邀请15位路人回答以下与日常开车出行有关的问题，并结合查阅资料和亲身体会，以图片或视频等多媒体形式在班级上进行分享展示，号召更多的人保护环境，绿色出行。

年龄	职业	家中汽车数量	每周开车频率	开车原因	汽车环保技巧分享

（2）在北京市范围内选择并参观一个地铁站的调度中心，了解北京市地铁的运行现状及未来规划，了解自己所在城市的公共交通发展轨迹，并把所见所闻分享给身边的人，鼓励大家乘坐公共交通，共建美丽城市。

活动四：携手美好，造福世界

资料卡

1986年4月26日，位于乌克兰基辅市郊的切尔诺贝利核电站，由于管理不善和操作失误，4号反应堆爆炸起火，致使大量放射性物质泄漏。

基辅市和基辅州的中小学生全被疏散到海滨，核电站周围的庄稼全部被掩埋，损失了近2000万吨粮食，距核电站7公里内的树木全部死亡。

此后半个世纪内，核电站10公里内不能耕作放牧，100公里内不能生产牛奶……

这次核污染飘尘给邻国也带来严重灾难，是世界上最严重的一次核污染。

这场灾难总共损失约2000亿美元，是现代历史上代价最昂贵的灾难事件。

同学们，请以3~5人为小组，通过查阅资料、观看影视作品或纪录片等形式了解世界著名环境破坏事件，结合自己的反思和建议，采用PPT演讲或情景演绎等多样化的方式进行分享，号召大家珍爱地球，保护环境。

活动五：绿色环保，你我同行

同学们，我们将在《家园》《七个世界，一个地球》《最大的小小农场》《环保小英雄》这几部纪录片赏析中结束本次"环保之旅"。

通过"世界环境日"的学习交流和实践活动，你一定有了很多的感悟。现在，请你将自己的心得体会在"绿色环保，你我同行"年级征文比赛中表达出来，呼吁大家一起爱护环境，守护我们共同的家园。每个年级评比前10名的同学将获得"环保小先锋"光荣称号。

────────【高年级】────────

活动目标

1.关注目前地球存在的主要环境问题，健全个人环保意识，养成良好的环保行为习惯。

2.了解中国有关生态文明建设的伟大愿景，践行积极正确的环保理念，并以此带动身边更多的人加入环保队伍中来。

3.探寻现代科技如何助力绿色环保，积极学习，勇于创新，不断进取。

4.培养国际视野，从全球化的角度看待世界环保问题，为未来投身于国际环保事业而努力，让世界听到中国环保的声音。

活动方案

活动一：只有一个地球

1.节日知识速览

资料卡

1972年6月5日，联合国在瑞典首都斯德哥尔摩举行第一次人类环境会议，会上通过了著名的《人类环境宣言》及保护全球环境的"行动计划"，提出"为了这一代和将来世世代代保护和改善环境"的口号。

出席会议的113个国家和地区的1300名代表建议将大会开幕日定为"世界环境日"。

世界环境日的意义在于提醒全世界注意地球状况和人类活动对环境的危害。

这是人类历史上第一次在全世界范围内研究保护人类环境的会议，标志着人类环境意识的觉醒。

2023年，"世界环境日"由科特迪瓦主办，本届会议主题为：_____

2.中国生态文明建设

资料卡

面对资源约束趋紧、环境污染严重、生态系统退化的严峻形势，必须树立尊重自然、顺应自然、保护自然的生态文明理念，走可持续发展道路。

习近平总书记在十九大报告中指出，要加快生态文明体制改革，建设美丽中国。

生态文明建设是中国特色社会主义事业的重要内容，关系人民福祉，关乎民族未来，事关"两个一百年"奋斗目标和中华民族伟大复兴中国梦的实现。

同学们，你听说过生态文明建设吗？你了解中国为推进生态文明建设付出了哪些努力吗？作为新时代的小学生，你觉得自己可以为生态文明建设做哪些力所能及的事情？

请以3~5人为小组，通过查阅资料、探索博物馆、走访专业人士等多种途径，利用视频、PPT演讲及创意表演等多样化的形式在班级中进行宣传展示，通过交流分享，一起构建对生态文明建设的深刻认知。

活动二：节能减排，绿色环保

资料卡

"菜篮子"、购物袋重返我们的生活，"无氟""无磷"日渐成为商品销售的卖点，低碳出行被越来越多家庭青睐，节能家电可获政府补贴……

中国人对"绿色生活"已经不再陌生，而涉及国计民生的"绿色消费"也正在改变着普通百姓的日常行为习惯，可以说绿色环保的理念正在主观、客观地影响着中国百姓的生活。

同学们，请完成以下系列活动：

（1）低碳出行，从我做起。乘坐交通工具上下学并进行每日打卡记录，通过打卡记录可在班级"低碳银行"兑换环保币。每3次打卡兑换1枚环保币，打卡越多，环保币越多，最终同学们可利用环保币兑换自己所需的学习用品。同学们，要把绿色环保的理念时刻记在心里，融入日常行为习惯中，树立对绿色出行的正确认识。

（2）绿色能源，点亮地球。请以5~7人为一组，学习发电站的原理、结构、种类等相关知识，利用日常生活中的废旧物品，做一个可再生能源发电站，让寓意"地球"的灯泡亮起来。勤思考、巧利用，变废为宝让我们的环境更加美好，通过边学边做就会发现原来践行环保并不难，让我们一起努力吧！

活动三：守护绿色，增添生机

资料卡

在今天的地球上，我们的绿色屏障——森林正以平均每年4000平方公里的速度消失。

森林的减少不仅使其涵养水源的功能受到破坏，造成物种减少和水土流失，还会因为对二氧化碳吸收的减少进而加剧"温室效应"。

世界经济论坛2022年年会期间，中国气候变化事务特使向世界介绍了中国将从政策制定、能源转型、森林碳汇三方面采取的行动。同时，中国响应"世界经济论坛"发起的"全球植万亿棵树"领军者倡议，力争10年内植树700亿棵。

同学们，请完成以下系列活动：

（1）种下一棵绿植，为校园增添一抹绿意。请以5人为一组，共同培育一棵绿植，从播种、浇水、施肥、除虫，一路见证一棵绿色生命的成长轨迹。在劳动的过程中感悟生命的意义，体会大自然的生机勃勃，时刻提醒自己守护美丽家园、为中国环保努力。

（2）"家门口的美景"创意作品征集大赛开始了。同学们自己可以用摄影、视频、自然笔记等方式，记录家门口的美丽风景，优秀作品将于世界环境日期间进行展示，鼓励大家一起关注环境保护，守望绿色地球，共话人类未来。

活动四：现代科技，赋能环保

资料卡

由于毗邻莱蒙湖，日内瓦当地使用湖水实现对建筑物的温度调节：夏天降温，冬季供暖。

据统计，这套系统目前覆盖了日内瓦的50栋建筑物，其中包括联合国日内瓦办事处，以及红十字国际委员会、联合国难民署、国际劳工组织等多个国际组织，减少了80%的电力消耗。

水源从45米深处被抽出，那里水温基本保持恒定，并且由于是冰川融水，常年温度较低。

湖水经过建筑物冷却器吸收热量，保持建筑凉爽，然后再被释放到湖中。

这个系统降低了人们对空调的需求，因而减少了大量能源消耗。

冬天，该系统则反向运行，通过使用热能水泵循环以保持建筑的温暖。

当地计划到2035年，将30公里的新管道连接起来，从而使每年减少7万吨碳消耗，相当于7000户人家的排放。

同学们，请完成以下系列活动：

（1）请以5人为一组，通过查阅资料、采访专业人士、探索博物馆等方式了解现代科技如何推动环保发展，并通过纪录片、调查报告、模拟实验等形式进行分享展示，号召大家共同携手，一起为世界环保事业的发展做出贡献。

（2）有趣的"水过滤工厂"。请以5~7人为一组，利用日常生活中的物品，完成一套水过滤工厂净水系统。让我们一起探索"干净的水"的由来，在实验过程中，学习水的科学知识，了解水的性质及水资源的重要性，珍惜水资源，培养循环利用的环保意识。

活动五：全球合作，共谋发展

资料卡

2021年4月13日，日本政府召开内阁会议，决定将福岛第一核电站的上百万吨核污水经过滤稀释后排入大海，并于两年后正式开始。

按东电计划，从2023年春季开始，经稀释的福岛第一核电站核污染水将通过一条长约1公里的海底隧道排放入太平洋。第一季度将会向太平洋排放核废水至少40万吨。

日本的决定遭到邻国和环保组织的猛烈抨击，国际社会对日本核处理水排放入海一事感到强烈担忧。

同学们，我们将在班级举办一场有关日本核废水危机的国际论坛，届时将请多国代表发表对本次事件的看法，并共同商讨应对措施。请大家一起参与进来，为本次国际论坛的圆满举行出谋划策，共同保障本次国际论坛顺利举行。

活动六：保护环境，人人有责

同学们，我们将在《人类》《奶牛阴谋：不能说的秘密》《微妙的平衡：真相》《正负2度C》这几部纪录片赏析中结束本次"环保之旅"。

请你结合自己有关"世界环境日"的所见所学，将自己的感悟在"保护环境，人人有责"年级征文比赛中表达出来，呼吁大家一起关注环境问题、改善环境现状、促进环境保护，每个年级评比前10名的同学将获得"环保小使者"光荣称号。

参考文献

1. 王巧玲，朱翠兰，徐焰华．整体视域下青少年生态文明素养测评框架构建 [J]．中国可持续发展教育，2022：（100），21.

2. 王巧玲，张婧，史根东．重塑教育使命：为地球学习，为可持续发展行动 [J]．中国可持续发展教育，2022：（100），32.

3. 外媒：阿拉斯加小镇成美国首批因气候变化集体搬迁的社区之一[N/OL]．澎湃新闻．https：//baijiahao．baidu．com/s?id=1752355991106481008&wfr=spider&for=pc

4. 中共中央宣传部，中华人民共和国生态环境部．习近平生态文明思想学习纲要[R]．北京：学习出版社，人民出版社，2022：97.

5. 【美】苏西·博斯，【美】约翰·拉尔默．项目式教学[M]．北京：中国人民大学出版社，2020：90

6. 管杰．让"生态之花"满园绽放——北京十八中"聚·宽"生态文明教育体系建设[J]．中华环境，2022（6）：38—42

7. 刁龙．生态文明教育的碎片化困境与系统性重构[J]．学校党建与思想教育，2017（12）：9—12

8. 中华人民共和国教育部．中小学环境教育实施指南（试行）[R]．北京：中华人民共和国教育部，2003.

9. 生态环境部，中宣部，中央文明办，教育部，共青团中央，全国妇联．"美丽中国，我是行动者"提升公民生态文明意识行动计划（2021—2025年）[R]．北京：生态环境部网站，2021.

10. 弗里德里希·恩格斯．自然辩证法[M]．中央编译局．北京：人民出版社，2018：313.

11. 赵超，董峻．习近平在全国生态环境保护大会上强调：坚决打好污染防治攻坚战，推动生态文明建设迈上新台阶[N]．北京：新华社，2018-05-19.

12. 中共中央宣传部，中华人民共和国生态环境部．习近平生态文明思想学习纲要[M]．北京：学习出版社，人民出版社，2022：97．

13．教育的未来国际委员会，联合国教育、科学及文化组织．一起重新构想我们的未来：为教育打造新的社会契约（执行摘要）[R]．巴黎，2021．

14．联合国．可持续发展目标[EB/OL].https：//www.un.org/sustainabledevelopment/zh/sustainable–development–goals/，2015．

15．安东尼奥·古特雷斯．2022年秘书长致辞[EB/OL].https：//www.un.org/zh/observances/world–population–day/messages，2022．

16．习近平．习近平出席《生物多样性公约》第十五次缔约方大会领导人峰会并发表主旨讲话[EB/OL]．新华社，2021–10–12．http：//www.gov.cn/xinwen/2021–10/12/content_5642065.htm．